INTRODUCTION
GÉNÉRALE
A L'ÉTUDE
DE LA POLITIQUE,
DES FINANCES
ET DU COMMERCE,

PAR

M. DE BEAUSOBRE,

Conseiller Privé du Roi, Membre de l'Académie Royale des Sciences de Prusse, &c.

NOUVELLE ÉDITION,

Considérablement augmentée.

TOME SECOND.

A BRUXELLES,

Chez B. LE FRANCQ, Imprimeur-Libraire, rue de la Magdelaine.

1791.

INTRODUCTION

GÉNÉRALE

A L'ÉTUDE DE LA POLITIQUE, DES FINANCES ET DU COMMERCE.

§ XLIV.

LES MONNOIES.

Les premieres monnoies furent très-imparfaites : on parvint, avec le tems, à leur donner une forme plus réguliere,

(*a*) A Venise on s'est servi du marteau jusqu'en 1755, où M. du Bois de Chateau-Vari directeur des monnoies de l'infant Duc

& une valeur plus ſure. On les frappa longtems au marteau : mais aujourd'hui on ne ſe ſert plus guere que du balancier (*a*). Le métal étant préparé on en fait des lames, qu'on coupe avec un coupoir d'acier : ces morceaux de mé-

de Parme, vint mettre les choſes ſur un meilleur pied, & introduiſit l'uſage du balancier, invention due à Nicolas Briot, qui la trouva à la fin du ſiècle paſſé.

(*b*) C'eſt une machine pour imprimer une legende ſur le tranchant des monnoies : comme le *Domine ſalvum fac Regem* ſur le tranchant des écus de ſix francs.

(*c*) La Monnoie eſt à la Tour de Londres. Par un Acte du Parlement de 1665, il fut ordonné, que toutes les eſpeces au coin de l'Angleterre ſeroient frappées aux dépens de l'Etat, & on accorda à cet effet un revenu annuel de 15 mille livres ſt. Par ce même Acte il fut ſtatué que les eſpeces d'or ſeroient à la taille de 44 guinées & demi (ou 934½ ſchelling) à la livre poids de Troies ; & les eſpeces d'argent à la taille de 62 ſchellings ; l'argent au titre de 11 onces 2 pennys de fin, & 18 pennys d'alliage, & l'or a 11 onces (ou 12 carats) de fin & une d'alliage. Le Parlement vouloit empêcher que les eſpeces monnoyées en Angleterre n'euſſent cours au-deſſus de leur valeur intrinſeque ; c'eſt-à-dire qu'il vouloit, qu'en chargeant la nation des frais de fabrication, on rendît aux particuliers, poids pour poids, en eſpeces, tout l'or ou l'argent qu'ils tal sont appellés flans; après leur avoir donné l'empreinte, c'est-à-dire y avoir

porteroient à la Tour. Ce nouvel édit engagea le Parlement à défendre la sortie de toutes les especes frappées en Angleterre. Il y avoit déjà quelque temps qu'on avoit révoqué l'édit qui défendoit la sortie de toutes les especes monnoyées, à quelque coin que ce fût; on crut trouver ainsi un milieu favorable au commerce: mais cette defense devint par la suite une perte réelle pour l'Etat; elle fit hausser le prix de toutes les especes étrangeres, que les Anglois furent obligés, & sont encore obligés d'acheter pour payer l'étranger; & elle porta au-dessus de sa valeur intrinseque le prix de l'or & de l'argent en barres. Ce n'est pas tout: sans compter la contrebande, on trouva moyen d'éluder la loi, & pour ne pas acheter l'argent en barres, ou des especes étrangeres, au-dessus de leur valeur réelle, les négocians Anglois se mirent à refondre leurs especes. Ce profit devoit naturellement les séduire; il étoit de six à neuf pour cent, & dans le commerce on fait beaucoup d'entreprises qui ne rendent pas autant: l'once d'argent en barres montoit souvent à cinq schellings, huit pennys; tandis qu'elle n'étoit monnoyée qu'à raison de cinq schellings deux pennys; & l'once d'or monnoyée sur le pied de 78 schellings se vendoit quelque fois en barres jusqu'à 80. La refonte des especes d'argent fut la plus considérable: premierement, parce que la proportion entre l'or & l'argent étant fort haute en Angleterre, les Anglois trouvoient du profit à imprimé l'effigie & l'écusson, on en fait le contour avec la lime, & on les blanchit en les trempant dans une certaine eau. Ce fut M. Castaing, Ingenieur François, qui inventa, en 1685, une machine par le moyen de

payer l'étranger en argent; & secondement, à cause de la quantité d'argent que demande le commerce des Indes orientales. On s'apperçut bientôt de cette refonte : les especes d'argent devenoient tous les jours plus rares, & on ne portoit presque plus d'argent en barres à la Monnoye. Suivant la liste des especes monnoyées à la tour, il paroît que depuis 1713 jusqu'en 1726 on monnoya pour 9105950 l. St. d'especes d'or, & seulement pour 236375 d'especes d'argent. D'après la même liste l'or monnoyé depuis 1727 jusqu'en 1734 monta à 1955330 l. St. & l'argent à 27100 l. St. Le Parlement avoit cependant consulté le célèbre Newton, & ce grand homme avoit présenté en 1717 aux Lords Trésoriers un long mémoire, où il prouvoit « que l'argent devoit sortir naturellement des endroits où il est, proportion gardée, à un plus bas prix que l'or; » qu'ainsi il passoit de l'Espagne dans le reste » de l'Europe, & de là aux Indes Orientales : » que par la même raison il falloit que l'or se » trouvât en plus grande abondance dans les » endroits d'où l'argent sortoit : que la grande » quantité d'argent en barres, que l'Angleterre » exportoit, étoit cause que l'once en valoit » 2 à 3 pennys plus que l'once d'argent monlaquelle un ſeul ouvrier frappe 20 mille flans par jour (*b*). Auſſi cet habile homme fut-il magnifiquement récompenſé par Louis XIV. C'eſt en Angleterre qu'on a la meilleure & la plus belle monnoie (*c*) : celle de Por-

» noyé ; que par conſéquent un négociant » préféroit de fondre ſes eſpeces d'argent, à » payer ce ſurplus de 2 à 3 pennys ; qu'ainſi » il ne faudroit que faire baiſſer le prix de » l'or en Angleterre, ou baiſſer celui de l'ar- » gent aux Indes, pour couper cours au mal dont la Nation ſe plaignoit. » Le Parlement perſiſta dans la défenſe de l'exportation des eſpeces monnoyées en Angleterre ; & défendit le cours de toutes les eſpeces de monnoyes étrangeres, excepté de monnoyes d'or de Portugal. Ce ſyſtême de monnoye ſeroit excellent ſi l'Angleterre étoit une île qui n'eût aucun commerce avec l'étranger, ou qui n'eût jamais beſoin d'exporter ni or ni argent. Nous aurons lieu de nous en convaincre par les remarques ſuivantes. J'ajouterai ſeulement qu'en 1723 les Anglois firent paſſer en Hollande 18107030 onces d'argent ; & 255753 onces d'or, (ſur cette ſomme de cinq millions 660 mille l. ſt. la nation perdoit quatre pour cent) & que la même année ils firent embarquer pour les Indes Orientales 2143086 onces d'argent & 119120 onces d'or. Les papiers publics aſſuroient, en 1735, que l'Angleterre exportoit, année commune, pour quatre millions de l. ſt. tant en or qu'en argent, & que cette exportation donnoit aux tugal en approche beaucoup (*d*) : celle d'Eſpagne (*e*), eſt d'une forme &

négocians un profit de 80 mille l. St. la nation ne pouvoit qu'y perdre. On prétend que ſous l'intendance de Chauvelin, il paſſa en une ſeule année à la Monnoye d'Amiens pour la valeur de quatre millions de livres de France d'eſpeces monnoyées en Angleterre.

(*d*) Cela étoit ainſi autrefois : mais je doute que la monnoye de Portugal ſoit au titre de celle d'Angleterre, puiſque le Roi tire 20 pour cent de droits ſur-tout l'or monnoyé.

(*e*) Il y a trois Cours de monnoyes en Eſpagne : une à Séville, une à Madrid, & la troiſieme à Ségovie. Outre cela il vient une grande quantité d'eſpeces monnoyées du Mexique, du Pérou, & du Chili : on en frappe à Lima, à Potoſi, à Mexico, & à Guatimala, au même titre qu'en Eſpagne; il s'en frappe même ſur les vaiſſeaux qui reviennent des Indes, afin d'occuper l'équipage dont l'oiſiveté eſt à craindre. Ces eſpeces d'or frappées ſur les vaiſſeaux ſont d'une forme très irriguliere, & ne ſont marquées que par une lettre. Autrefois l'or & l'argent monnoyés en Eſpagne étoient au même titre qu'en Angleterre : mais depuis le commencement de l'année 1726 les Eſpagnols ont altéré leur ancienne monnoye, & aujourd'hui ils frappent l'or à raiſon de 21 carats, 9 grains de fin : (il y a bien des eſpeces qui ont quelque grains de moins) & l'argent ils le frappent au-deſſous de 10 deniers de fin. Les Génois ont eu le privilège de faire ſortir d'Eſpagne une certaine quantité d'eſpeces, &

d'une empreinte moins belles que ne le sont la plus part des monnoies qui

comme ce qu'ils en tiroient excédoit leurs besoins, ils vendoient souvent cette permission. J'ignore si elle subsiste aujourd'hui : ce qu'il y a de certain, c'est que la sortie des especes est défendue. Un des grands inconvéniens en Espagne vient de ce qu'on n'a jamais fait de réduction, quand on a introduit de nouvelles especes : delà une foule d'especes imaginaires, de là la différence des especes dans les différentes provinces, de là la difficulté de l'évaluation, la facilité de répandre de la fausse monnoye, &c. La monnoye de cuivre est très-mauvaise : une partie n'a pas même une forme réguliere. Il s'en trouve une quantité étonnante, il y a quelques années que le Ministère étoit occupé du projet d'en supprimer une grande partie, & de l'envoyer dans les colonies de l'Amérique. Dans les provinces les payemens se faisant presque tous en cette monnoye, le commerce en souffre beaucoup.

(*f*) L'impératrice Reine, qui achetoit le marc (poids de Cologne) d'argent fin à raison de 16 florins & demi, le fit monnoyer jusqu'en 1753 sur le pied de 22 florins & demi. Depuis, en vertu du Traité fait avec la Baviere, elle fait monnoyer sur le pied de 20 fl. On convint alors de fixer la proportion entre l'or & l'argent à 1 $14\frac{1}{4}$, & de faire frapper les ducats sur le pied de $67\frac{6}{71}$ à la taille, & à 23 carats 8 grains de fin, c'est à-dire le marc d'or à 283 florins, 5 Kreutzers $3\frac{47}{71}$ deniers. La Baviere a suspendu l'exécution du Traité de ſe fabriquent en Europe. La Ruſſie ne fait guere battre que de la monnoie

1753, & il n'y a eu que l'Archevêque de Salizbourg qui s'y ſoit effectivement conformé.

(g) Sil y eut jamais matiere ſur laquelle les raiſonnemens des politiques, des financiers, & des négocians ayent répandu plus d'obſcurité, c'eſt bien celle des monnoyes. Pour s'en convaincre il ſuffira d'en appeller à ce qui a été écrit ſur le changement des eſpeces. La plupart de ces auteurs, conduits tour à tour par les préjugés, par l'erreur & par l'intérêt, ont rendu cette queſtion ſi embrouillée qu'il ſeroit à ſouhaiter qu'on ne l'eût jamais traitée : à la faveur de quelque ſuppoſitions gratuites, & de quelques calculs ſéduiſans, ils en ont impoſé aux plus éclairés. Sans entrer ici dans de trop longues diſcuſſions, & ſans attaquer perſonne en particulier, j'eſſayerai d'indiquer quelques erreurs, en m'appuyant ſur des principes aſſez ſimples, pour n'avoir pas beſoin de preuves. L'or & l'argent ont été regardés comme les valeurs repréſentatives de tout ce qui peut entrer dans le commerce. La ſureté & la commodité ne ſe trouvant pas parfaites, lorſqu'il falloit, à chaque échange, péſer & éprouver le métal qu'on donnoit, ou s'en fier à l'acheteur qui devoit ſavoir le poids & le titre du lingot qu'il offroit, on eut recours aux monnoyes, dont l'écuſſon devoit indiquer le poids & le titre. Il paroît donc que nous n'aurons pas tort d'établir, pour premier principe, que le ſoin de faire frapper des monnoyes qui indiquent au juſte ce titre & ce d'argent. L'Allemagne (*f*), inondée d'especes de tout alloi, est sous le

poids, est ce qui importe le plus à la sureté publique. Dès qu'on est assuré de la valeur réelle des especes, le commerce est aisé; chaque particulier sait ce qu'il posséde, & il n'est plus exposé aux frauduleux commerce des agioteurs: il n'y a pour lors de différence entre les especes fortes & les especes foibles, que le plus ou le moins de commodité qu'on trouve à acheter ou à payer avec une plus grande ou une moindre quantité d'especes. Donnez du plomb, du fer, du cuir, si vous voulez, ou donnez l'or le plus fin, peu importe la quantité pourra vous dédommager de la qualité. Comme il y a cependant pour l'Etat de grandes dépenses à faire, qu'il y a beaucoup de marchandises de très-grand prix, & qu'il y en a d'autres qu'il faut faire venir de loin, le transport d'une grande quantité d'especes foibles devient très-incommode, & le particulier est fort embarrassé de la garde d'un trésor pétit en valeur, & grand par la place qu'il occupe: il paroît par là que le commerce est plus aisé par le moyen des especes fortes, & que le particulier est plus en état de mettre en sureté ce qu'il peut avoir amassé: c'est ce qui a engagé toutes les nations à préférer les métaux précieux aux métaux vils, & les especes fortes aux especes foibles. Le second principe seroit donc de donner aux especes monnoyées le moins d'alliage qu'il est possible: on épargnera une partie des frais de fabrication; l'étranger préférera ces especes à toutes les autres, elles circuleront partout joug des Hollandois & des François. La Perse (g) & toute l'Asie frappent

préférablement aux especes foibles. Ce qui est recherché hausse de prix, elles seront donc bientôt, dans le cours ordinaire, au-dessus même de leur valeur. Ce seroit le moyen le plus légitime, le plus sur, & le plus durable de lever un impôt sur toutes les nations étrangeres. Ceux qui n'ont pas bien senti la vérité de ce principe, se sont imaginés que cette prodigieuse quantité de louis de France qui circulent en Allemagne prouve combien il est sorti d'argent de ce Royaume par les guerres continuelles, que la France a faites en Allemagne. Mais ceux qui suivent les principes dans leurs conséquences, ont vu aisément que comme ces monnoyes françoises avoient cours dans le commerce beaucoup au-dessus de leur valeur intrinseque, il y avoit eu nécessairement un profit pour la France à les répandre en Allemagne. Un troisieme principe, suite naturelle du précédent, c'est qu'un état est non-seulement intéressé à permettre la sortie de ses especes, mais encore à la favoriser. Qu'on suppose en effet la balance du commerce pour ou contre l'Etat, il y aura toujours un gain réel. Si la balance est pour lui, c'est-à-dire s'il vend plus qu'il n'achete, l'excédent de ce qu'il vend lui est payé en especes étrangeres, qu'il ne prend qu'au-dessous de leur valeur, ou en especes frappées à son coin, & que l'étranger a achetées au-dessus de leur valeur, parce qu'il en avoit besoin; tandis que l'Etat ne les prend que pour la valeur réelle. Si au contraire la baleurs especes au marteau. Les Européens ont porté dans le reste de l'A-

lance est contre l'Etat, l'excédent de ce qu'il achete il le paye en especes qu'on prend volontiers : s'il le payoit en especes réprouvées, il seroit obligé de les donner à si bas prix qu'il y perdroit nécessairement : s'il le payoit en especes étrangeres, il seroit obligé de les acheter à perte. M. du Tot prétend qu'après la refonte des especes, arrivé à la suite des derangemens de la Minorité, la France gagna sur l'étranger, par le moyen de ses nouvelles especes, la valeur de 127 millions 500 mille livres. Je ne voudrois pas garantir la vérité de ce calcul, mais quelque forte que soit cette somme, il ne seroit pas difficile de rendre ce fait très-probable. Un quatrieme principe est la nécessité d'éviter avec soin, des changemens quels qu'ils soient : la variation dans les poids & dans le titre des especes doit être envisagée sous différens points de vue ; je n'indiquerai ici que ce qui est le plus essentiel à mon sujet. Avant la découverte des mines de l'Amérique, la rareté de l'or & de l'argent étoit cause que la quantité des especes étoit fort petite ; il en falloit peu pour suffire à de grands besoins : l'altération eût donc été trop sensible : elle eût eu de trop grands effets, pour qu'on y songeât. A mesure que l'Europe s'est enrichi aux dépens du nouveau Monde, les especes aussi se sont multipliées, & ont été altérées insensiblement. Outre ces changemens, considérés comme une suite naturelle de l'abondance des métaux précieux, il s'en fit d'autres, que les besoins de frique & dans l'Amérique les monnoies qui avoient cours chez eux. La mon-

l'Etat ſembloient demander : on eut recours à deux moyens l'un de ſurhauſſer la valeur imaginaire des eſpeces, l'autre de les altérer. Les Vénétiens ſe ſervirent ſouvent du premier, & en France Charles VII. porta la valeur du marc d'argent monnoyé de 18 livres 15 ſols à 361 livres 10 ſols. Ce ſurhauſſement des eſpeces eſt un impôt déguiſé : le Souverain achete à ſes ſujets leurs denrées, ou paye leurs ſervices avec une plus petite quantité d'or & d'argent : ſi tout le commerce étoit intérieur, ce ſurhauſſement ne ſeroit pas même un impôt : le prix de tout pouvant alors être fixé ſur la valeur imaginaire, le ſujet qui vend au Souverain ſes ſervices ou ſes denrées, acheteroit à ſon tour, ſur le même pied, tout ce dont il a beſoin. Dès qu'on ſuppoſe un commerce avec l'étranger, c'eſt un impôt, celui de tous peut-être le plus profitable à l'Etat & aux particuliers. Quant à l'altération des monnoyes, c'eſt la même choſe, lorſque l'Etat eſt ſans commerce avec l'étranger, mais c'eſt plus qu'un impôt, lorſque ce commerce ſubſiſte. Le moindre de tous les maux eſt la défiance de l'étranger, & le prix exorbitant qu'il met à ce qu'il vend : la perte du change n'eſt encore rien au prix des ſuites épouvantables de l'agiotage des Uſuriers. On a trouvé en Suède que l'Etat avoit perdu un million d'écus d'Allemagne aux monnoyes frappées à Stralſund pendant la derniere guerre : l'agio vis-à-vis de l'argent de banque de Hambourg monta alors de 137 à 437 pour noie eſt ou réelle & effective (*h*), ou imaginaire & de compte. On appelle

cent. On ſait les opérations du Régent; elles durerent depuis 1718 juſqu'en 1720: il altéra les eſpeces, il en ſurhauſſa le prix, & trouva par là le ſecret de mettre le Royaume à deux doigts de ſa perte: la fertillité de ſon ſol & l'abondance de ſes marchandiſes ſuffirent à peine pour le retirer du précipice. C'eſt un fait, que le Régent ſurhauſſant le prix des eſpeces, lorſqu'il étoit obligé de faire des payemens, & diminuant leur valeur imaginaire, lorſque le peuple avoit à payer, il ſe trouva que lorſque le Roi recevoit dix millions, le peuple en payoit trente. Law aſſure que par l'opération que la Cour des monnoies fit en recevant le louis à treize livres, & le rendant à quatorze le Roi avoit gagné par cette taxe vingt à vingt cinq millions. Les mêmes abus ſe virent en Eſpagne: ſous Philippe IV, en 1642, tout étoit dans une ſi grande confuſion, qu'on vit au mois d'Août la pièce de huit à douze réales, & le doublon à quarante cinq, au mois d'Octobre la premiere à vingt cinq, & la ſeconde à quatre vingt-dix-huit; & au mois de Décembre, celle-là à vingt quatre, & celle-ci à quatre-vingt-ſept. On juge ordinairement de l'étendue du commerce, & du profit que l'Etat en retire, par la quantité des eſpeces qui circulent; cela eſt vrai à quelques exceptions près. Les eſpeces peuvent être rares, malgré un commerce étendu & lucratif: des guerres diſpendieuſes faites hors du pays, de mauvais arrangemens dans les finances, qui concenfausse monnoie, celle qui n'est pas du métal ordonné par les loix ; altérée

trent entre les mains de quelques particuliers les richesses de l'Etat, des trésors accumulés par le Souverain la refonte frauduleuse des especes, une trop grande abondance de vaisselle, & les richesses des Eglises dans les pays catholiques, sont autant de moyens d'enlever à la circulation les especes que le commerce y porte. De là je tire un cinquieme principe, c'est que le soin d'entretenir la circulation des especes est un moyen de faire fleurir un Etat. Un sixieme principe, qui n'est qu'un corollaire du précédent, c'est qu'une grande abondance d'especes est un bien réel, pourvu que cette abondance ne soit pas moins un fruit de l'industrie, qu'un présent de la nature. Il est vrai que le prix des denrées & des marchandises est non-seulement en proportion de leur abondance, mais encore en proportion de l'abondance des especes. Cependant, comme le peuple proportionne le prix de son travail au prix des denrées qu'il faut à sa subsistance, l'abondance des especes n'est point un mal quoiqu'elle renchérisse quelque peu les denrées & les marchandises. Je dis quelque peu, vû que cette augmentation est presque insensible dans ses accroissemens. Je doute que ceux qui soutiennent que depuis 1500 jusqu'en 1650 les biens fonds en France ont doublé de prix tous les trente ans, ayent bien calculé: mais quand ils auroient raison, cela ne prouveroit pas que l'augmentation du prix des denrées ne soit insensible dans l'état actuel: l'augmentation de celle qui n'est pas du titre ou au poids ordonnés, ou celle qui a été diminuée

l'or & de l'argent fut trop rapide dans le seizieme siecle pour n'avoir pas eu des effets bien sensibles. Une nation riche en espece est toujours respectable à ses voisins, à moins que les vices de l'administration ne l'énervent. Enfin un dernier principe que j'ai à proposer c'est la nécessité de faire frapper des especes dont le coin soit beau & net, & dont le poids soit parfaitement égal. Lorsque le coin est mal fait, il est plus difficile de découvrir les fausses monnoies, & lorsque les especes de même valeur ne sont pas du même poids, il y a lieu de craindre les refontes frauduleuses, & il n'est plus possible de juger exactement de la quantité de la somme par le poids. Ces principes établies, j'en viens à quelque chose de plus particulier. Nous avons dit que l'argent fixant le prix de l'or, étoit la véritable mesure invariable de tout ce qui peut entrer en estimation: le prix de l'or varie, c'est-à-dire que la proportion entre l'or & l'argent n'est pas la même partout. Rome, qui, jusqu'à l'an 484 de sa fondation, ne se servit que de cuivre, estimoit alors la livre d'argent 72 livres de cuivre; l'an 512 cette proportion étoit comme 80 à 1 : au milieu du premier siecle comme 60 à 1; sous Constantin comme 100 à 1; c'est à-peu-près celle qui subsiste aujourd'hui en Europe. Quant à la proportion entre l'or & l'argent elle étoit, l'an 310 de Rome, comme 13 à 1; l'an 460 comme 10 à 1; sous Constantin comme 13, ou 12½, ou 12 à 1. Sous Saint Louis comme après la fabrication ; la monnoie fourrée eſt celle qui eſt faite d'un métal

10 à 1. En 1500 comme 12 à 1. Après la découverte du Pérou l'abondance de l'argent fit hauſſer le prix de l'or, à la proportion fut alors en Eſpagne de 16 à 1. Les autres nations ne s'en éloignerent guere : mais depuis que le Bréſil a donné beaucoup d'or elle a baiſſé. Aujourd'hui cette proportion eſt en quelques endroits de l'Allemagne de $15 \frac{1}{15}$ à 1, & en vertu d'un Traité entre la Cour de Vienne & la Baviere elle fut fixée à $14 \frac{11}{12}$: 1 ; en Hollande elle eſt de $14 \frac{1}{3}$ à 1 ; en Angleterre de $15 \frac{1}{5}$ à ; en France de $14 \frac{47}{100}$ à 1 ; au Japon de 8 à 1, à la Chine de 10 à 1, aux Indes en deça du Gange de 11 à 1. On a remarqué que c'eſt à meſure qu'on s'approche des pays occidentaux, que le prix de l'or augmente. Au fond il y a beaucoup d'arbitraire dans cette proportion. Il eſt bien avéré que la quantité d'or eſt audeſſous de la quantité d'argent : mais eſt-il prouvé qu'il y ait 10, 12 ou 15 fois plus d'argent que d'or ? De très-habiles gens ſoutiennent qu'avant la découverte de l'or du Bréſil il entroit en Europe pour trois millions & demi d'argent de plus qu'il n'y entroit d'or : & Mr. Achenwal a calculé que depuis cette découverte, l'augmentation annuelle de l'or en Europe étoit à celle de l'argent comme 2 à 5. Cette proportion ſeroit encore plus forte ſi les Indes Orientales, le Levant, la vaiſſelle, & les manufactures n'emportoient une ſi grande quantité d'argent. Il importe toujours de la fixer ſagement, puiſqu'il eſt impoſſible d'empêcher que par le dé-

défendu, couvert d'une lame de métal conforme aux loix. La monnoie réelle

commerce l'étranger n'enleve préférablement l'un ou l'autre si la proportion qu'on suit différe trop de la sienne. C'est ainsi que les François enlevent aux Anglois leur argent, & que les Anglois enléveroient aux François leur or, si dans le commerce qu'il y a entre ces deux nations, les François achetoient aux Anglois plus qu'ils ne leur vendent. C'est ainsi que les négocians de France, de Hollande, & de Hambourg tirent leurs fonds de Lisbonne en or, les font passer à Londres par le Packbot, & les retirent de-là en argent. C'est encore cette raison qui explique pourquoi l'or monnoyé de France se trouve en si grande abondance en Allemagne, tandis que l'argent monnoyé d'Allemagne passe dans les monnoies de France. L'Allemagne perd tous les ans considérablement à cet échange : le louis neuf y a cours pour 10 florins 24 kreutzers, & ne vaut que 9 florins 30 kr. Ainsi, si le François achete, il donne son louis neuf pour la valeur qu'il a en Allemagne, & sur cent louis il en gagne $7,\frac{9}{3}$: s'il vend il ne prend le louis que pour la valeur qu'il a en France, & l'Allemagne perd le surplus. J'éclaircirai ceci par un exemple : & je prendrai pour cela les anciennes especes de France, qui étoient au même titre que celles d'Angleterre. Les écus, ou crowns d'Angleterre pésent une once trois déniers treize grains : l'écu de France pésoit un peu moins qu'une demi-once, savoir : 277 grains; le crown vaut 5 schellings ou 60 pennys : dont l'écu de France eſt ou d'or, ou d'argent (*i*), ou de cuivre, ou d'étain, ou de plomb, ou

vaut 29 pennys & demi. La guinée péſe 156 grains & vaut 21 ſchellings ou 252 pennys; le louis péſe 153 grains, & vaut par conſéquent 247 ⅘ pennys. Donc on donne en France 153 grains d'or pour 2216 grains d'argent, que péſent les 8 écus de France ou 24 livres que le louis y vaut: & l'on donne en Angleterre 156 grains d'or pour 2373 grains d'argent, c'eſt-à-dire 113 ½ grains de plus qu'on ne fait en France. Il paroît donc que les négocians Anglois gagnent à payer en France avec de l'argent blanc, puiſque la guinée ne répréſente en France que 22 livres 14 ſols 7 deniers en argent; au lieu que 21 ſchellings en argent, prix de la guinée en Angleterre, valent en France 24 livres 2 ſols 10 deniers en argent, Au reſte que le payement ſe faſſe en barres ou en eſpeces, c'eſt la même choſe.

(*h*) On conſidere dans la monnoie effective, (1) la matiere, qui eſt en Europe ou de l'or, ou de l'argent, ou du cuivre, ou du billon, c'eſt-à-dire un métal compoſé de cuivre & d'argent, (2) le poids de la pièce, (3) la taille, c'eſt-à dire la quantité de pièces faites d'un marc d'or d'argent ou de cuivre, (4) l'empreinte, (5) la valeur, qu'il faut diſtinguer de la valeur intrinſeque, parce qu'on y ajoute le droit du Prince, qu'on appelle droit de ſeigneuriage; & le prix de la fabrication qu'on appelle droit de braſſage, (6) le nom donné à la pièce, (7) le grenetis ou le cordon, (8) la légende ou l'inſcription qui ſe trouve à l'effid'un mêlange de ces métaux; il y a des coquillages (*k*) & des fruits qui en tiennent lieu. Le droit de battre monnoie est un droit affecté à la Souveraineté, si ce n'est à Fez & à Tunis, où chaque particulier est le maître d'en

gie & à l'écusson, (9) le millésime ou l'année, (10) le différent ou la marque du tailleur, (11) le point secret, ou la lettre qui indique le lieu de la fabrication. La valeur intrinseque est le poids & le titre pris ensemble.

(*i*) Dans quelques endroits des Indes Orientales on se sert de plomb & d'étain, pour frapper des especes.

(*k*) Des coquilles & des fruits tiennent lieu de monnoie dans quelques endroits de l'Asie, de l'Afrique & de l'Amérique. Les coquillages, qui ont cours en Asie, viennent des îles Maldives, & sont appellés aux Indes *Cauris* : sur les côtes d'Afrique on les appelle *bouges*; en Amérique *porcelaine*. Quant aux fruits l'Amérique se sert du cacao & du mays, & aux Indes Orientales on employe les amandes au même usage : elles viennent des environs d'Ormus & des déserts du royaume de Lar; comme les arbres qui les portent n'en rendent pas toujours une égale quantité, cette monnoie hausse & baisse de prix. Les *Cauris* des Indes valent dans l'Indostan la 60 partie du *pécha*, monnoie de cuivre évaluée à 6 deniers de France. En Ethiopie le sel tient lieu de monnoie : l'or n'y est pas marqué, on ne fait que le peser; le sel se tire d'une montagne, on le coupe en faire, ce qui jette beaucoup d'embarras dans le commerce. La monnoie de

forme de tablettes longues d'un pied, larges & épaisses de trois pouces : on les brise pour les besoins de détail. Dix tablettes valent une dragme d'or.

(*l*) La monnoie de compte est une monnoie idéale, sous le nom de laquelle on comprend ou une partie de quelque piece de monnoie réelle, ou plusieurs pièces, & dont on se sert dans le commerce pour determiner la quantité d'especes à donner ou à recevoir. La réduction des différentes monnoies de compte est fondée sur celle des différentes monnoies effectives : c'est une partie assez difficile de l'art de la banque.

(*m*) Il y a en Hollande deux sortes de monnoies effectives ; l'une qui a cours dans le pays, & l'autre qui n'est que marchandise ; celle-ci est destinée pour les pays étrangers. Les ducats & les Reuters sont les seules monnoies d'or frappées au coin de la République. Le ducat est marchandise : son prix hausse & baisse suivant le besoin, & les Hollandois tirent de cette espece de commerce un profit très-considérable : ils ont eu l'art de faire rechercher les ducats partout, & le crédit une fois établi ils ont su en tirer tout le parti possible. Les ducats passent en Allemagne pour être à 23 carats, huit grains de fin ; tandis qu'ils ne passent dans les monnoies de la République que pour 23 carats sept grains de fin, & qu'il s'en trouve beaucoup qui ne sont qu'à 23 carats un ou deux grains : ils doivent compte (*l*) eſt à l'abri de l'altération : les peuples de l'Europe & de l'Aſie

être à la taille de 67 ſur le marc, & on n'a en Allemagne d'autres balances que celles où ces ducats ont le poids qu'ils doivent avoir, lorſqu'ils ſont de 68 à la taille ; les négocians les prennent même pour leur valeur entière, lorſqu'ils ſe trouvent à la taille de 70. Sans compter ce profit, on ſait qu'il eſt d'uſage, chez les officiers de la monnoie, de demander à ceux qui veulent acheter des ducats, pour quel endroit ils les deſtinent : on diſtingue ceux qui ſont pour la Ruſſie de ceux qui ſont pour l'Allemagne, & pour la Pologne ; lorſqu'on en demande pour la Pologne on les achete à meilleur prix, preuve que le titre en eſt plus bas : auſſi nous vient-il de là des ducats qui n'ont que 23 carats & un ou deux grains de fin.

Le Ducaton eſt une monnoie d'argent que les Eſpagnols furent les premiers à frapper, & que les Hollandois contrefirent, mais qu'ils eurent bien de la peine à faire paſſer aux Indes orientales, pour leſquelles ils la deſtinoient : il vaut trois florins de Hollande ; ſuivant l'ancien pied il devroit être à 7 onces & demi de fin, *funfzehn lœthing*, & 200 pieces devroient peſer 26 marcs, 3 onces & 15 engels : mais ils ne ſont plus qu'au titre de ſept onces & pas tout-à-fait ⅞ de fin. La Compagnie des Indes en exporte beaucoup, ce qui fait qu'ils gagnent ſur l'argent de banque. Les écus de Hollande, dits *Alberts Dahler*, ſont dans le même cas : les anciens valent plus que ont chacun la leur. Les Hollandois (*m*) & les François (*n*) ſont ceux qui

les nouveaux : ils n'ont que 6 onces & demie & un ſixieme de fin ; ils ont cours dans tout le Nord, & ceux qui font le commerce de la Baltique ſont obligés de s'en pourvoir ; auſſi ces écus gagnent-ils huit pour cent ſur la monnoie courante & quatre p. c. ſur l'argent de banque de Hambourg. Les Hollandois, pour écarter du cours toutes les pieces rognées, les peſent en ſacs, & la banque a ſon tarif que tout le monde connoît. Toutes les Provinces ne frappent pas au même taux, celle d'Utrecht fait battre les eſpeces les moins fortes. Parmi tous les moyens dont la République de Hollande s'eſt ſervi pour s'enrichir, il faut ſurtout compter le ſoin qu'elle a eu de donner cours chez l'étranger aux eſpeces frappées à ſon coin. On perſuada à Pierre le Grand, qu'il gagneroit à faire fondre les écus d'Albert, & à en faire frapper des roubles ; il le fit, & pour avoir un plus grand nombre de ces écus, il ordonna que tous les péages fuſſent payés en cette monnoie : c'eſt-à-dire, qu'à bien prendre les choſes, il donna aux Hollandois un profit réel pour avoir un gain imaginaire. La liberté qu'ont les négocians Hollandois de dépoſer à la banque les eſpeces étrangeres qu'ils reçoivent, eſt un moyen très propre leur faire tirer de ces eſpeces tout le profit poſſible : ils attendent ainſi l'occaſion de les placer ; & cela ne manque pas dans un pays qui a un auſſi grand commerce. On excepte de ces eſpeces étrangeres celles ont tiré le plus de profit des especes qu'ils ont fait frapper. Les différentes

d'Angleterre, & une partie de celles d'Allemagne : la raison n'en est point cachée : comme ces especes sont très-bonnes, on en veut défavoriser le debit chez l'étranger, & obliger ceux qui en ont à les porter à la monnoie ; or c'est les faire baisser de prix que de ne les pas recevoir à la banque, puisque les *recepisse* de la banque gagnent sur l'argent courant, tout le monde cherche à y avoir un compte ouvert. Comme l'argent de France a cours presque dans toute l'Europe, les Hollandois le reçoivent à la banque pour tirer le profit du débit. On fait aujourd'hui ce commerce à Vienne. La cour fait livrer au Sieur Wries des écus & des demi-écus à raison de trois pour cent de profit, & ce négociant les fait passer en Turquie avec un benefice de cinq à six : son privilege est exclusif. Les Hollandois gagnerent aussi beaucoup au commencement de ce siècle avec les pièces de cinq sols. Les Turcs s'en degoûterent à la fin du siècle passé, & la plus grande partie en passa en Barbarie, où ces pieces eurent un cours extraordinaire, & furent contrefaites en Europe par les Chrétiens, & en Barbarie par les Juifs. L'entêtement alla si loin qu'on ne s'apperçut pas que l'inscription que les Hollandois y firent mettre, *voluit hanc Africa mercem*, marquoit assez le peu de peine qu'on trouvoit à tromper toute une nation. Le refus que firent les Anglois de prendre ces pièces à quelque prix que ce fût, lui ouvrit les yeux.

especes connues en Europe (*o*) peuvent être réduites à une mesure commune. Les médailles ne sont point monnoies (*p*).

(*n*) En France les réglemens de 1726 avoient fixé les droits de seigneuriage & de brassage pour l'or à $7\frac{7}{10}$ pour cent, & pour l'argent à $7\frac{8}{10}$. Depuis on a trouvé que le poids & le titre des especes d'or avoient été altérés : le marc poids de Cologne devoit avoir $28\frac{5}{8}$ louis neufs, & il en a $29\frac{1}{4}$: le titre devoit être à 21 carats 8 grains de fin, & il n'est qu'à 21 carats 3 grains, par où il paroit que les droits de seigneuriage & de brassage sont montés à $11\frac{23}{40}$. Cela est d'autant plus sur, que depuis quelques années on paye aux Cours des monnoies 768 livres du marc d'or, tandis qu'on n'en payoit, ci-devant que 740 livres 9 s. 1. Une autre preuve de ce que j'avance, c'est qu'en 1755 on promit un prix de huit deniers par livre à ceux qui délivreroient de l'or & de l'argent aux monnoies, tandis qu'on n'en donnoit autrefois que quatre.

(*o*) Pour comparer & réduire toutes les différentes especes de monnoies effectives, il faut en considérer le poids & le titre : & pour juger de l'un & de l'autre il faut connoître les différens poids dont on se sert ; & la maniere dont on exprime l'alliage dans les différens pays de l'Europe. Nous avons déjà touché à ces deux articles, autant qu'il pouvoit convenir à la nature de cet ouvrage. Je pourrois encore joindre ici une liste des différentes especes

§. XLV.

LA BANQUE.

Nous avons vu que l'or & l'argent, ainſi que quelques autres métaux, avoient été choiſis pour faciliter l'échange de tout ce qui peut entrer dans le commerce. Mais l'argent ne circule qu'avec lenteur, & la quantité du Numéraire eſt inſuffiſante pour repréſenter même la dixieme partie des valeurs de l'agriculture & de l'induſtrie. Pour

monnoyées en Europe & en Aſie : mais cette nomenclature ſeroit aſſez inutile, & une table où leur valeur ſeroit réduite à un prix commun ſeroit d'une trop grande étendue.

(*p*) Les médailles reſſemblent aux monnoies par la forme, & en different par l'uſage : leur utilité eſt de conſtater la verité de quelques faits, & d'en fixer le temps. On diſtingue les médailles antiques des médailles modernes : les Savans ne ſont pas d'accord ſur le temps où les premieres commencent, ils ne le ſont pas non plus ſur le temps où elles finiſſent. Quand on veut remonter juſqu'à leur origine, les conjectures tiennent lieu de raiſons, & ſi l'hiſtoire des temps où elles doivent finir eſt plus connue, on n'eſt pas moins embaraſſé à ſe décider pour un temps plutôt que pour un autre. Une grande partie des antiquaires fait ſuppléer à l'incommodité d'un tranſport onéreux des eſpeces, & à l'inſuffiſance de leur quantité, on a eu recours à des ſignes qui les repréſentent. C'eſt ainſi que les papiers ſont devenus les ſignes repréſentatifs de

finir les médailles anciennes à la fin de l'Empire Romain, les autres au regne de Gallien, quelques uns à celui de Conſtantin, d'autres à celui d'Auguſtule, pluſieurs enfin à celui de Charlemagne. Pour ce qui regarde les médailles modernes, elles ne commencent point où finiſſent les anciennes : on rejette même toutes celles des trois ou quatre premiers ſiècles qui ſuivirent le regne de Charlemagne, parce qu'elles ſe reſſentent trop de la barbarie des temps; la premiere des médailles modernes qu'on a coûtume de citer, eſt celle de Jean Hus, frappée en 1415. On diviſe les médailles en différentes claſſes : il y a des médailles grecques, romaines, hebraïques, puniques, gothiques : il y a des médailles conſulaires, impériales, petit, moyen & grand bronze, il y en a d'or, d'argent, de cuivre, &c. Les médailles grecques ſont les plus rares, nous en avons d'Archélaus, d'Amintas, de Philippe, &c. La plus ancienne de toutes celles qui nous ſont connues eſt d'Amintas VI, & elle ſe trouve dans le cabinet de Berlin : il y en a une d'Amintas dans le cabinet du Roi de France, mais elle ſe rapporte à un temps moins reculé; elle eſt de l'ayeul d'Alexandre le grand. Celles qui ont été frappées du temps de ce l'argent. On peut dire en quelque maniere, que la quantité des métaux précieux a été augmentée par ce moyen, puisque les papiers ont eu le même effet, qu'auroit eu l'exploitation de quelques nouvelles mines; ils ont égale-

prince sont les plus belles. Les médailles Romaines, frappées depuis Néron jusqu'à Pertinax, sont les plus estimées. Les médailles grecques sont moins utiles pour l'histoire que les médailles Romaines. Il y en a d'une excessive rareté, comme par exemple les Ottons, & les médailles des colonies Romaines. Parmi les médailles modernes celles de Cromwel, qui sont d'or, sont extrêmement rares. On appelle médailles incuses celles qui ne sont marquées que d'un côté par la négligence de l'ouvrier : il s'en trouve de telles parmi celles du Bas-Empire. On remarque dans une médaille le champ ou cette surface platte & polie où il n'y a rien de gravé, & qui sert de fond aux types, la Tête, qui est le côté principal où se trouve l'effigie, & le revers qui est le côté opposé. On appelle légende ce qui est autour du revers & de l'effigie; & exergue ce qui est au bas dans un espace ménagé. On entend par médailles saucées, celles qui sont de bronze & couvertes d'une feuille d'étain; par médailles restituées, celles qui ont été frappées pour renouveller la mémoire de quelque personnage illustre; par médailles quinaires les plus petites & les moins épaisses, & enfin par Bractéates, de simples feuilles de métal, chargées d'une ment augmenté le prix des matieres premieres & de la main-d'œuvre (*q*). Le credit (*r*) est ce qui décide de l'abondance ou de la rareté de ces papiers de commerce. L'espece la plus simple

grossiere empreinte, & qui parurent pour la premiere fois en Suède au VIIIeme siècle. Une grande médaille est appelée médaillon. C'est surtout à Augsbourg & à Nuremberg que se trouvent des gens fort habiles dans l'art de graver des médailles : parmi les hommes célèbres en cet art il faut placer le fameux Varin, qui a fait honneur à la France, & le célèbre Natter mort il y a quelques années.

(*q*) Ces richesses artificielles ont fait un autre mal : il a fallu payer les intérêts des emprunts que l'on a faits, & pour les payer il a fallu charger le peuple de nouveaux impôts : c'est-à-dire que pour faire fleurir le commerce, assurer la puissance de l'Etat au dehors, faire des conquêtes, il a fallu accabler l'agriculture, affoiblir la population, & jetter les premiers fondemens de la ruine des Etats. L'angleterre a perdu une grande partie du commerce de ses manufactures & de ses fabriques par le moyen de ces emprunts : en effet la cherté de la main d'œuvre, produite par les impôts, réduit la consommation de ces marchandises à la consommation intérieure. Avec le temps l'Angleterre ne pourra, comme la Hollande, soutenir la concurrence d'aucune nation en fait de marchandises.

(*r*) Le crédit est ou civil ou mercantil : le

de ces papiers est ce qu'on appelle lettres de change (*s*) : le négoce de ces papiers de commerce a donné lieu à un trafic qu'on nomme commerce de change. Le change est au pair, lorsque la lettre de change rend au porteur, en or ou en argent du même titre, un poids égal à celui qu'elle a coûté à l'acheteur ; il est au-dessus du pair, lorsque l'acheteur paye plus que la valeur énoncée sur le papier ; & au-dessous lorsqu'il paye moins. Celui qui perd a fait ce qu'on appelle un change de nécessité. Le change varie, c'est ce qu'on nomme son cours : il hausse &

premier regarde la sureté, le second la bonne foi. Avec du crédit on a toujours de l'argent, mais avec de l'argent on n'a pas toujours du crédit.

(*s*) Ce furent les Juifs, chassés de France sous le règne de Philippe Auguste, & de Philippe le long, qui inventerent l'usage des lettres de change. Ils avoient laissé, en sortant du Royaume, à quelques personnes de confiance, tout ce qu'ils n'avoient pu emporter. Retirés en Lombardie ils donnerent des lettres secrettes à des amis, qui étoient chargés de retirer leurs effets, & ces lettres furent les premieres lettres de change. Les tribunaux de justice ont établi des loix fort rigoureuses pour la sureté des lettres de change, baiſſe (*t*) par différentes raiſons, qui ſe réduiſent à une ſeule, c'eſt-à-dire qu'il ſe regle ſur le nombre de ceux qui demandent des lettres de change, ou qui en offrent : il eſt donc en proportion de la quantité d'argent qu'un pays doit à l'autre, ou bien en rapport des dettes & des créances réciproques d'un état. Quelquefois une ville, un état propoſe à l'autre un prix certain pour un prix incertain; c'eſt

dont le payement ne ſauroit être retardé, & peut s'exiger par la priſe de corps.

(*t*) La Suède entreprit, en 1745, de fixer, par des édits, le cours du change : cette entrepriſe n'a pu paroître poſſible qu'à des perſonnes peu inſtruites de la nature de cette eſpece de commerce. Le cours du change eſt ordinairement le baromètre du commerce, dont il indique la balance : parce qu'il prouve combien il y a plus ou moins à payer qu'à recevoir pour un état. Il eſt vrai cependant qu'indépendamment du commerce, quelques circonſtances momentanées peuvent influer ſur le change : par exemple il ſe peut qu'il y ait de groſſes remiſes à faire pour d'anciennes dettes, pour des intérêts de capitaux empruntés, pour des ſubſides, pour des frais d'ambaſſade; il ſe peut encore qu'on faſſe paſſer ſur une ſeule & même place les ſommes à payer à différentes autres : toutes ces circonſtances peuvent faire hauſſer le change, bien que le commerce en ainſi que Paris propoſe à Amſterdam un écu de 60 ſous pour une quantité indéterminée de deniers de gros ; l'écu vaudra quelquefois plus, quelquefois moins, ſuivant que Paris ou Amſterdam ſera dans le cas de payer. Cette quantité indéterminée a pourtant ſes bornes, au delà deſquelles elle ne ſauroit ni augmenter ni diminuer : mais ces bornes ne ſont point le pair réel. Ces variations du change offrent une

général ſoit avantageux. C'eſt ainſi que l'on auroit tort de croire que les Anglois ayent, dans leur commerce avec les Hollandois, la balance contre eux, parce qu'ils ont le cours du change ſur la Hollande fort à leur déſavantage : la véritable raiſon de ce fait eſt la néceſſité où les Anglois ſe ſont mis de payer l'étranger en monnoies étrangeres, & l'habileté des Hollandois à faire valoir dans le Nord leurs ducats & leurs écus d'Albert. La France envoye beaucoup d'argent à Rome, & par conſequent elle a contre elle le cours du change ſur cette place, cependant elle fait en général un commerce lucratif avec l'Italie. Il ſera aiſé, en ſe rappelant ce que nous venons de dire dans ce paragraphe & dans le précédent, de juger que le cours du change dépend (1) de l'abondance ou de la rareté des eſpeces, (2) de la confiance & du crédit, (3) des ſpéculations & des opérations des banquiers, *(4)* de la paix & de la guerre, (5) des dépenſes extraordinaires, *(6)* ample matière aux ſpeculations des négocians : les différentes affaires qu'ils ont dans les pays étrangers, leur font remettre ou tirer de l'argent à propos. C'eſt dans la comparaiſon perpétuelle des différens cours de change que gît tout le ſecret. S'il ne s'agiſſoit que de faire des remiſes à droiture, cette comparaiſon ſeroit inutile : mais comme on gagne ſouvent à chercher des circuits, un homme attentif à profiter de iné-

de la différence réelle des eſpeces monnoyées, (7) & enfin du commerce. Je ne puis m'empêcher de remarquer ici une ſinguliere erreur de Mun, qui, dans ſon *Traité ſur le Commerce*, ſoutient que c'eſt un avantage pour une nation que d'avoir le change contre elle. « Si, dit-il, » 100 livres St. n'en valent à Amſterdam que » 90, & que les Hollandois envoyent à Lon» dres pour 500 m. livres de marchandiſes, » lorſque les Anglois en envoyent à Amſter» dam pour 400 m. l'argent dû aux Anglois » à Amſterdam balancera de 44 m. livres la » ſomme dûe à Londres aux Hollandois. » Mais Mun dévoit penſer, que le change étant comme il le ſuppoſe, 500 m. l. St. de marchandiſes de Hollande valent à Londres 555555 l. St., & 400 mille l. St. de marchandiſes d'Angleterre ne valent à Amſterdam que 360 mille l. St. ainſi la ſomme dûe aux Hollandois excède de 95555 l. St. celle qu'on leur devroit, ſi le change étoit au pair.

galités du change, fait passer ses créances des places où elles sont le moins payées sur celles où elles le sont davantage. Ce virement (*u*) est plus important qu'on ne pourroit penser, & plus aisé dans les pays où l'intérêt de l'argent est bas. Le négoce des papiers prit une nouvelle vigueur par l'éta-

(*u*) Un seul banquier mit la Reine Elisabeth à couvert des desseins de l'Espagne, qui avoit armé la flotte invincible. Lorsque la Reine apprit ce qui la ménaçoit, elle manquoit de vaisseaux à opposer aux Espagnols : quantité de ceux qui se trouvoient dans les ports ou sur les chantiers, ne pouvoient servir d'un an ; on étoit dans de grandes inquiétudes. Un banquier, qui connoissoit l'état des finances d'Espagne, savoit que la flotte Espagnole ne pouvoit être mise en mer, que par les lettres qu'on tiroit sur la banque de Gènes : il imagina de tirer de toutes les places de l'Europe, pour remettre à cette seule banque toutes les sommes qu'il pourroit négocier, afin qu'elle fût à sa disposition par les grosses remises qu'on y auroit faites, & qu'elle vint à manquer aux Espagnols lorsqu'il le jugeroit à propos. Ce banquier comptant qu'il ne s'agissoit de garder ces remises à Gènes, que jusqu'à ce que le temps de mettre la flotte en mer fût passé, supputa que ce virement coûteroit 40 mille livres Sterlings, & il proposa à la reine de la tirer d'embarras à ce prix. Le projet fut accepté, & conduit avec tant de secret, que Philippe eut blissement des banques (*v*). On entend par là une caisse générale, ouverte à tout le monde, pour y déposer de l'argent, avec la liberté de faire passer à d'autres la propriété de ses fonds en tout ou en partie, ce qui s'appelle payer en banque. Par ce moyen un négociant fait & reçoit des payemens considérables, sans autre embarras que de faire écrire quelques lignes dans le livre de la banque. Ces établissemens servent à conserver le bon argent (*x*),

les mains liées, & ne put mettre la flotte en mer que l'année suivante.

(*v*) Une banque demande du crédit, & cela dépend de l'administration; de l'argent, sans cela la banque est un être de raison; des fonds, pour payer les intérêts, de la sureté, de la liberté, des exemptions, du secret, & de la facilité dans les opérations.

(*x*) Du moins idéalement: par exemple l'agio entre l'argent courant & l'argent de banque, est causequ'on recherche celui-ci: mais quand il ne s'en trouve plus, ou qu'il ne s'en trouve que peu, comme il arrive à Hambourg, ce n'est qu'un taux idéal qu'on conserve. Hambourg frappa, en 1726, des especes de moindre valeur que les anciennes, & en fixa le cours à 116 contre l'argent de banque au lieu de 127: dans cette même supposition elle mit à 144 les fréderics d'or, qui suivant la véritable proportion auroient du être mis à 130½: cette ville s'écarta dans les à aſſurer le bien des particuliers, à fixer un prix avantageux à la monnoie courante, à contenir dans de juſtes bornes le cours des monnoies étrangeres, & enfin à attirer dans le pays les richeſſes des voiſins. Il n'y a en

•

eſpeces courantes de $7\frac{15}{16}$ à 8. C. de l'ancien pied, & ſon crédit l'emporta. Outre cela quand on cherche de l'argent de banque on eſt obligé de payer un ou un demi pour cent de plus. On peut juger par là le gain que font la banque & la ville de Hambourg.

(*y*) La banque de Vénise eſt la plus ancienne. Toutes les marchandiſes en gros, & les lettres de change ſe payent en banque : ſon capital eſt de cinq millions de ducats ; les écritures s'y tiennent en livres, ſous & deniers de gros : la livre fait 20 ducats de banque : ces ducats ſont une monnoie imaginaire ; il ont 20 pour cent de bénéfice ſur les ducats courans, & ſont de 240 gros. Cette banque ſe ferme quatre fois par an : elle ne reçoit point de lettres de change endoſſées. Elle ſouffrit bientôt après ſon établiſſement par de mauvais arrangemens, & par quelques malverſations, ce fut ce qui engagea le Sénat à lui donner de nouveaux réglemens en 1663.

(*z*) La banque d'Amſterdam fut autoriſée par un placard des Etats du 31 Janvier 1609, ſur le modèle de celle de Véniſe. Son fond eſt évalué à 300 millions de florins. Par un édit des Etats les marchandiſes en gros, & les lettres de change, excédant la ſomme de 300 florins,

Europe que quatre banques de cette espece, celle de Venise (*y*), celle

se payent en banque. Pour y payer une moindre somme il faut donner six sols : il n'y a que la compagnie des Indes, qui ait le privilege d'en recevoir ou d'en payer une au dessous de 300 florins, sans payer ce droit de six sols : elle est aussi exempte du droit de transport, c'est-à-dire de ce qu'il faut payer pour faire porter une somme quelconque d'une feuille sur une autre. L'agio de la banque est de deux jusqu'à six pour cent : cela dépend du nombre de ceux qui veulent de l'argent de banque, & de l'espece de monnoie qu'on offre : c'est-à-dire que l'argent de banque vaut depuis deux jusqu'à six pour cent de plus que l'argent courant de Hollande : en 1693 cet agio fut de 12 à 13 pour cent, & cela à cause des mauvais schelings de six sols qu'on réduisit peu après à cinq. Il est aisé de juger que celui qui offre des especes reçues à la banque achete toujours à meilleur marché. La différence de l'argent de banque & de l'argent courant est fondee sur ce que la banque ne reçoit les especes courantes que sur le pied d'environ cinq pour cent au dessous de leur valeur. Pour avoir compte de banque, on paye, une fois pour toutes, dix florins ; & lorsqu'on fait effacer ou porter sur la feuille quelque somme que ce soit, on paye deux schelings. Si l'on y place son argent pour la garde, & pour le retirer en nature, on paye un demi pour cent, si c'est de l'or; & un quart si c'est de l'argent : & le payement de ce droit se fait tous les six mois, au bout desd'Amſterdam (*z*), celle de Hambourg (*a*), & celle de Nuremberg (*b*). Les

quels il faut faire renouveller le *recepiſſe*, faute de cette précaution les eſpeces reſtent à la banque, & on ne peut plus en diſpoſer en nature. Le tréſor de la banque eſt cenſé ſe trouver ſous une grande voûte de la maiſon de ville; il conſiſte en eſpeces valant ſuivant le tarif de la banque moins qu'elles n'ont cours dans le pays, & en lingots qui ont été éprouvés par les Eſſayeurs. On ne peut faire aucune ſaiſie ſur l'argent de banque. Il y a ſix Commiſſaires chargés de l'adminiſtration de la banque, quatre premiers Teneurs de livres, deux adjoints, quatre controleurs & deux aſſiſtans. La Banque eſt fermée le dimanche & les jours de fête; elle l'eſt auſſi deux fois l'an pour régler les livres & les comptes.

J'ajouterai ici qu'il y a une banque à Rotterdam, qui fut établie le 18 Avril 1635; tous les négocians peuvent y avoir un compte ouvert, ſoit en argent de banque, ou en argent courant; en argent de banque pour les traites des pays étrangers, en argent courant pour les traites qui ſe font à Rotterdam ſur les pays étrangers. La banque régle journellement l'agio, & en inſtruit le public par des affiches. Les payemens en banque ſe font en argent courant.

(*a*) La banque de Hambourg n'eſt pas auſſi riche, que celle d'Amſterdam; mais elle s'eſt attiré une confiance égale. Elle fut établie en 1619 à deux fins différentes; car elle eſt tout à la fois une banque & un lombard. La ville elle même en eſt garant; il eſt difficile de jubanques de Londres (*c*), de Genes (*d*), de Stockholm (*e*), de Vienne

ger de son fond, parceque les teneurs de livres sont obligés de faire serment de ne révéler à personne ce qui est dans la banque, ce qui y entre, & ce qui en sort. Il n'y a que les bourgeois de la ville, & ceux qui pour 50 écus en ont acheté le droit, qui puissent avoir compte en banque. L'on y prête sur gages, moyennant un intérêt fort modique, à la charge cependant de dégager, au bout de six mois, les effets déposés, faute de quoi ils sont mis en vente.

(*b*) La banque de Nuremberg est dirigée par deux députés du Magistrat, deux Conseillers, & quatre Négocians. Le fond n'en est pas fort considérable; elle est à peu près sur le même pied que celle de Hambourg; mais elle a peu d'influence sur le commerce général de l'Allemagne, encore moins sur celui de l'Europe. Cette banque fut établie en 1621; il y avoit plus d'un siecle qu'un lombard y subsistoit sur le pied de celui de Venise. La banque se ferme quatre fois par an. Toute espece de marchandises, excédant la somme de 200 florins, tout argent déposé, & les lettres de change au dessus de 50 fl. doivent se payer en banque, sous peine d'une amande de dix pour cent de la somme négociée : il est encore ordonné de passer par la banque quand même on payeroit par parties une somme qui payée à la fois devroit y passer. La banque ne reçoit en especes d'or que des ducats. On paye trois kreutzers pour chaque centaine de fl. payés ou re-

(*f*), de Madrid (*g*), de Copenhague (*h*), & de Saxe (*i*) different des quatre

çus en banque, ce qui est un demi pour mille. Les étrangers ont la liberté d'acheter des marchandises pour une somme excédant 200 fl. & de les payer en argent courant : mais si c'est eux qui vendent, l'acheteur, s'il n'est point étranger, est obligé de lui déduire trois kreutzers par cent florins, & d'en rendre compte à la banque en y en ajoutant autant. Cette banque souffrit quelques derangements en 1693, elle fut fermée jusqu'en 1695.

(*c*) La banque de Londres n'a pour fond que les sommes que lui doit le Gouvernement; on peut la regarder comme une compagnie mi-partie de commerce, & mi-partie de finances. Elle fut établie en 1694 avec le privilége exclusif d'escompter, c'est-à-dire de payer d'avance ou d'acheter les billets & lettres de change qui auroient un terme moindre de six mois à courir; on lui appropria encore le commerce exclusif des matieres d'or & d'argent. Elle ne suivit point l'exemple de la banque de Venise, comme le fit celle de Hollande, & elle déclara que tous ses payemens se feroient en especes courantes. Dès son établissement elle fit un prêt à l'Etat d'un million 200 mille livres st. à huit & un tiers pour cent d'intérêt, ce qui n'empécha pas ses billets de perdre au commencement : en 1752 l'Etat lui devoit 39997874. livres 3. d. 5 f. st. Pour pouvoir fournir de pareilles sommes elle a eu besoin d'un immense credit. Le capital qu'elle a emprunté est divisé en actions; les actions sont autres, ce qui ſera plus ſenſible par la courte deſcription que nous en don-

de 100 livres ſt. elles circulent pour 140 à 145, & portent un intérêt de 5 pour cent. La banque fait auſſi des emprunts pour un temps limité, ces actions ſont alors appellées annuités, parceque tous les ans on en rembourſe un certain nombre, juſqu'à l'entiere extinction du capital : ces annuités ſont auſſi de 100 livres ſt., & circulent pour 105 juſqu'à 108 lorſque l'intérêt eſt de trois & demi pour cent, & pour 102 à 106 lorſque l'intérêt eſt de trois pour cent. Ordinairement lorſque l'Etat fait des emprunts à la banque, il lui délivre une ſomme en billets de l'Echiquier, ou de la Tréſorerie, de 100 livres ſt. chacun, portant un intérêt de deux deniers par jour, ce qui fait trois livres 10 den. ſt. pour cent. La banque, lorſque l'emprunt eſt conſidérable, ouvre une ſouſcription, & moyennant une portion du bénéfice qu'elle laiſſe aux ſouſcripteurs, elle s'aſſure de tous les billets. Elle ne manque guere de ſouſcripteurs, parce que la richeſſe de la nation fait qu'il ſe trouve un grand nombre de particuliers fort aiſe de pouvoir tirer trois ou trois & un quart pour cent de leur argent. Indépendamment de tout cela, la banque a en dépôt des ſommes très-conſidérables, que les particuliers y portent, dont elle ne paye point d'intérêt, & dont elle n'exige rien pour la garde : ce dépôt eſt cenſé ſe trouver dans des ſouterrains, où effectivement il peut y avoir trois à quatre millions de livres ſt. Mais on s'apperçut en 1745 que cette ſomme eſt bien peu propor-

nerons

nerons dans les remarques qui vont ſuivre. On appelle argent de banque

tionnée aux dettes : pluſieurs particuliers ayant voulu retirer leurs fonds, & la défiance commençant à devenir générale, la banque pour éviter la banqueroute ſe mit à payer en menues monnoies, & ne deſtina aux payemens qu'une partie de la journée : elle gagna du temps par là, & la confiance reprit le deſſus. La caiſſe pour les beſoins journaliers ne va point au delà de 120 mille tb. ſt. La banque d'Ecoſſe ne ſubſiſte plus : elle fut établie avec un fond de 100 mil. liv. dont la dixieme partie fut dépoſée. On fit circuler quatre ou cinq fois plus de billets qu'il n'y avoit d'argent pour y faire face ; cependant ces billets paſſerent dans tout le pays en payement. Le bruit qui courut qu'on alloit frapper des eſpeces dont le cours devoit être beaucoup au deſſus de leur juſte valeur, lui porta le coup mortel.

(*d*) La république de Genes, ne pouvant ſuffire aux dépenſes néceſſaires, emprunta de ſes citoyens des ſommes très-conſidérables, elle leur engagea une partie de ſon revenu, & promit à d'autres un très-gros intérêt ; ce fut là l'origine de la banque de St. George. Son fonds eſt conſidérable ; puiſque pluſieurs bailliages, & des villes même, lui ont été aſſurées ; l'île de Corſe lui appartient preſque en entier ; ſes privileges ſont en grand nombre ; elle a ſa cour de juſtice, qui ne dépend que de la république. Elle a fait de gros prêts à des provinces étrangeres, d'où elle tire les revenus des biens fonds qui lui ont été hypothequés.

celui qui est reçu à la banque, ou d'après lequel la banque fait ses calculs, &

L'Etat actuel de l'île de Corse, & ce qui se passa en 1746 ont porté de rudes atteintes à cet établissement.

(*e*) La banque de Stockholm fut établie en 1668 : la direction en est entre les mains de quelques députés des Etats. Cette banque est tout à la fois une banque de change, & un lombard ou banque d'emprunt. On y prête sur tous les immeubles jusqu'aux trois quarts de leur valeur, sur l'or & l'argent jusqu'à la valeur entiere, & sur tout autre métal, denrée, & marchandise, qui ne court pas risque de se gâter : il n'y a que les bijoux d'exceptés. Par ce moyen on a fait circuler au moins la valeur de la quatrieme partie des fonds de terre du Royaume, c'est-à-dire plus de 50 millions d'écus. On a vu dans la suite que ces emprunts pourroient aller trop loin, & en 1752 on est convenu, que les prêts qu'on feroit annuellement sur de pareils fonds, n'excéderoient pas 300 mille plattes ; & qu'à compter de l'année 1754 on payeroit à la banque, outre les intérêts, cinq pour cent des sommes prêtées sur les immeubles, jusqu'à pleine extinction de ces capitaux. En effet la banque recevant tous les six mois les intérêts qui lui sont dus, se trouve tous les ans en état de placer de nouvelles sommes, & seroit ainsi, au bout d'un siecle ou deux, en possession de tous les bien-fonds du Royaume. Tout le cuivre cru lui est remis, & tous les revenus de l'Etat passent entre ses mains. Il y a bien lieu agio de banque la différence entre cet argent & l'argent courant. Le lieu où

de croire, que les ſommes qu'elle fait circuler par le moyen de ſes billets, excédent de beaucoup ſon tréſor; mais il ne faut pas douter qu'on n'exagere en ſoutenant que ſon tréſor n'excede pas ſix millions d'écus d'argent, & que la ſomme des capitaux qu'elle fait circuler monte à 70 millions.

(*f*) La banque de Vienne fut établie en 1703 pour payer les dettes que la chambre Impériale avoit contractées: ſon fonds fut d'abord un revenu de quatre millions de florins. En 1705 il fut augmenté d'un million 500 mille florins. La banque fut d'abord remiſe entre les mains du Magiſtrat de Vienne. Mais la cour ayant ſenti la néceſſité de veiller à ſon crédit, & à la levée des deniers qui lui étoient aſſignés, nomma une Commiſſion à la tête de laquelle elle mit un Miniſtre, & le Corps de Ville ne fut plus qu'un prête-nom. En 1748 la banque devoit 49 millions de florins, ſans compter les arrerages d'intérêts. En 1751 il parut par les comptes, que ces arrerages, & cinq millions du principal avoient été payés dans l'intervalle d'une couple d'années. On diſtingue parmi les emprunts de la banque, (1) les obligations rembourſables à la réquiſition du créancier, & portant aujourd'hui un interêt de quatre pour cent, (2) les ſommes placées à la banque en vertu de quelque ordonnance, comme par exemple l'argent des mineurs, les biens fonds des corps pieux, dont les uns y ſont placés à perpétuité, & les autres ſeuleles négocians & les banquiers s'assemblent s'appelle à Paris la place du change,

ment pour un temps, portant un intérêt de quatre ou cinq pour cent, (3) les dettes du Souverain assignées sur la banque, & remboursables au bout d'un certain terme fixé: elles portent un intérêt de quatre pour cent, (4) les billets de banque delivrés en payement & non-remboursables: ils circulent dans le public, ont cours dans les payemens, & portent un intérêt de cinq pour cent. Il paroît par là que la banque ne paye cinq pour cent que d'un tiers de ses dettes; or à la fin de 1751. elle devoit 44 millions de fl. dont elle payoit annuellement 1534 mille florins d'intérêt. Les revenus qui lui sont assignés font une somme de 8965 mille fl. & la fabrique de Linz lui en rend 50 mille: à ce compte, la banque doit avoir un residu de 7481 mille fl. Les revenus, dont il est ici question, sont assignés sur la douane, sur l'impôt sur les vivres, ou *Landgrafen Amt*, sur la boisson, sur la viande de de boucherie, & sur le sel. Tel étoit l'état de la banque de Vienne avant la derniere guerre, mais sept campagnes ont demandé des ressources, & il n'y a point de credit inépuisable.

(*g*) Il y a quelques années qu'on établit à Madrid une banque sur le modele de celle d'Amsterdam.

(*h*) La banque de Copenhague est tout à la fois une banque & un lombard: elle fut établie en 1736. La premiere souscription fut de mille actions, de 500 écus chacune: les billets qu'elle fait circuler sont de 100, de 50, & de 10.

à Londres & en Hollande la bourse, à Marseille la loge, &c. Le lombard est une maison d'emprunt autorisée par l'Etat. De semblables établissemens sont très-utiles quand on ne les envisage que comme des moyens de favoriser les

écus. On ne peut contraindre personne à les recevoir : mais le Roi a ordonné à ses caissiers de les prendre sans difficulté. Elle prête sur gages à raison de 4 pour cent, & ne prête jamais au-dessous de 100 écus. Le Roi a promis de ne jamais demander à emprunter à la banque. Le dividende de la Compagnie a été de neuf jusqu'à douze pour cent. Pendant la derniere guerre le Baron Schimmelman, & le Banquier Stegeling sauverent la banque dont les billets perdoient déjà vingt cinq pour cent : les préparatifs contre les desseins réels ou apparens du feu Empereur Pierre II, furent la cause de cette crise.

(*i*) La Steuer est une banque rentiere, & non dépositaire ; en 1744 elle devoit 20 millions d'écus d'Allemagne : en 1749 elle en devoit 28.

(*k*) On a reproché beaucoup d'abus aux Lombards de Hollande : ils sont ouverts tous les jours & à toute heure : on ne demande point le nom de l'emprunteur ; au-dessous de mille florins l'intérêt est à 15 & un quart pour cent, sans compter les frais pour le *recepisse*, & la garde du gage : au-dessus de mille florins l'intérêt est à 6 pour cent. Quelques uns ont pensé que l'intérêt le plus bas auroit dû fabriques & le commerce, & non pas comme des voies indirectes de lever un impôt sur le citoyen pauvre ou dérangé (*k*).

§. XLVI.

LE COMMERCE.

Le commerce est un échange ou une vente de quelques marchandises ou denrées. On échange ou des denrées de consommation, ou des matériaux de construction, ou des matieres crues destinées à être travaillées dans les manufactures & dans les fabriques, ou enfin des ouvrages de manufactures & de fabriques. Le commerce a donc sept branches, l'agriculture, les ma-

être pour les sommes les plus petites ; cependant il me paroît que cela favoriseroit la paresse du peuple, & d'ailleurs il seroit aisé d'emprunter de grandes sommes pour de légers intérêts, il n'y auroit qu'à les prendre par parties. Dans la vérité on retient neuf pour cent du produit de la vente, & autant de la somme à rendre par le lombard à l'emprunteur : on vend au rabais au lieu d'aller au plus offrant, & les estimateurs qui fixent le premier prix sont accusés de se faire adjuger très-souvent ce qu'ils ont estimé à leur gré.

nufactures & les fabriques, les arts libéraux & mécaniques, la pêche, la navigation, les colonies, & le change. Il y a cinq moyens pour le faire fleurir, la concurrence (*l*), l'économie du

(*l*) La concurrence est le moyen le plus sûr d'avoir de bonnes marchandises & à bon prix : de là il s'ensuit que tout monopole est destructif de l'industrie & du commerce. Je conviens pourtant que certains établissemens demandent, du moins pour un temps, des priviléges exclusifs : il faut quelquefois, pour parvenir à avoir de bonnes marchandises, & à les avoir à bon prix, commencer par en prendre de mauvaises, & par les payer cher. C'est à la prudence du Législateur à concilier l'intérêt de l'Etat avec la justice due au négociant, au fabricant, & à l'acheteur. Pour favoriser les fabriques & les manufactures on a trop gêné le commerce, de là cette foule d'objets de contrebande, qui est si grande dans quelques pays qu'on ne sait plus ce qui y est permis. Si l'on considere que la concurrence de l'étranger est utile au maintien même des fabriques ; que les monopoles écrasent l'industrie, & foulent le peuple ; que toute nation qui ne veut rien prendre à l'étranger, peut compter que l'étranger se passera le plus qu'il pourra de ses marchandises & de ses denrées ; que la défense des marchandises étrangeres est très-propre à animer l'industrie de l'étranger, qui ne songeoit pas à fabriquer chez lui ce qu'il venoit prendre chez nous ; qu'il vaut mieux travail & de la main d'œuvre (*m*), l'abondance des vivres, la modicité

vendre en troc que de ne point vendre du tout, que si l'on veut se passer des autres, les autres se passent de nous, que de se proposer de ne travailler que pour un pays, quelque grand qu'il soit, c'est toujours affoiblir l'activité de la circulation des especes, & diminuer le credit; si dis-je, on envisage toutes les suites de la gêne, on verra que s'il est dangereux d'abandonner entierement l'entrée & la sortie des marchandises aux vues bornées & interessées des marchands, ou aux caprices frivoles du public, il est également risquable de s'en rapporter aux cris indiscrets des monopoleurs, aux prétentions des fabriquans, & aux spéculations incertaines de quelques financiers, qui croyent que l'étranger, & l'industrie, peuvent être soumis à des loix de contrainte.

(*m*) Le bas prix de la main d'œuvre vient de l'abondance des matieres premieres, de la rivalité des ouvriers, du bon marché des vivres, & de la facilité que les ouvriers trouvent à s'établir.

(*n*) Le transport par terre est beaucoup trop cher, & pourroit l'être moins. Sans compter ici les droits de péage, il est avéré que la réparation des chemins publics, & une bonne police pour les auberges diminueroient considérablement la dépense. Il est vrai que la réparation & l'entretien des grands chemins sont fort coûteux : mais ils le seroient moins si l'on se persuadoit qu'il vaut mieux faire peudés frais d'exportation (*n*), & le bas prix de l'intérêt de l'argent (*o*). L'in-

à-peu, que de ne rien faire du tout, que l'épargne dans la premiere réparation est une mauvaise économie, que le manque d'attention dans l'entretien continuel est une source de dépenses inutiles, enfin qu'il ne s'agit pas de luxe, mais de solidité.

(*o*) L'intérêt de l'argent est en Espagne à six pour cent, malgré les mines du Pérou, & en Hollande il est à trois pour cent, quoique ce pays manque de grains, & de mines. En Turquie l'intérêt est à 20 pour cent, aussi le commerce y est-il dans un triste état. On a beaucoup agité cette question : savoir si le bas intérêt favorise effectivement le commerce, ou s'il n'est que la suite d'un commerce florissant. Cette question demande trop de discussions, pour l'examiner ici : je me contenterai de remarquer que le bas intérêt de l'argent est la suite naturelle d'un grand commerce, & sert après cela à le soutenir & à l'étendre ; il est bien prouvé que là où il y a un grand commerce l'intérêt n'est jamais à un haut prix, & que moins il en coute à un négociant pour employer dans son commerce des capitaux étrangers, plus aussi il peut vendre à bon prix, & par conséquent l'emporter sur l'étranger, qui payant de plus gros intérêts ne sauroit soutenir la concurrence. On dira peut-être qu'à Batavia & à la Jamaïque les intérêts sont à dix pour cent, quoiqu'il y ait dans ces endroits plus d'argent & plus de commerce qu'à Londres & à Amsterdam ; mais dustrie est l'ame du commerce ; c'est à la faire naître & à l'entretenir que

comme à Batavia & à la Jamaïque tout le monde s'intéresse dans quelque entreprise, & que les gains sont très-considérables, chacun est empressé à employer des fonds, & un intérêt de dix pour cent ne paroît pas trop fort, vu les profits. On pourroit dire encore, que si dans ces endroits on faisoit tout le commerce possible, l'intérêt de l'argent seroit plus bas. Du temps de Henri IV l'intérêt de l'argent fut réduit du denier douze au denier seize, & Péréfixe espéroit qu'il seroit bientot au denier vingt, c'est-à-dire à cinq pour cent : c'est le taux au quel il se trouve aujourd'hui en France, à l'exception de quelques places de commerce, comme par exemple Bordeaux, où il est à six. Ce qui paroît démontré c'est que le bas intérêt de l'argent favorise le commerce d'économie, c'est-à-dire le commerce d'achat & de vente, où il s'agit de gagner peu, mais souvent & surement, c'est le commerce de la Hollande : le fret, les commissions, l'entrepôt sont des moyens de gagner lorsque le taux de l'intérêt de l'argent n'est pas trop haut. On en peut dire autant de toutes les entreprises coûteuses, & où le profit ne vient que lentement.

(*p*) Un habile négociant étudie les circonstances qui peuvent faire hausser ou baisser le prix des marchandises : c'est la boussole qui le conduit, & c'est toujours là un gain pour l'Etat, lorsque ses spéculations ne tendent pas à fouler le fabricant & l'artisan, & à l'oblile Gouvernement doit s'appliquer (*p*): la ſûreté & le credit en ſont le ſoutien (*q*) : de tous les vices intérieurs de l'Etat la langueur & l'incertitude ſont les plus dangereux (*r*). Un commerce qui s'agrandit & s'étend n'eſt qu'un

ger à vendre á tout prix pour tirer un plus grand parti de ſon exportation.

(*q*) Les Juridictions conſulaires, compoſées de négocians qui jugent ſommairement & gratis les litiges de commerce, ſont en France un des grands ſoutiens du commerce. Peut-être pourroit-on ſeulement trouver trop dure la contrainte par corps pour le payement de toute lettre de change : il y a beaucoup de cas où non-ſeulement l'équité demande qu'on vienne au ſecours de ceux qui ne peuvent pas payer, mais où l'exacte juſtice ſemble l'exiger. Si l'on voit d'un côté tant de rigueur, il y a de l'autre trop d'indulgence pour les banqueroutiers : on les favoriſe par le moyen des aſyles. Il faut ici une juſtice tempérée par la prudence & par l'équité.

(*r*) Qui ceſſe de faire mieux ceſſe de faire bien : des membres qui ne ſe meuvent plus s'engourdiſſent. Cette vérité eſt l'apologie des projets : l'expérience a prouvé que tout commerce qui ne s'agrandit pas dépérit. S'il eſt deraiſonnable de laiſſer le gouvernement des affaires à ces hommes qui paſſent leur vie à faire des projets ; il l'eſt autant de ne jamais écouter ceux qui propoſent de nouvelles vues, & de s'en tenir à ce qui ſe pratique, dans la commerce déplacé, par la raiſon que le total ne s'accroît & ne diminue guère. On a remarqué que les nations les plus commerçantes n'ont pas été celles, qui avoient les plus grandes poſſeſſions & les pays les plus fertiles. Tyr, Athenes, Carthage, Rhodes, Gènes, Veniſe, & la Hollande en ſont des preuves inconteſtables. Il y a un commerce intérieur & un commerce extérieur. Le premier, & le plus important, ſe fait

crainte peu réfléchi du danger des innovations. Un exemple bien frappant de ce que le génie, animé par le bien public, peut faire, c'eſt le ſuccès des entrepriſes de Pierre le grand. Parvenu à l'empire : il avoit à peine quelques vaiſſeaux de guerre en état de faire voile, il en eut 62 dans la Baltique quelques années avant ſa mort. Par un de ſes plus beaux projets, il ſe propoſoit d'étendre le commerce de ſes états auſſi loin que toutes les autres Puiſſances de l'Europe. Après s'être aſſuré de la conquête des environs de Derbent, & des bords de la mer Caſpienne du côté de la Perſe, pour en tirer les ſoies, les cotons & autres marchandiſes, qu'on tranſporte par des caravanes à Alep, à Smirne, & juſqu'au détroit de Conſtantinople, ſon deſſein étoit de faire venir par les rivieres qui ſe jettent dans la mer Caſpienne, toutes ces marchandiſes, qui remontant enſuite juſqu'à Aſtracan, & paſſent de là par un canal d'union du Volga d'une province à l'autre ; la commodité que les canaux & les rivieres navigables, ou à leur défaut l'entretien des grands chemins, procurent, en est, après l'industrie, l'ame & le mobile. Le commerce extérieur se fait avec l'étranger : une grande partie s'en fait par mer, & le plus utile est celui, qui employe les vaisseaux construits dans le pays, pour exporter les marchandises & les denrées du pays. Le

dans le Don, du Don dans l'Occa, de l'Occa dans la riviere de Mosca, pouvoient passer de Moscou dans la mer blanche & à Arcangel, par le moyen de la Dvina, & de quelques autres rivieres, & par le lac de Ladoga dans le Golfe de Finlande à Petersbourg. De cette maniere Petersbourg, tenant à l'Océan par la Baltique, & à l'Asie par des canaux & des rivières, seroit devenu bien florissant. Si avec cela les armes du Czar avoient été plus heureuses, maître d'Azof & du beau port de Tangerock, sa flotte auroit parcouru la Mer noire, & l'Archipel : & le commerce du Levant eût offert aux Russes un débouché pour les manufactures qu'ils auroient voulu établir. La Russie a des avantages, que Pierre le Grand connoissoit : qu'eût-ce été que cet empire, si ses maîtres, contens de gouverner un vaste pays, ne se fussent jamais occupés que de ce qui peut servir à le faire fleurir ? L'état le plus florissant est parvenu au moment de sa décacommerce extérieur qui ne consiste qu'à acheter à l'un pour vendre à l'autre, est ce qu'on appelle commerce d'économie (*s*) : il a son tems, & ne peut avoir de succès sans marine. L'un & l'autre commerce se fait ou directement, de négociant à négociant, ou indirectement par le moyen des Courtiers (*t*). Le moyen le plus sûr de les faire fleurir, c'est de les rendre utiles ou agréables à l'étranger. Le commerce est actif lorsque l'Etat vend à l'étranger beaucoup plus de marchandises & de denrées qu'il ne lui en achete; il est passif si l'Etat achete plus qu'il ne

dence, lorsqu'on ne fait plus rien pour augmenter ses richesses & son pouvoir.

(*s*) Dans le commerce d'économie ce sont les productions étrangeres que l'on fait valoir. Les Hollandois l'ont poussé aussi loin qu'il est possible.

(*t*) On appelle Courtiers ceux qui s'entremettent pour faire vendre des marchandises, pour faire trouver de l'argent, ou pour négocier des lettres de change. A Amsterdam il y a des Courtiers jurés, dont les livres font preuve dans les cours de Justice, & des courtiers ambulans qui négocient sans être autorisés : leurs droits sont fixés à 18 sous pour 100 livres de gros : à Hambourg le courtage est fixé à un pour mille.

vend. La comparaiſon du montant de la vente avec celui de l'achat eſt ce qu'on appelle balance : elle eſt difficile à déterminer (*u*). On a beaucoup écrit ſur cette matiere : mais il eſt bien difficile de démêler la verité dans ces écrits dictés par la paſſion, ou par la politique ; ſans parler des erreurs de calcul qui ſont preſque inévitables. Les regiſtres de la douane (*v*), & le cours du change ne ſuffiſent pas toujours pour déterminer cette balance ; la con-

(*u*) Il faut ſe ſouvenir qu'on perd bien plus à ne pas exporter, qu'à importer autant qu'on exporte. Qui exporte fait travailler, qui fait travailler attire des ouvriers étrangers dès qu'il en manque, favoriſe la population, &c.

(*v*) J'ai parlé ailleurs de ce qu'on peut dire du cours du change : quant aux regîtres de la douane, il faut remarquer, que les marchandiſes précieuſes entrent fort aiſément ſans payer de droits ; que c'eſt par le prix comme par la quantité des marchandiſes qu'on doit juger de la balance : qu'il faut faire entrer en ligne de compte les frais du tranſport ; que ſi ce ſont les nationaux qui gagnent le fret il faut retrancher ces frais du prix des marchandiſes qui entrent ; que ſi ce ſont les étrangers qui viennent prendre les marchandiſes du pays, il ne faut pas compter ſur l'exportation ce que le fret ajoute au prix des marchandiſes qu'on exporte.

trebande, fléau né des mauvais arrangemens, est indéterminable. M. Gée calcula que l'Angleterre payoit annuellement à l'Allemagne, aux pays du Nord, à l'Italie, à la Flandre, à la France, & à la Russie un excédent de 2220 mille l. St. Cette balance si défavorable, mais aussi purement imaginaire, fit soutenir au même auteur qu'au bout de cinq ans il n'y auroit plus un Scheling en Angleterre. Cette terreur panique gagna beaucoup d'esprits, mais pour peu de temps. Tout ce qui concerne le commerce, quant aux speculations de la politique, dépend du développement de ce principe, que les productions de la terre fournissent le nécessaire (*x*), que le produit de la circulation (*y*) fait naître l'abondance, & que les trésors de l'étranger donnent le superflu. Il s'en-

(*x*) Le négociant n'est pas l'homme le plus utile à l'Etat : il ne crée point, comme le laboureur, de nouvelles richesses, de là il mérite moins de faveur.

(*y*) L'activité de la circulation des especes est l'ame du commerce & la source de l'abondance. On estime que les productions naturelles & celles d'industrie valent en France quatre milliards de livres, & il est de fait qu'il suit de là, que la culture des terres est plus essentielle que le commerce; & que tout commerce qui ne fait pas hausser le prix des terres est un commerce destructif & vicieux (z).

§. XLVII.

LA NAVIGATION.

En cherchant les raisons qui ont fait passer insensiblement le commerce des Vénitiens, des Génois, & des Villes Anséatiques entre les mains des Por-

ne s'y trouve pas au de-là d'un milliard & demi d'especes; la circulation rapide & le crédit florissant multiplient ces especes ou plutôt leurs fonctions. Un peu de dérangement dans cette circulation, un discrédit momentané ébranle bien-tôt la machine, le propriétaire ne vend plus ses productions, l'industrie languit faute de consommation, & il faut bien du temps pour remettre l'abondance.

(z) Il faut se souvenir qu'en fait de commerce, comme en fait de politique, il est plus dangereux d'abuser des principes vrais, que d'en suivre de faux. C'est donc à ceux qui gouvernent, à diriger l'application de ces principes, en songeant que si le commerce a pour but d'acquérir des richesses, il ne faut pas croire que l'or & l'argent soient des richesses réelles, & s'imaginer que les profits tugais & des Espagnols, & après cela entre celles des Anglois & des Hollandois, on trouvera que la Navigation a décidé de la supériorité. Les Anglois doivent tout à ce fameux acte, qu'un auteur a appellé le Palladium du commerce Anglois. Cromwel s'apperçut que la liberté qu'avoient les étrangers de porter en Angleterre les marchandises de leur pays, étoit cause qu'ils faisoient une bonne partie du commerce de la Nation : plein de cette idée, il fit passer un Bil qui interdisoit aux Hollandois l'importation de toutes les marchandises, qui n'étoient pas des pro-

du négociant, soient toujours les profits de l'Etat. En Espagne, en Portugal & en Russie, c'est le Souverain qui gagne le plus au commerce, en Angleterre & en Hollande c'est l'Etat en général; dans quelques villes libres, & dans quelques autres états ce sont les négocians qui s'enrichissent. D'excellens ouvrages sur le commerce commencent à répandre beaucoup de jour sur un sujet qu'on a longtemps abandonné aux spéculations des praticiens. Ce vieux préjugé que les hommes de génie, dit un homme célébre, ne sont pas propres aux affaires, préjugé répandu avec soin, & transmis d'âge en âge par les sots de toutes les nations, est bien réfuté par les recherches profondes de tant d'habiles gens.

ductions de leur pays, ou qui n'y avoient pas été fabriquées. Charles II alla plus loin, & fit publier en 1660 cet acte de navigation, qui tendoit à exclurre tous les étrangers du commerce que les sujets Anglois pouvoient faire par eux mêmes (*a*). Un grand commerce demande néceſſairement une marine; & une marine ſuppoſe des ports, des matelots, & des vaiſſeaux. L'entretien des ports & leur ſureté, ainſi que leur commodité, ſont des objets très-importans (*b*). Dans les

(*a*) Il n'y a que l'argent, l'indigo, & la cochenille qui peuvent entrer en Angleterre ſur tels vaiſſeaux que ce ſoit : ce ſont les ſeules marchandiſes en faveur deſquelles on a dérogé à l'acte de navigation. Les Anglois ſont ſi ſcrupuleux là-deſſus, qu'ils font même des injuſtices à cet égard : ils ne reconnoiſſent pas, par exemple, le ſapin comme une production de la Poméranie, & ne permettent pas par conſéquent aux Stettinois d'en faire paſſer en Angleterre ſur leurs vaiſſeaux.

(*b*) Les ports de Hollande ont beaucoup de défauts : les eaux y reſtent gelées fort long-temps ; elles y ſont fort baſſes (ſurtout à Amſterdam, le port le plus important de toute la Hollande,) & c'eſt ce qui eſt cauſe que les grands vaiſſeaux ne peuvent y entrer qu'après avoir été déchargés & les petits qu'aports étrangers on a coûtume d'avoir des Consuls (*c*). On appelle ports francs ceux où les vaisseaux de toutes les nations peuvent entrer chargés de toutes sortes de marchandises sans payer

vec le flux. Aussi les bas fonds des arrerages de la Hollande, & le peu de fond de ses ports obligent ils les Hollandois à donner aux vaisseaux une forme ronde & large de fond : ces vaisseaux enfoncent moins dans l'eau, ne vont bien que quand le vent est très-favorable, & ne résistent point assez aux vents contraires. Voilà pourquoi les vaisseaux hollandois vont plus lentement, sont obligés de changer de direction, & d'attendre le vent pour partir. Malgré cet inconvénient les Hollandois font un grand commerce de mer. Ce qui le favorise beaucoup c'est l'empressement des étrangers à affreter leurs vaisseaux : c'est ce qui fait que cet inconvénient n'a point influé sur le prix des assurances. Une chose essentielle c'est le soin de faire régner une bonne police dans les ports : & à cet égard il y a d'excellens réglemens en France : l'Ordonnance de 1681 passe pour un chef-d'œuvre, même en Angleterre. Les plus beaux ports du monde sont ceux de Toulon, de Goa & de Constantinople. Les ports de l'Italie & de la Baltique ont les mêmes défauts que ceux de Hollande.

(*c*) Les Consuls sont chargés de veiller aux intérêts de leur nation, & de juger les différends qui peuvent naître entre les mariniers de leur pays. Depuis 1697 il n'y a plus de Consuls aucun droit (*d*). On entend par fanaux ou phares ces feux dont on se sert pour éclairer la nuit, les environs où les vaisseaux pourroient aborder ou échouer (*e*). Les bâtimens que le com-

François en Hollande, ni de Consuls Hollandois en France, on les appelle Commissaires de la Marine. La France a quinze Consuls en Italie, autant en Espagne & au Levant, dix-sept dans les îles de l'Archipel, cinq sur les côtes de Barbarie, & quatre dans les pays du Nord.

(*d*) Il est bien sûr qu'un port franc attire beaucoup de marchandises & beaucoup de négocians : mais il ne l'est pas autant, qu'en général il soit de l'intérêt d'un Etat d'en avoir : cela dépend des circonstances. Les nouvelles publiques annonçoient en 1764 que la Cour de France ayant appris, que les Anglois avoient établi des droits de sortie & d'entrée dans les ports de Jersey & de Guernesey, avoient fait de Cherbourg un port franc. Il n'est pas douteux que les François n'eussent fait un coup de partie : mais j'ignore si le projet a été entierement exécuté.

(*e*) Ces fanaux sont entretenus même en temps de guerre : ce sont ou de grandes lanternes entourées de carreaux de vitre, ou de feuilles de talc, au milieu desquelles sont placées plusieurs lampes de cuivre, qu'on allume à l'entrée de la nuit : ou bien ce sont de grands réchauds de fer, ou un amas de charbons de terre, &c. Les Lanternes ne sont pas d'un grand usage : elles se noircissent, & n'éclairent bientôt plus.

merce de mer employe sont appelés vaisseaux marchands (*f*). Leur grandeur (*g*) est estimée par le nombre de tonneaux qu'ils peuvent charger, & l'on entend par tonneau 2000 livres pesant (*h*) : le Last est de deux ton-

(*f*) Les vaisseaux de mer sont ou vaisseaux de guerre, ou vaisseaux marchands, ou vaisseaux armés moitié en guerre, moitié en marchandises. Les vaisseaux de guerre qui servent d'escorte aux flottes marchandes, sont appelés *Conserves* dans les mers du Levant, & *Convois* dans celles du Ponant.

(*g*) On estime la grandeur d'un bâtiment de mer par le moyen du jaugeage du fond de cale, qui est proprement le véritable lieu de sa charge. On évalue le tonneau à 42 pieds cubiques. Pour le commerce les gros vaisseaux ne sont pas les plus utiles : on a vendu la charge bien plutôt lorsqu'elle est petite & bien assortie, & l'on trouve bien plutôt charge entiere pour le retour : d'ailleurs deux voyages sont plus utiles qu'un. Il faut cependant observer, que pour le Nord il faut de gros vaisseaux : pour l'Amérique les bâtimens de cent à deux cens cinquante tonneaux sont les meilleurs.

(*h*) On compte un tonneau pour 2000 lb. pésant, parce que rempli d'eau de mer il en pése autant : il faut prendre garde qu'ici le mot tonneau ne signifie qu'un poids, & non un vase quelconque. Le last signifie ordinairement un poids, qui varie entre 30 & 45 neaux. On appelle ſret, ou nolis le prix (*i*) du tranſport. Lorſque le bâtiment contient tout ce qu'il peut porter, on dit que la charge eſt entière; autrement il n'y a que demi-charge. Le Ballaſt eſt un amas de cailloux ou de ſable qu'on met à fond de cale, pour que le vaiſſeau demeure en aſſiette, lorſqu'il n'a point ſa charge entiere. Les vaiſſeaux marchands prennent un congé de l'amirauté (*k*). Le bourgeois d'un vaiſſeau eſt le propriétaire qui le loue, ou le donne à fret. L'équipage eſt un nombre d'hommes deſtinés à la conduite & à la défenſe du vaiſſeau : il eſt composé de gens

quintaux, le quintal pris pour cent livres: quelquefois on entend auſſi par là une certaine quantité de grains : quelquefois encore ce que nous appellons ballaſt.

(*i*) L'affretement eſt la convention faite entre un marchand & le propriétaire d'un navire pour le louage de ce navire : on l'appelle auſſi *noliſſement*. Le contrat même eſt ce qu'on appelle charte-partie ; & lorſqu'on n'affrete pas le vaiſſeau, mais qu'on y charge ſeulement des marchandiſes ; l'acte, ſigné du maître qui reconnoît les y avoir chargées, s'appelle *connoiſſement*.

(*k*) Les vaiſſeaux armés en guerre, en tout ou en partie, prennent, outre le congé, une de guerre, d'officiers, de matelots, de garçons (autrement nommés mousses ou gourmets), du pilote & du contre-maitre. On entend par avaries les accidens arrivés aux vaisseaux & aux marchandises depuis le chargement jusqu'au déchargement : il y en a de simples, ce sont les dépenses extraordinaires faites pour le vaisseau ou pour les marchandises ; il y en a de grosses ou communes, ce sont les dépenses extraordinaires faites, & le dommage souffert pour le salut commun des marchandises, & du vaisseau, comme, par exemple, ce qui a été donné à un pirate par composition, ce qu'on a jetté à la mer pendant la tempête, &c. Enfin il y a de menues avaries, ce sont les dépenses faites pour le laminage, le tonnage, & le pilotage, en entrant dans les havres & dans les

commission pour aller en course, sans quoi le capitaine seroit traité comme forban ou pirate.

(*l*) On a trouvé en France, par le dépouillement des regîtres de la Marine, que pendant dix-huit années de paix les risques de mer ont été d'un vaisseau sur cent quatre vingt, à quoi si l'on ajoute les avaries, les risques peuvent être d'un & demi pour cent : les assureurs comptent un vaisseau perdu sur cent.

rivieres, ou en en ſortant. Ces avaries ſont ou ſur le compte du propriétaire du navire, ou ſur celui qui l'afrette, ou ſur le compte de l'un & de l'autre : chaque pays a ſes réglemens à cet égard. Pour ne pas courir tous ces riſques, & quelques autres, on a inventé l'aſſurance, qui n'eſt autre choſe qu'un contract paſſé entre un aſſureur & un homme qui fait une entrepriſe maritime : par ce contract le premier ſe charge de tous les riſques *(l)*, promet en cas de perte de reſtituer ce qui eſt perdu, & reçoit pour les riſques qu'il court un intérêt de 3 à 10 pour cent de la valeur de ce qu'il aſſure. Il regne en Angleterre à cet égard un grand abus ; c'eſt qu'on ferme les yeux ſur l'avidité de ces négocians qui aſſurent en tems de guerre les vaiſſeaux ennemis. Le commerce, qu'il importe le plus à une Puiſſance mari-

(m) Les Hollandois l'emportent à cet égard ſur toutes les nations de l'Europe : le cabotage qu'ils exercent ſur les côtes de France eſt le fruit de leur économie ; le fret ſur les vaiſſeaux hollandois coûte un ſixieme moins que ſur les vaiſſeaux françois, cependant la conſtruction des vaiſſeaux françois eſt plus ſolide, ſur-tout par le devant, & les vaiſſeaux hollandois du-

time de chercher à étendre, c'eſt celui des marchandiſes qui demandent un grand nombre de vaiſſeaux, à quelque bas prix que ſoient d'ailleurs ces marchandiſes ; la raiſon en eſt que le fret eſt le gain le plus ſur (*m*), & qu'il eſt de l'intérêt d'un état maritime d'avoir beaucoup de vaiſſeaux, & beaucoup de matelots.

§. XLVIII.

LES COMPAGNIES DE COMMERCE.

C'eſt aux Portugais qu'on doit la découverte de la route des Indes orientales par le Cap de Bonne Eſperance, & aux Eſpagnols la découverte des

reroient moins qu'ils ne font, ſi on n'en prenoit pas un ſi grand ſoin. Dans les gros temps, s'ils ſont près des côtes, ils ſont plus ſujets à périr que les vaiſſeaux françois, parce qu'ils dérivent davantage, ce qui les oblige à mouiller, & leur ſalut dépend alors de bons cables. Pour juger des ſommes conſidérables que les Hollandois font circuler par le moyen de cette ſeule branche du commerce d'économie, il ſuffira de ſavoir que les frais de voyage d'un vaiſſeau qui part de Batavia pour la Hollande, montent à ſoixante mille florins. Ce gain que

Indes occidentales. Les François ont voulu s'approprier l'une & l'autre; ils prétendent, sur la foi de quelques historiens, qu'avant que Jean de Béthencour, gentilhomme Normand, eut fait en 1417 la conquête des îles Canaries, les François avoient pénétré jusqu'à la côte d'or : ils prétendent encore qu'un pilote de Biscaye avoit été jetté par la tempête, en 1484, sur les côtes d'une des îles de l'Amérique : mais

produit le fret n'est pourtant réel que pour une nation qui ne peut pas employer chez elle les hommes dont elle fait des matelots : car si ces hommes pouvoient trouver dans le pays le travail nécessaire à leur subsistance, le commerce d'économie seroit une perte réelle : les François perdroient certainement à le faire.

(n) On appelle actionnaire tous ceux qui ont des actions : communément ils n'ont voix déliberative, dans les assemblées de la compagnie, que lorsqu'ils en ont un certain nombre, & ils ne peuvent être élus Directeurs, que lorsqu'ils en ont un plus grand nombre. On peut s'intéresser de deux manieres aux entreprises d'une compagnie, ou par une action simple, & alors on court tous les risques, & on participe à tous les profits; ou par une action rentière, & alors on a pour sûreté de son capital tous les fonds de la compagnie, on ne court aucun risque, mais on ne participe point aux profits; on ne jouit que d'un intérêt fixe,

ces faits sont peu constatés. Quoi qu'il en soit, ces découvertes ont donné naissance à un nouveau commerce, dont les difficultés & les risques ont demandé de fortes entreprises, & ont fait naître ces associations de riches

que la compagnie paye à ses créanciers. La part du profit, qui revient aux actionnaires, est ce qu'on appelle dividende. Il y a à cet égard differens réglemens qui limitent le profit des actionnaires : c'est ainsi que la compagnie du Missisipi n'accordoit une part dans ses profits qu'à ceux qui avoient 50 actions, & ne payoit à ceux qui en avoient moins, qu'un intérêt de 3 à 4 pour cent. La Compagnie du Sud en Angleterre fit la même chose. L'une & l'autre éprouverent les fâcheuses suites de cet arrangement : l'agiotage vint rehausser le prix des actions au delà de ce qu'il étoit possible d'imaginer, & les actionnaires en achetèrent à tous prix pour completer le nombre des 50 dont ils avoient besoin pour avoir part aux profits de la Compagnie.

(*o*) De toutes les compagnies Hollandoises, & même de toutes celles de l'Europe, la plus riche & la plus fameuse est celle des Indes orientales. Quelques négocians de la Zeelande équiperent en 1592 un vaisseau, qu'ils vouloient y envoyer : il devoit prendre cette route si peu connue par le Nord de la Tartarie, & doubler ensuite le Japon pour arriver à la Chine. Cette entreprise ne réussit pas : mais peu après ces mêmes négocians se déterminenégocians qu'on appelle *Compagnies*. Ces compagnies ſont octroyées ou pri-

rent, avec quelques autres, à équiper quatre vaiſſeaux, qui doublerent le Cap de Bonne-Eſpérance, & arriverent heureuſement aux Indes; ils furent de retour au bout de deux ans & quatre mois, & rapporterent quantité de marchandiſes, dont la vente cependant ne leur donna aucun profit. Malgré ce mauvais ſuccès, il ſe forma une compagnie à Amſterdam, qui fit partir huit vaiſſeaux: ceux-ci firent, à leur retour, des profits conſidérables; & c'eſt ce qui porta les Etats-Généraux à établir, en 1602, la célébre compagnie des Indes orientales, avec le privilège excluſif de faire le commerce des Indes, depuis le Cap de Bonne-Eſpérance juſqu'aux extrémités de la Chine. Le premier fond de cette compagnie fut de 6459840 florins: Amſterdam y contribua le plus; les négocians de cette ville fournirent la ſomme de 3674915 florins: la Zeelande en fut pour 1333882 florins; Delft pour 70000 florins, Rotterdam pour 177400 fl., Hoorn. pour 266868 florins, & Enckhuyſen pour 536775 fl. Avec cette ſomme on équipa deux flottes, l'une de quatorze vaiſſeaux, qui partit au mois de Février 1603; & l'autre de treize qui mit à la voile au mois de Décembre de la même année. En 1610 les profits furent répartis aux intéreſſés; ils monterent à 75 pour cent; & peu de temps après une ſeconde répartition rendit 50 pour cent. Cette compagnie eſt devenue redoutable en Orient; elle a eu juſqu'à 160 vaiſſeaux de 30 à 60 canons. Son premier vilégiées par le Souverain, à condition de suivre certains réglemens, & de

comptoir est à Batavia, où il y a une garnison de mille hommes, & où réside le Gouverneur général: les principaux comptoirs, après celui de Batavia, sont à Tayowan dans la Chine, à Nangisacki dans le Japon, à Malaca, à Surate, à Amboine, à Ianchy, aux îles Moluques, à Atchin, à Ariacan, à Wingurla, à Ispahan en Perse, à Ceylon, sur la côte de Coromandel, à Palembang, &c. Tous ces comptoirs sont obligés d'envoyer, toutes les années, leurs comptes à Batavia & à la Chambre des Dix-sept en Hollande. Le lieu de rafraîchissement pour les vaisseaux, qui vont ou qui reviennent, est au Cap de Bonne Espérance. La direction de cette compagnie est entre les mains de soixante personnes divisées en six chambres: de ces chambres on forme une direction générale, qui est chargée de veiller aux intérêts communs, & qui est composée de 17 personnes. Ces directeurs résident, pendant six années consécutives, dans la ville d'Amsterdam, & les deux années suivantes elles tiennent leurs séances à Middelbourg. A l'expiration de l'octroi, la Compagnie est obligée d'en solliciter un nouveau, & ce renouvellement lui coûte toujours beaucoup: en 1647 elle paya aux Etats-Généraux la valeur de 1600 mille livres de France; depuis elle a payé encore plus. Elle a contribué quelquefois aux besoins de l'Etat: elle paye en Hollande les droits d'entrée sur toutes les marchandises des Indes, & 76 mille florins par abonnement

payer un certain droit. Communément
la somme totale, destinée à l'entreprise,

pour les droits de sortie. Outre les marchandises de toute espece qu'elle tire des Indes, elle fait le commerce exclusif des épiceries, & en débite deux fois plus aux Indes qu'en Europe. Elle fait vendre ses marchandises dans les villes, qui forment ces six chambres : lorsqu'on en vend 100 tonneaux à Amsterdam, on en vend 40 à Middelbourg, 30 à Rotterdam, 10 à Delft, autant à Hoorn, & à Enckhuysen. Toutes ces marchandises se payent en argent de banque ; la vente s'en fait deux fois l'an : la premiere en Octobre, Novembre & Décembre ; la seconde en Février, & Avril : il y a pourtant quelques exceptions pour quelques especes de marchandises. Les vaisseaux qui reviennent des Indes partent de Batavia ; le premier envoi est de la fin de Novembre ou du commencement de Décembre : ceux du second envoi partent six semaines après les premiers, parce qu'ils attendent les vaisseaux qui reviennent de la Chine, du Japon, & de Bengale : ils relâchent tous au Cap de Bonne Espérance, où ils restent à l'ancre cinq à six semaines, & arrivent en Hollande en Juillet & Août. La compagnie a dans les Indes pleine souveraineté, le pouvoir législatif, le droit d'envoyer des Ambassadeurs, de faire battre monnoie, de contracter des alliances & de faire la paix & la guerre. Le Gouverneur-général vit avec la splendeur d'un prince fort riche. Les actions de cette compagnie ne furent dans leur origine que de 500 livres de gros, ou de 3000 eſt diviſée en pluſieurs petites ſommes, qu'on appelle actions (*n*). Les compa-

florins argent de banque; elles ont valu depuis jusqu'à 650 pour cent, c'eſt-à-dire qu'une action a valu jusqu'à 19500 florins. Pendant la guerre de 1672 elles tomberent à 250 pour cent, c'eſt-à-dire à 7500 florins: en 1765 elles valoient 414, c'eſt-à-dire que l'action repréſentoit un fond de 12420 fl. argent de banque. Depuis 1605 jusqu'en 1661 la repartition annuelle fut, l'une portant l'autre, de trente pour cent; ainſi dans l'eſpace de cinquante ſix ans le profit rendit quatorze fois le capital, & cela malgré les guerres qu'il fallut ſoutenir pour chaſſer les Eſpagnols & les Portugais, & malgré les frais énormes des établiſſemens. Les profits ont bien diminué depuis. Ce qui a contribué à faire décheoir la compagnie de ſon ancienne ſplendeur, c'eſt (1) la trop grande étendue de ſes poſſeſſions, (2) l'abondance exceſſive des productions de l'Orient, (3) le défaut d'économie, (4) le relâchement des employés, (5) la concurrence des autres nations, & (6) la perte de beaucoup de vaiſſeaux. Ce dernier article mérite beaucoup d'attention: on a attribué ces pertes au manque de bons officiers de mer, au peu de ſoin qu'on prend pour la conſervation des équipages, à ce qu'on charge trop les vaiſſeaux, au défaut de précautions pour éviter les ouragans de certaines ſaiſons, à ce que les pilotes hollandois ancrent mal, & enfin à la conſtruction particuliere des vaiſſeaux de cette nation. Quant à cette derniere raiſon, il faut remarquer que gnies de commerce, les plus florissantes sont celles des Hollandois (*o*), &

la compagnie n'a jamais pu faire construire d'autres vaisseaux à cause des atterages eu Europe. Quoiqu'on ne puisse accuser les Directeurs, comme on le fait en France & en Angleterre, de s'enrichir aux dépens des intéressés, on peut leur réprocher de n'avoir pas soin qu'il regne une meilleure police dans leurs comptoirs aux Indes. Les gens au service de la compagnie font serment de ne pas commercer pour eux : mais ils faussent leur serment. On impute aux capitaines de vaisseaux de vendre aux Indiens jusqu'aux cables qui se trouvent dans leurs approvisionnemens.

On estime les envois de la Compagnie à deux ou trois millions, & les retours à seize ou dix sept; par où il paroît que les dépenses sont trop fortes, sans quoi les répartitions seroient plus considérables. Il paroît encore par-là, que la Compagnie fait valoir les productions de l'industrie Indienne aux dépens de l'industrie Européenne. Pour remédier à tous ces abus, il faudroit commencer par faire observer une bonne police, introduire une juste subordination, récompenser le mérite, punir les coupables : il faudroit que les équipages fussent plus forts, que les Officiers de vaisseaux fussent distingués par des titres, afin d'engager des gens de famille à servir la compagnie; au lieu d'un maître de navire & de cinq pilotes il vaudroit mieux avoir un capitaine, deux lieutenants, & un pilote qui en auroit deux sous lui. Il faudroit encore des Anglois (*p*) : celles des François (*q*) ont souffert beaucoup de change-

qu'on empêchât les particuliers de surcharger de leurs marchandises la quille des vaisseaux, ce qui est très-fréquent. Mais ce qui seroit encore plus nécessaire, ce seroit que la compagnie eût un établissement en deça de l'Equateur, afin que les vaisseaux puissent s'y rafraichir; en allant droit d'Europe au Cap ils font un trop long trajet, pour que l'équipage arrive en bonne santé. Peut-être feroient-ils bien de relâcher à Saint-Jago, & dans certaines saisons de ne pas même toucher au Cap; il faudroit interdire aux vaisseaux depuis la mi-May jusqu'à la mi-Août l'entrée dans la baye de la Table; & comme pendant cet intervalle il faudroit un autre port sur les côtes d'Afrique, on pourroit se servir de la baye de Falso, qui est à leur bienséance. S'il étoit permis aux Hollandois de prendre de l'eau à sainte Hélène, & de s'y pourvoir de vivres & de pâture, leurs équipages souffriroient biens moins, & le bétail seroit mieux conservé : on a aussi pensé à l'île de l'Ascension.

La compagnie Hollandoise des Indes occidentales fut établie en 1621. Son commerce exclusif devoit s'étendre le long des côtes d'Afrique jusqu'au Cap de Bonne-Espérance, & en Amérique depuis la pointe méridionale de Terre Neuve jusqu'au détroit d'Anian. Peu après son établissement, elle devint plus puissante que la compagnie des Indes Orientales, parce qu'elle possédoit en Amérique, outre le mens : les Danois (*r*), les Suédois (*s*), les Portugais (*t*), les Espagnols

Brésil, plusieurs îles très importantes. Elle prit aux Espagnols & aux Portugais 545 vaisseaux, dont les charges furent estimées 90 millions de fl. Elle avoit armé 800 vaisseaux pour la guerre ou pour le commerce, & la dépense monta à 45 millions. Si la Compagnie eût trouvé au Brésil les mines d'or & de diamans ouvertes, comme il arriva aux Espagnols, lorsqu'ils s'emparerent du Mexique & du Pérou, où les habitans savoient l'art de travailler aux mines; ou du moins si elle n'eût pas réparti tout le produit de ses prises entre les intéressés, mais qu'elle en eût employé une partie à étendre & à fortifier ses colonies du Brésil, elle n'eût pas été obligée de se séparer. Mais ne pouvant maintenir de si vastes possessions, & s'étant engagée dans des dépenses excessives, elle fut obligée de renoncer à son entreprise. Une autre compagnie, formée des débris de la premiere, entra dans les mêmes droits, & fut composée des anciens participans & de leurs créanciers. Son premier fonds fut d'environ 630 mille florins : Amsterdam y entra pour quatre neuviemes, la Zeelande pour deux, la Meuse, & la West Frise, chacune pour un neuvieme, la Frise & Grœningue ensemble pour un. L'assemblée générale se tient six ans de suite à Amsterdam; & ce temps expiré deux ans à Middelbourg. L'administration est dispendieuse. En conformité des réglemens qui furent donnés, il ne fut permis qu'à la Compagnie de faire le commerce (*u*), & les Russes (*v*) en ont aussi établi chez eux. On a dit que les com-

des côtes d'Afrique : pour faire celui de Surinam, il falloit lui payer trois florins par Last de la charge des vaisseaux qui y vont, & qui en reviennent; & pour faire le commerce de Curassao on devoit lui payer deux & demi pour cent de la valeur des marchandises qu'on y envoye & qu'on en retire. Les principaux établissemens de cette compagnie sont au Cap verd, à la côte d'or, à Curassao, & dans les nouveaux Pays-Bas, situés entre la Virginie & la Nouvelle-Angleterre. Les actions de cette compagnie, qui étoient dans leur origine de six mille florins argent de banque, ont valu jusqu'à 95 pour cent, c'est-à-dire près du double. Dans la suite elles sont tombées jusqu'à 19 pour cent, & remontées dans la derniere guerre à 40; en 1765 elles valoient 36. Par le renouvellement de l'Octroi en 1730 les Etats accorderent à tous les habitans des sept provinces la liberté de négocier, moyennant une certaine redevance, le long des côtes occidentales de l'Afrique, à l'exception d'un district de 60 lieues renfermant les forts & les loges. En 1734 cette clause fut levée, & la permission accordée pour toute l'étendue des limites prescrites dans l'octroi : il en est de même pour le commerce des Hollandois aux îles de l'Amérique, & avec la Compagnie du Levant.

Il y a encore en Hollande quelques autres compagnies, qui ont leurs réglemens, & que l'Etat protége & dirige en quelque façon, mais pagnies resserroient le commerce; qu'elles ne pouvoient le faire à des condi-

qui n'ont point de privilége exclusif : telles sont la compagnie du Nord, celle de la mer Baltique, celle pour la pêche de la nouvelle-Zemble, celle du détroit de Davids & du Groenland, la compagnie du Levant, &c. Cette Compagnie du Levant est dirigée par une Chambre composée de huit Directeurs, d'un secrétaire, d'un visiteur de vaisseaux, &c. Elle a le droit d'inspection sur tous les vaisseaux qui partent pour la Méditerranée, & retire, au départ & au retour, un florin par last, & deux pour cent de toutes les marchandises venant de Smyrne & d'Alep. Les vaisseaux partant pour la Méditerranée doivent être au moins de 180 Lasts, de 24 Canons, & de 50 hommes d'équipage, & doivent partir au moins deux de compagnie.

(*p*) La compagnie Angloise des Indes orientales tient le second rang, & tiendroit le premier si celle de Hollande ne faisoit le commerce exclusif des épiceries. Sa fondation est de 1599, & les quatre premiers vaisseaux partirent en 1601. Le service que les Anglois rendirent aux Perses, en chassant les Portugais de l'île d'Ormus, favorisa beaucoup leur commerce. Ce fut sous le regne de Charles II. que cette compagnie obtint le plus de faveur, & eut le plus de succès : toutes les cessions qui lui furent faites, la firent monter à un dégré étonnant de puissance & de richesses : en 1674 on lui céda l'île de St. Hélène, qui devint l'entrepôt & le lieu de rations avantageuses à l'Etat, vu les frais considérables des établissemens ;

fraîchissement. Ses actions ne furent d'abord que de 50 livres St : elles doublerent en 1676, parce qu'une partie des profits fut réunie au principal. En 1685, une des meilleures années, la vente rendit près de 270 mille livres st. & il resta au magasin pour la valeur de 67 à 68 mille livres St. de marchandises : la répartition pour les actionnaires fut de 25 pour cent. Le premier fonds de la compagnie étoit de 369891 l. St., en 1685 il fut de 739782 l. st. : & en y joignant les effets qui lui appartenoient, ce fonds étoit de 1703422 l. st, ce qui faisoit une augmentation de 130 pour cent. Différens malheurs qui arriverent à cette compagnie, & la guerre de 1689 ; la mirent à deux doigts de sa perte. Il fallut établir en 1698 une nouvelle compagnie, qu'on réunit à l'ancienne en 1702. Guillaume III lui donna une charte, & ses succès furent si rapides que son commerce surpassa en quelque maniere celui de la premiere. Pour être membre de cette compagnie il faut être Anglois, ou se faire naturaliser, & payer un droit de cinq livres st. en se faisant recevoir. Tous les ans on élit un Gouverneur, un deputé-Gouverneur, & 24 Assistans. Pour être Directeur il faut avoir deux mille livres st. dans les fonds de la compagnie, & il en faut avoir 500 pour avoir voix dans les assemblées. La compagnie n'a en propre que quelques petits vaisseaux, dont elle se sert aux Indes : les autres vaisseaux appartiennent à des particuliers, & elle enfin que des particuliers associés pour un commerce exclusif le rapportoient

les affrette. Les envois sont de l'or en lingots, des louis de France, des pistoles d'Espagne, de l'argent en barres, des piastres, &c. cela fait ordinairement les trois quarts de la cargaison ; le reste consiste en plomb, en fer, en canons, en poudre à canon, en mêches, en draps, en vif argent, en corail brut, en acier, en cuivre, en cordages, en étoffes de laine, en bas, &c. Les retours sont en poivre, en drogues, en caffé, en coton filé, en étoffes, en soies crues, en porcelaine, en thé, en salpetre. On accuse la Compagnie de vendre cette derniere marchandise presque au double de ce que les négocians, si le commerce étoit libre, pourroient la vendre. Les principaux établissemens sont à Surate, au Golfe de Bengale, en Perse, & sur les côtes de Coromandel. La Compagnie a encore des comptoirs à Ispahan, à Gamron, à Guzurate, à Amadabat, à Cambaye, à Calicut, à Agra, à Granganor, à Ougli, à Canton, à Tunquin, &c. Bombaie appartient en propre à la compagnie : le port de cette ville est un port franc : mais l'endroit le plus important est Madras, situé à 30 milles de Pondicheri : le Gouverneur y reside. La nouvelle compagnie prêta à l'Etat, lors de son établissement, deux millions de livres st. à huit pour cent, & après qu'elle fut reunie à l'ancienne, les deux compagnies, n'en formant plus qu'une, prêterent à l'Etat, la sixieme année du regne de la Reine Anne, 1200 mille livres st. Par naturellement à leur intérêt propre, qui n'étoit pas toujours celui de l'Etat.

un acte de la troisieme année du regne de Georges II, l'intérêt de cette derniere somme fut reduit à 4 pour cent; en 1749, à trois & demi; & en 1757 à trois. Outre ce prêt, la Compagnie en fit un autre dans la même année de 200 mille livres st, qui ne devoient point porter d'intérêt; & dans la dix-septieme année de ce regne elle prêta à l'Etat un million à trois pour cent. Comme les actions du premier Stock ou capital, qui fut de deux millions, & dont la compagnie paye aux actionnaires 7 pour cent, sont plus lucratives que les autres, elles circulent sur le pied de 180 à 190 livres stert, quoiqu'elles n'ayent été dans leur origine que de 100. La derniere prolongation de la compagnie est de 1744; à la faveur d'un prêt d'un million de l. st. à trois pour cent, son privilége qui devoit expirer en 1766, fut prolongé jusqu'en 1780.

Ce ne sont pas les vaisseaux de la compagnie qui font le commerce d'Inde en Inde; elle laisse presque tout ce commerce à des particuliers de Madras, à ses Directeurs, & à ses commis. On en peut juger par le produit de la douane de Madras; toutes les marchandises qui y entrent, & qui ne sont pas pour le compte de la Compagnie, payent cinq pour cent de droits d'entrée, & ce produit monte à plus de 80 mille pagodes. La Compagnie doit, en vertu de ses réglemens, charger en marchandises, du cru d'Angleterre, la valeur de dix pour cent de tout ce qu'elle charge;

Mais quand on pense que les entreprises sont fort coûteuses ; qu'un com-

il lui est encore enjoint de ne pas charger au delà de 300 mille l. st. en matieres d'or ou d'argent, & de prouver, six mois après le retour de ses vaisseaux, qu'elle en rapporte autant : elle ne remplit ni l'un ni l'autre de ces engagemens. Quant à l'état de ses revenus & de ses fonds les auteurs anglois ne sont pas d'accord : l'esprit de parti & l'intérêt répandent de l'incertitude sur les rapports des personnes les plus instruites. Le détail suivant, s'il n'est pas entierement exact, suffira cependant pour donner une idée de la richesse de cette Compagnie. Les revenus de 1765 furent (1) de Bahar 700 mille livres Sterling ; (2) de Bengale 1875 mille ; (3) du pays de Burdwan 625 m. (4) du péage de Calicuta 18750. (5) en droits sur le betel, le sel & le tabac 112500. (6) une dette payée de 562500. Somme, 3893750 l. st. Les dépenses de la même année furent pour (1) l'armée 585 mille, (2) les munitions de guerre 40 m. (3) la marine, 45 m. (4) la liste civile 200 m. (5) les fortifications 100 m. (6) les bâtimens & les barraques 75 m. (7) le Roi 325 m. (8) le Nabab 667500. (9) des dettes payées 900 m. (10) des bonifications 262500 : Somme 3200 m. l. st. L'excédent est donc de 693500 l. st. Si l'on ajoute à ce surplus 450 m. l. st. que doit le Nabab d'Arcote, 250 m. que doivent les François pour l'entretien des prisonniers, 200 m. en marchandises dans les magasins de la Chine, 650 m. en marchandises envoyées aux Indes, merce où il y a beaucoup de risques à courir, n'est point un commerce

& 6800 m. pour les immeubles & les marchandises que la Compagnie posséde en Angleterre : on voit que la Compagnie est riche de 8350 m. l. st. & d'un revenu considérable. Mais s'il est vrai qu'elle doit à son tour 8232500, cet édifice n'est pas aussi solide qu'il le paroît ; car le revenu dépend de tant de circonstances différentes qu'on ne peut pas y faire fond.

La Compagnie envoye tous les ans, l'un portant l'autre, vingt sept vaisseaux aux Indes ; elle en envoya autant une de ces dernieres années, savoir cinq à Bengale chargés de marchandises achetées pour 95 mille l. st. & vendues pour 125 m ; deux à Madras, dont la charge coûtoit 21 m. & la vente rendit 28 m ; cinq à Bombaie, dont la charge revenoit à 150 m, & la vente produisit, 200 m, quinze pour la Chine, dont la charge 210 m, & la vente 280 m : outre cela la Compagnie envoie encore à la Chine 400 Lasts de poivre, qui ont coûté 50 m, & qui en rendent 100 m. Le profit fut donc de 207 m. l. st. Ces mêmes vaisseaux de retour en Angleterre avoient chargé, savoir ceux de Bengale en marchandises pour 540 m. prix d'achat, & 1175 prix de vente ; ceux de Madras pour 136. m. prix d'achat & 200 m. prix de vente ; ceux de Bombaie pour 175 m. prix d'achat & 250 m. prix de vente ; & ceux de la Chine pour 450 m. prix d'achat, & 1800 m. prix de vente : le profit fut donc de 2124 mille livres sterqu'un ſeul particulier puiſſe entreprendre (*x*), enfin qu'un commerce remis

ling. Ces marchandiſes avoient payé en Angleterre 600 m. l. ſt. de droits d'acciſe, & le fret avoit coûté 432 mille.

Pour donner encore une idée de ce qu'il en coûte à la Compagnie pour l'entretien des Gouverneurs, des Directeurs, Préſidens, &c.: je rapporterai ici que le Préſident de la nation Angloiſe à Surate, qui a l'inſpection ſur tout le commerce de la Compagnie dans les parties ſeptentrionales de l'Inde, a 300 l. St. d'appointemens, ſa maiſon & ſa table payées; il a une vaiſſelle aux dépens de la Compagnie, il tire de gros profits du commerce qu'il fait, il ne ſort jamais que bien accompagné; en cérémonie il ſe fait traîner par des bœufs qui vont l'amble, & qui marchent plus vîte que des chevaux: & préſide au conſeil, composé du teneur de livres, du pourvoyeur des vaiſſeaux, & de quelques facteurs.

La Compagnie Angloiſe d'Afrique fut d'abord gouvernée comme celle des Indes orientales: ſon privilége étoit excluſif; elle avoit un gouverneur & des directeurs: chaque année elle envoyoit dix à douze navires, du port de 150 tonneaux ou environ, qui chargeoient des ouvrages de fer, de la poudre à canon, des toiles de coton, &c. & rapportoient de la poudre d'or, des dents d'élephants, de la cire, des cuirs. Outre cela elle faiſoit la traite des Negres pour les colonies de la Jamaïque, des Barbades, &c. Ce premier établiſſement eſt de l'année 1661. Sous le regne entre les mains de l'Etat eſt expoſé à une foule d'inconveniens, on com-

de Guillaume (la neuvieme année) toutes les poſſeſſions de cette compagnie lui furent confirmées : mais on ouvrit en même temps ce commerce à tous les ſujets de l'Angleterre; il ne reſta plus qu'un certain droit à payer à la Compagnie, qui ſe chargea de l'entretien des troupes & des forts : l'or & les Negres furent cependant exemptés de ce droit, & on accorda à tous les particuliers de faire le commerce de l'or, & la traite des Negres, ſans rien payer à la Compagnie : ce ſage réglement fit qu'au lieu de ſix mille Negres qu'elle enlevoit dans les meilleures années, cette traite paſſa dans la ſuite beaucoup au delà de vingt mille, & alla même juſqu'à trente. Pour encourager la Compagnie, l'Etat lui fit annuellement une gratification de dix-mille livres ſt. Ces arrangemens durerent juſqu'en 1750, où l'on introduiſit une nouvelle forme de régie : la Compagnie fut comme diſſoûte, & l'Etat lui rembourſa 1121421 l. 3, sh. 3 d. ſt. par forme de dedommagement. Le long de la côte d'or, les Anglois ſe ſont rendus maîtres de l'île d'Anamabou, qui étoit autrefois le rendez-vous général des vaiſſeaux de toutes les nations qui font le commerce de l'Afrique.

La Compagnie du Sud, formée en 1710, obtint le commerce excluſif de l'Amérique le long des côtes orientales & occidentales des colonies Eſpagnoles : elle ſe chargea de l'acquit de neuf millions de dettes nationales, prend que les associations de quelques négocians, qu'il est toujours aisé de

dont l'intérêt fut assigné à six pour cent. A la paix d'Utrecht, la cession que lui fit la France de *l'assiento*, lui donna une nouvelle vigueur. En 1723 les sommes que l'Etat lui devoit, montoient à 33802483 l. st. : la moitié de cette somme fut regardée comme un emprunt de la Compagnie, & les créances de cette moitié furent appellées annuités de la mer du Sud ; on leur assigna un intérêt de cinq pour cent jusqu'en Juin 172?, & depuis cette date jusqu'à l'entier remboursement un intérêt de quatre pour cent : l'Etat faisoit pour cet effet à la Compagnie une remise annuelle de 845062 livres st. L'autre moitié fut déclarée capital ou Stock de la Compagnie : les profits de son commerce devoient être partagés entre les actionnaires, avec ce qui resteroit de l'argent payé par l'Etat pour les annuités. La Compagnie obtint, en même temps, de celle des Indes orientales la permission de faire le commerce de Madagascar, & elle sut envahir celui des colonies Espagnoles de l'Amérique, par la permission qu'elle avoit obtenue, à la paix d'Utrecht, d'y envoyer tous les ans un vaisseau de 500 tonneaux chargés de marchandises qui devoient y être vendues en temps de foire; droit que le traité d'Aix la Chapelle ne lui laissa plus que pour quatre années.

La Compagnie Angloise de Turquie ou du Levant fut établie dans les dernieres années du regne d'Elisabeth. Jacques I. lui donna en 1606 de nouveaux réglemens, & lui accorda tenir en bride, ſont les ſeuls moyens de faire réuſſir les grandes entrepriſes.

beaucoup de priviléges. Il fut ſtatué que tout marchand n'ayant pas 26 ans, & n'étant pas ſorti d'apprentiſſage, ne pourroit être reçu dans la Compagnie, que l'année après, en payant 25 liv. ſt., que ceux qui auroient au-deſſus de 26 ans en payeroient 50, que les enfans des intéreſſés, les aſſociés, & les apprentifs, qui auroient ſervi l'eſpace de trois ans, pourroient être admis à la fin de leur apprentiſſage moyennant 20 Schelings. Dans la ſuite le Roi Charles ordonna que perſonne, demeurant en deçà de 20 milles de Londres, ne pût y être admis, qu'il ne fût bourgeois de Londres; on exclut encore les détailleurs. Cette Compagnie, qui n'avoit point de caiſſe commune, étoit compoſée d'un certain nombre de négocians qui trafiquoient chacun pour leur compte; ils n'étoient tenus que d'obſerver quelques réglemens, & de payer quelques droits, dont le produit étoit deſtiné aux dépenſes & aux affaires communes. On lui accorda le droit de préſenter à la Cour, l'Ambaſſadeur que le Roi d'Angleterre envoye à la Porte, & d'élire les Conſuls de Smyrne & de Conſtantinople. En 1754 cette compagnie, qui avoit ſes amis & ſes ennemis, fut ſéparée en quelque façon: ſon commerce fut ouvert à tous les négocians, par un Bill du Parlement du 24 Juin, moyennant 20 l. St. une fois payées: permis à eux de faire le commerce du Levant comme bon leur sembleroit, de faire partir des vaiſſeaux de tel port qu'ils jugeroient convenable, pour-

Il eſt vrai que l'utilité de ces aſſociations ſeroit plus grande s'il n'y avoit

vu qu'ils obſervaſſent les réglemens publiés ſur les marchandiſes de contrebande pour la ſortie & pour l'entrée, &c. Il eſt bien ſur que l'intérêt de l'Angleterre demandoit que ce commerce fût rétabli : il dépériſſoit entre les mains de cinquante gros negocians de Londres, dont il n'y en avoit que quarante qui envoyaſſent des marchandiſes au Levant, ce qui ne pouvoit que faire porter fort haut en Angleterre celles du Levant, & mettre les françois en état de pouſſer leur commerce aux échelles. Ce commerce du Levant occupe environ 25 vaiſſeaux, qui depuis la ſixieme année du regne de Georges I n'oſent charger que dans les ports du Grand-Seigneur. Les envois ſont en draps, en ſerges, en étain, en plomb, en cochenille, & en argent : les retours ſont en ſoie crue, en noix de galle, en poil de chevre, en coton, en maroquins, en cendres, en ſavon, en gommes, en drogues, &c.

La Compagnie de la Baye de Hudſon fut établie en 1670. On lui accorda en pleine & perpétuelle propriété toutes les terres voiſines de cette baye, ainſi que le commerce excluſif des pelleteries. Son premier fonds ne fut que de 10500 livres St : les profits furent immenſes : elle les cacha avec ſoin, & s'en ſervit à tripler ſes fonds en 1690. Elle fit une opération ſemblable en 1720 : & ſon fonds ſe trouva alors de 103500 l. ſt. Le nombre de ſes actionnaires n'eſt que de 90, & on l'accuſe de n'avoir pas fait tout le commerce qu'elle auroit point d'actions, parcequ'il arrive toujours que les étrangers font indirecte-

pu faire, pour tirer de plus grands profits avec moins de peine & de risques.

Outre ces Compagnies, il y en a encore d'autres en Angleterre : parmi ces associations de négocians une des plus anciennes est celle qu'on appelle compagnie de Hambourg Il y a une compagnie de Moscovie, une du Nord autrement dite de l'Est, une de la Baltique, une du Grœnland, une pour la pêche du hareng, &c, Nous serions trop longs si nous entrions dans le détail de l'état & des opérations de ces Compagnies : nous ne nous sommes peut-être que trop étendus sur les autres.

(q) Il faudroit un ouvrage entier pour donner une idée des compagnies françoises, & des révolutions qu'elles ont souffertes. Le premier établissement de la Compagnie des Indes orientales est de 1664; on ne peut rien voir de plus beau que les réglemens qu'on lui donna : malgré cela elle ne put se soutenir. L'établissement de la Compagnie des Indes occidentales ne fut pas plus heureux : au bout de dix ans les patentes furent révoquées, le Roi remboursa les actionnaires, & reunit à son domaine toutes les îles & terres qu'il avoit cédées à cette compagnie. En 1717 on établit la Compagnie d'Occident, à laquelle on incorpora celle du Canada, & l'année suivante celle du Sénégal : peu après on y joignit encore celle d'Orient, celle de la Chine & celle de St. Domingue. Ces différentes compagnies réunies prirent le nom de Compagnie des In-

ment

ment ce commerce, par le moyen des actions qu'ils achetent & revendent :

des : à cet établissement se joignit en 1719 le fameux Systême, ou négoce des actions du Mississipi. On crut alors que cette compagnie avoit atteint le plus haut degré de fortune : on lui confia en 1720 l'administration de la banque royale ; & le Sieur Law qui n'avoit point éte écouté en Angleterre, & qui s'étoit retiré en France après avoir tué Wilson en duel, en fut déclaré directeur général. Ce Law n'étoit point un fripon, & on ne peut l'accuser d'avoir conçu des projets impossibles, mais il fut trompé. Il étoit riche en arrivant en France, il quitta pauvre, & mourut endetté. Aujourd'hui bien des mysteres d'iniquité sont éclairés, quoique certaines anecdotes ayent échappé à la presse. Les billets de banque ayant perdu leur crédit, les actions de la Compagnie perdirent le leur bientôt après. Il fallut recourir à toutes sortes de moyens : Law se sauva, quand il les eut épuisés, les directeurs en second furent démis de leur charge, & on examina les manœuvres de quelques agioteurs. On distingua, le plus qu'on put, les actionnaires dont les actions représentoient des fonds réels & effectifs, de ces agioteurs dont la fortune rapide n'étoit due qu'à la fourberie ou au fanatisme ; on fit partir plusieurs Sous-directeurs, écrivains, & commis pour aller travailler aux cargaisons des vaisseaux destinés au commerce de la Compagnie, à qui l'on avoit donné de nouveaux directeurs. En 1731 la Compagnie remit au ce qui arrive plus aisément, si l'intérêt de l'argent se trouve chez l'étranger

Roi le Missisipi. Depuis elle a joui en propre des établissemens qui sont dans les Indes orientales & en Afrique, & c'est au port l'Orient qu'elle a fait faire ses embarquemens, & qu'elle a ses magasins. Relevée de ses malheurs, elle fit bientôt de riches retours : dès l'année 1734 la vente au port l'Orient produisit dix-huit millions, & en 1740 vingt-huit. Pondicheri, situé sur la côte de Coromandel, & le principal établissement des François, étoit la résidence du Gouverneur, & le centre du commerce. La Compagnie avoit des comptoirs à Ougli, à Odia, à Carcal, à Tiroumale, à Patnam, &c. Le Gouverneur devoit rendre compte de son administration aux directeurs & aux syndics, à qui il falloit envoyer tous les ans les livres de régie. Mais l'esprit de conquête ayant saisi M. Dupleix, gouverneur de Pondicheri depuis 1742 jusqu'en 1754, la Compagnie ne fit que des pertes, & son commerce fut au moment de sa ruine totale. M. Godeheu, qui du temps de M. Dupleix fut envoyé à Pondicheri, fit, inutilement tout ce qu'il put pour rétablir les affaires, & M. de Léry qui succeda au dernier dans la place de gouverneur ne fut pas plus heureux. La derniere guerre a de nouveau jetté la Compagnie dans de grands embarras. Le Roi, pour la soutenir dans ces momens de crise, lui fit présent, en 1763, de 12000 actions qui lui appartenoient, à condition que la Compagnie lui remît l'île Bourbon & l'île de France, que sa Majesté plus bas que dans le pays où ces compagnies se forment. Un autre mal

vouloit faire administrer, comme les autres colonies, par le département de la Marine. Avec cela le Roi declara exclusif le privilége de la Compagnie, ordonna que les places de Directeurs & de Syndics fussent à vie, & supprima la charge de Commissaire royal. Cependant Chandenagor, qui étoit une place forte, est ouverte aujourd'hui; Pondichery est détruit, ainsi que la plus grande partie des comptoirs sur terre ferme : est-il étonnant après cela que cette Compagnie n'ait pu se soutenir, & qu'il ait fallu en venir à la dissoudre en 1769. Cette ressource devoit naturellement déplaire aux Hollandois, qui ont offert à la Compagnie un emprunt considérable à trois pour cent si cela pouvoit la soutenir. En général, le commerce des François éprouve beaucoup d'obstacles aux Indes : le Nabab de Bengale a fait publier diverses ordonnances défavorables aux François, aux Hollandois & aux Danois, comme par exemple une défense aux tisserans de travailler, pendant quelques mois de l'année, pour d'autres que pour les Anglois; une défense aux Européens, dont les Anglois sont exceptés, de pénétrer dans les terres pour faire des achats; une imposition de nouveaux droits, &c. En ajoutant à cela le vice radical de toutes les Compagnies françoises, qui est le désir de recueillir trop tôt, & le peu d'harmonie entre les principaux intéressés, on ne sera pas surpris si leurs succès ne sont pas que font les actions, c'est l'agiotage (y). L'écueil ordinaire des compagnies

durables. Les bilans que la Compagnie a présentés aux actionnaires n'ont jamais donné un état réel. En 1756 le bilan annonçoit un fonds de 297 208 795 livres, mais en retranchant les fonds morts, les mauvaises dettes, le capital des rentes viagères au denier dix, ce fonds se trouvoit réduit à 138 215 725 livres. Une faute dangereuse que commit la Compagnie, ce fut de déterminer arbitrairement les dividendes, & de les porter trop haut : en 1722 ils furent de cent livres par action, ce qui faisoit une somme de 5600 mille livres, tandis que le revenu certain n'étoit que de 3300 mille, & il n'étoit pas possible de prendre le surplus sur les benéfices du commerce.

(r) Les Compagnies Danoises sont (1) la Compagnie des Indes Orientales, établie en 1616 par un Hollandois mécontent, nommé Boschower : dès l'année 1618 elle équipa deux vaisseaux, & deux ans après elle acheta Tranquebar, & bâtit le fort de Dansbourg. En 1624 ses fonds ne montoient qu'à 189614 fl. Elle fut renouvellée en 1698, & subit en 1732 & en 1744 quelques changemens. Dans l'espace de quatorze années, depuis 1731 jusqu'en 1745, elle fit partir, pour la Chine & les Indes Orientales, trente & un vaisseaux, dont la charge en argent montoit à 3714535 écus Danois, & en marchandises à la valeur de 258938 écus : dans le même espace de temps, il entra dans les ports du Dannemarc vingt quatre vaisseaux, dont la charge en ſont le défaut d'économie, les dépenſes exceſſives des établiſſemens, l'im-

marchandiſes fut évaluée à 7470761 écus. L'état gagna autant que la Compagnie, puiſque de ces riches retours le Dannemarc en exporta pour 6166432 écus. En 1735 cette Compagnie augmenta ſon fonds de 300 mille écus. Ce fonds eſt diviſé en 1600 actions de 375 écus : c'eſt le Stock ou capital de la Compagnie : outre cela il dépend des actionnaires de s'intéreſſer, par des avances, aux vaiſſeaux qu'on fait partir. (2) La premiere Compagnie d'Iſlande, établie à Copenhague en 1619, ne ſe ſoutint pas long-temps : le Roi préféra en 1733 d'affermer les vingt trois ports de cette île (y compris ceux des îles de Weſtmanoe) à différens négocians. Dix ans après d'autres négocians formerent une nouvelle Compagnie qui obtint le commerce excluſif de l'Iſlande. Ce commerce conſiſte dans la pêche, ſurtout dans celle de la morue, dans l'huile de chiens de mer, & de veaux marins, en bas & gants de laine, en viande ſalée, en ſoufre, en gros draps appellés *Wadmil*, & en *Ederdon.* Les habitans ſont diſperſés le long des côtes, & ne s'étendent pas dans l'intérieur des terres au-delà de douze milles. La Compagnie eſt obligée de fournir aux habitans ce qui eſt néceſſaire à leur nourriture, à la pêche, à la conſtruction des vaiſſeaux & des maiſons, &c. Le commerce ſe fait preſque entierement par échange, ſuivant le tarif de 1702. Les vaiſſeaux partent de Copenhague en mai & juin, & le trajet eſt de patience de jouir du gain, le dégoût, & la mésintelligence.

trois semaines : des dix-neuf que la Compagnie envoye, quatorze sont pour Copenhague, & cinq pour Gluckstadt, d'où la cargaison passe à Hambourg. La Compagnie paye au Roi 16300 fl. & lui livre les faucons : elle ne paye point de droits de sortie pour les marchandises qu'elle envoye en Islande : mais elle paye un pour cent de toutes celles d'Islande qui sortent de Copenhague, & l'accise de celles qui y sont débitées : elle est obligée de se servir de vaisseaux construits à Copenhague, & de n'exporter que des marchandises du cru du pays. Les réglemens qu'on lui a donnés sont très-sages, & celui de tous qui l'est le plus est le tarif des marchandises prises de part & d'autre. Le fonds est de 100 actions à deux mille écus. (3) La Compagnie d'assurances fut établie en 1726 avec un fonds de 100 mille marcs. Les intéressés ne firent point d'avances, ils ne firent que s'engager en souscrivant. En 1748 les souscriptions furent portées à 600 mille écus. La Compagnie n'assure pas au-delà de 60 mille fl. sur les vaisseaux de la Compagnie des Indes, & la moitié moins sur les autres. Ses profits ont rendu neuf pour cent. (4) La Compagnie des Indes Occidentales & de Guinée se sépara en 1754, par l'ordre du Roi, qui acheta pour 2200 mille écus tous les établissemens de cette Compagnie, rembourſa les actionnaires, & ouvrit à tous ses sujets le commerce de l'Amérique & de la Guinée. (5) La Compagnie du Grœn-

§. XLIX.

DES COLONIES.

Comme il étoit difficile de faire un commerce avec des peuples qui n'avoient aucun besoin des denrées & des

land fut obligée de se séparer en 1734, & le Roi afferma ce commerce à un négociant nommé Severin. (6) La Compagnie générale s'établit en 1747 : on lui accorda le privilége exclusif du commerce du Grœnland & de la pêche de la baleine. Elle porte son poisson & toutes les marchandises de la Baltique dans tous les ports de l'Europe ; elle fait le commerce du Levant, & la traite des nègres. Son fonds est de mille actions de 500 écus. (7) La Compagnie d'Afrique, établie en 1755, a divisé son fonds de 250 mille écus en 500 actions ; son octroi est pour 40 ans : elle a le privilége exclusif de commercer le long des côtes d'Afrique depuis le 36eme degré jusqu'au 22eme.

(s) Les Compagnies Suédoises sont : (1) la Compagnie des Indes Orientales, établie en 1731, fait partir ses vaisseaux de Gothenbourg : elle paye à l'Etat pour chaque vaisseau qui met à la voile 50 mille écus, monnoie d'argent. (2) La Compagnie du Levant, qui avoit également son dépôt à Gothenbourg, ne subsiste plus : ce commerce est ouvert à tous les sujets des villes d'étappe. (3) La Commarchandises qu'on pouvoit leur porter, il a fallu transporter au milieu

pagnie de la pêche du hareng & de la baleine, établie en 1744, fut renouvellée en 1754.

(*t*) Les Compagnies Portugaises ne sont pas fort importantes. En 1723 on établit celle d'Afrique, dont l'objet étoit la traite des Nègres pour le Brésil, & en 1755 celle de Maragnan & de Para. Il y a bien quelques autres associations de négocians; mais elles n'ont point de priviléges, & ne dépendent que de ceux qui les forment.

(*u*) Les Compagnies Espagnoles n'ont pas eu de grands succès. Celle des côtes de Caracos en Terre ferme, établie en 1728 pour le commerce du Cacao, a eu ses ennemis malgré l'utilité dont elle pouvoit être, & dont elle est: elle a son dépôt à St. Sébastien, son commerce est exclusif, à la permission près que les habitans des îles Canaries ont obtenue, d'envoyer, tous les ans, un vaisseau de régitre sur les côtes de Caracos. La Compagnie de Saint Domingue est de 1756: elle a la permission d'envoyer tous les ans dix vaisseaux de régitre dans la Baye de Honduras, & dans les ports de la province de Guatimala: son fonds est d'un million de patagons, divisé en actions. La Compagnie des îles Philippines, établie pour 20 ans en 1732, doit être séparée, puisque l'octroi expiré en 1752 n'a point été renouvellé.

(*v*) En Russie, la Compagnie orientale pour le commerce de la Perse & de la Chine, étad'eux des citoyens qui eussent de ces besoins, qu'ils puissent communiquer à

blie à Moscow, & celle qui fut établie ensuite à Pétersbourg, sont des établissemens où la Cour a trop de part. Nous verrons plus bas ce que la Russie pourroit avoir d'avantages à cet égard.

(*x*) Cela est surtout vrai pour le commerce des Indes : la nécessité de faire celui d'Inde en Inde, & par conséquent d'y avoir un entrepôt général, demande des fonds considérables, & de l'union ou du moins une espece d'union qui rende les intérêts & les dangers communs : or cela est impossible sans compagnie. Un particulier qui négocieroit aux Indes où trouveroit-il un comptoir, & à qui s'en fieroit-il ?

(*y*) L'agiotage fut une des causes principales de la ruine de la Banque royale & de la Compagnie du Mississipi : les actions de cette Banque furent dans leur origine de 500 livres, & elles monterent à 18000 : quand le credit baissa, & que la chute alloit éclater, on voulut les reprendre à 9000. Le Visa établi pour vérifier la quantité des billets, & des sommes, ainsi que pour fixer le remboursement, trouva le montant des effets présentés de 2 milliards 222 millions 597481 livres : on paya 1700 millions 733294 livres, & le Roi ne fut ainsi déchargé que de 521 millions 864187 livres ; encore le Visa coûta-t-il neuf à dix millions, avec quoi on auroit pu retirer 150 millions en billets de banque au cours même de la place, qui ne donnoit que 69 ces peuples, & qui sussent, en même temps, tirer parti des avantages que la nature avoit accordés aux contrées qu'ils alloient habiter. Ces citoyens transplantés ont formé les colonies : ne pouvant suffire seuls au travail, il fallut leur chercher des aides, & on fit des esclaves. Il y a des colonies qui ne s'occupent que du commerce ; il y en a d'autres que le commerce & la culture des terres occupent tout à la

livres 10 s. au plus, & 55 livres 10 s. au moins d'un billet de 1000 livres.

(z) On peut diviser les colonies Angloises de l'Amérique en colonies des îles & en colonies de terre ferme : les îles sont Terre-Neuve, le principal établissement de la pêche ; les Bermudes, propres à la culture des soies, & très commodes pour les vaisseaux qui passent d'Amérique en Europe, parce qu'ils peuvent y relâcher ; la Jamaïque, la Barbade, la Barboude, St. Christophe, l'Anguille, Antigoa, Monsfera, Nevis, Redonda, dont le sucre, le coton, le gingembre, le tabac, l'indigo, & le caffé sont d'un très-grand produit. La Jamaïque est le siége de l'empire Anglois en Amérique : le commerce interloppe, ou de contrebande, que les habitans de cette île font avec les Espagnols, leur vaut au delà de 600 mille piastres par an. Les colonies de terre ferme sont la Georgie, la Caroline, la Virginie, le Maryland, la Nouvelle Yorck, la fois. Il ne faut jamais oublier qu'elles ne sont fondées qu'en faveur du pays dominant ; c'est pourquoi les fabriques & les manufactures y sont déplacées. Les Anglois (z), les François (a), les

Nouvelle Angleterre, la Pensilvanie, l'Acadie, le Canada, & la Baye de Hudson. On prétend que toutes ces colonies ont enlevé à l'Angleterre plus de 60 mille familles. En Afrique, les Anglois ont des colonies sur la côte d'or, où ils possédent le Capo-Corso, Carlsfort, Comani, Eniachan, James, Infuma, Simpa, & Zakonte : outre cela ils ont encore l'île St. Hélene. En Asie, leurs colonies sont à Bombaye, à Madras, au fort St. David, à Cadulur, à Tegapatan, & au fort Marlborough dans l'île de Sumatra.

(a) Les colonies françoises ne sont pas à beaucoup près aussi importantes, que celles des Anglois. En Asie, les François n'ont aujourd'hui que peu de chose. En Afrique ils ont l'île de Gorée, l'île Saint-Louis ; le fort François dans le royaume de Juda, l'île Bourbon & l'île de France. En Amérique, presque rien dans le Nord, si ce n'est quelques îles près du fleuve St. Laurent : vers le Golfe mexique ils ont la Martinique, la moitié de St. Domingue, la Grenade, la Guadeloupe, Marie Galante, & Bartholomé ; dans l'Amérique méridionale une partie de la Guiane, l'île de Cayenne, &c.

(b) Les colonies espagnoles sont très-considérables. Sur les côtes de Barbarie, les Espag-

Eſpagnols (*b*), les Portugais (*c*), les Hollandois (*d*), & les Danois (*e*) ont

nols ont Ceuta & Maſalquivir : ils ont les îles Canaries : en Aſie les îles Philippines & les îles des Larrons : en Amérique ils poſſédent le vieux & le nouveau Mexique, la Floride, la Californie, Terre Ferme, le Pérou, le Chili, la Tuccomanie, la Patagonie, la terre Magellanique, le Paraguai, les îles Cuba & Porto-rico, la moitié de St. Domingue, les îles Lucayes, quelques îles Caraïbes, les îles Marguarite, Tortua, & Trinité.

(*c*) Les colonies portugaiſes ſont établies ſur l'Océan Atlantique dans les îles Açores, à Madere, une des Canaries, dans les îles du Cap, & à St. Thomas. En Afrique, le Portugal poſſéde Mazagan, quelques forts dans les royaumes de Loango, de Congo, & d'Angola, dans le Monomotapa, & ſur la côte des Caffres, & enfin le beau port de Mozambique ſur la côte de Zanguébar. En Aſie, ils poſſédent quelques endroits des provinces de Cambaye, de Décan, & de Cunian; ils ont encore la ville de Goa, celle de Diu, & celle de Macao dans l'île du même nom. En Amérique le Bréſil, une partie de la Guiane, & une partie du Paraguai leur appartiennent.

(*d*) Les colonies hollandoiſes de l'Amérique ſont celles de Surinam, celles des Berbices, de Temérary, d'Eſſequebo, les îles Curaçao & St. Euſtache. En Afrique les Hollandois ont le fort St. Géorges, le fort Naſſau, & le Cap de Bonne-Eſpérance. En Aſie ils ont ſur les côtes de Malabar les forts Cananor, Calicut, des colonies en Aſie, en Afrique, & en Amérique. J'ajouterai ici que ſi l'on a raiſon d'augmenter les poſſeſſions & les colonies en Amérique, il n'en eſt pas de même des Indes, & la raiſon en eſt claire ; c'eſt qu'en Amérique on eſt ſûr de trouver, dans une culture tranquille, & dans une terre féconde, un commerce aſſuré ; au lieu que dans l'Inde on ne trouve preſque qu'un terrein ingrat, des provinces entieres frappées de ſtérilité, & des armées de brigands qui viennent enlever le peu qu'on peut recueillir. Qu'après cela le calcul de ces auteurs Anglois, qui ſoutiennent qu'un colon de l'Amérique

Granganor, Cochin, & Coulan ; ſur les côtes de Coromandel, Turecoryn, Negapatnam, Paliacate, Pétapoli, Mazulipatnam, Bimilipatnam : dans la peninſule de Malaque, le beau port de Malaca : ils poſſédent encore toutes les côtes de Ceylan, l'île de Java, où eſt la ville & le port de Batavia, le fort de Macaſſar, dans l'île de ce nom, les îles Amboine, Honimoa, Hiton, Ternate, & pluſieurs autres îles Molucques.

(e) Les Danois ont en Afrique le fort de Chriſtiansbourg ſur la côte de Guinée : en Amérique les îles St. Thomas & Ste. Croix ; en Aſie la ville de Tranquebar, & le fort Dannsbourg ſur les côtes de Malabar.

fait vivre cinq perſonnes en Angleterre, ſoit bien juſte & puiſſe prouver l'utilité de l'émigration de tant de citoyens : c'eſt ce que je ne puis croire.

§. L.

DU COMMERCE DES PEUPLES DE L'EUROPE EN EUROPE.

§. I.

COMMERCE DES PORTUGAIS.

Les Portugais n'ont pas tiré de la navigation tout le profit qu'ils pouvoient en attendre ; (*f*) ils n'envoyent guere de vaiſſeaux porter ou charger

(*f*) Les Portugais auroient pu tirer de grands profits du commerce de mer, parce que, vû la ſobriété de la nation, & le peu de gages qu'on donne à leurs matelots, les armemens ne ſont pas chers, & le fret y eſt à bas prix. Quand on penſe que depuis la découverte des mines du Bréſil, il en eſt ſorti, dans l'eſpace d'environ ſoixante ans, deux milliards quatre cents millions de livres de France en or, & qu'en 1754 on aſſuroit qu'il n'y avoit dans tout le Portugal, que quinze millions en eſpeces, dont la plus grande partie étoit en cruzades d'argent, que les étrangers ne veudes marchandiſes dans les ports étrangers. Les étrangers viennent chez eux : les Anglois ont même un comptoir (*g*) à Lisbonne ; l'Angleterre a fait un commerce très lucratif avec le Portugal : les Hollandois, les François & les Hambourgeois en font encore un qui l'eſt beaucoup. Tout le commerce des Portugais avec l'Italie ſe fait ſur des vaiſſeaux Génois : la Suède employe cinq à ſix vaiſſeaux au commerce

lent pas à cauſe de leur bas alloi ; que la même année le Roi emprunta à une Confrairie 400 mille écus ; que le Portugal devoit 50 millions de livres de France aux Anglois : on comprend combien les cent vaiſſeaux Anglois, qui entroient autrefois tous les ans dans les ports de Lisbonne & de Porto, ont emporté de richeſſes, & nourri l'oiſiveté de la nation : les François, les Hollandois, & les Hambourgeois ont partagé depuis le profit que l'Angleterre faiſoit preſque ſeule.

(*g*) On diroit que c'eſt en Portugal une maxime d'Etat d'acheter à l'étranger ce qui pourroit être manufacturé dans le pays. Les Anglois, attentifs à leurs intérêts, ont fait tomber toutes les entrepriſes de manufacture, & en dernier lieu encore la manufacture des glaces établie à Lisbonne. Les Portugais n'ont aucun commerce direct avec le Levant : leurs vaiſſeaux ſe bornent au commerce de Guinée, de Goa, de Diu, de Macao, & du Bréſil. Le commerce de ce pays ; les Espagnols sont les seuls dont le Portugal tire quelque profit. Lisbonne, où il y a plusieurs marchands étrangers, Porto & Saint Ubes sont les villes marchandes les plus considérables. Le Portugal vend à l'étranger des vins (*h*), surtout ceux de Porto, des huiles, du liege (*i*), du sumac, des fruits secs & confits,

du Brésil est fermé aux étrangers, cependant les Espagnols y font un commerce de contrebande fort considérable, sur-tout par l'échange de leur argent contre l'or du Brésil. Les Anglois font ce commerce sous le nom des Portugais, ils ne perdent pas à ne le pas faire eux-mêmes, à cause de la longueur du voyage, qui dure un an, & du bas prix où est le fret en Portugal.

(*h*) Le commerce des vins est fort gêné aujourd'hui : il est sous la direction d'une Compagnie royale. Les Anglois ne peuvent plus aller visiter les vignobles, & acheter à l'enchere & à bon prix : on a laissé aux étrangers un district qui rend à-peu-près vingt-mille pipes, quand la recolte est bonne, & dont à peine quatorze mille sont transportables. Ces arrangemens ont été pris pour porter les propriétaires à cultiver les grains préférablement à la vigne : les François profiteront de cette gêne, & trouveront plus de débouchés pour leurs vins.

(*i*) L'écorce extérieure du liege sert à faire

des citrons, du fil, des cuirs, des laines, des ſoies, du miel, de la cire, du Kermès, du marbre, du ſavon : toutes ces marchandiſes ſe tirent du pays; celles que le Portugal tire de ſes poſſeſſions dans les autres parties du monde, & vend à l'étranger, ſont le ſucre, le bois de Bréſil & de Campèche, les vins de Madere & de quelques autres îles, des peaux & du poil de boucs & de chêvres, du cèdre, de la cochenille, de l'indigo, du coton, des toiles peintes, du caffé, de la myrrhe, de l'encens, de l'aloès, du bezoar, quelques autres drogues, du tabac de Bréſil, de l'ivoire, de l'or (*k*), des perles, & des pierres

des bouchons, des talons, des chapelets pour les filets, &c. On la brûle auſſi, dans des vaiſſeaux bien fermés, pour faire le noir d'Eſpagne. Lorſque le liege a douze ou quinze ans, on fait la premiere tire, c'eſt-à-dire qu'on le dépouille, pour la premiere fois, de ſon écorce, qui n'eſt bonne qu'à brûler; ſept ou huit ans après, on fait la ſeconde tire, & l'écorce n'eſt bonne qu'à des ouvrages groſſiers : après huit autres années, vient la bonne écorce. Un arbre écorcé tous les huit, neuf, ou dix ans peut durer 150 ans : on l'écorce en Juillet & août.

(*k*) Le Bréſil livre en or, année commune, environ pour 12 millions d'écus. En 1759 la précieuses (*l*). Les marchandises qu'on porte aux Portugais, ou qu'ils vont prendre dans les ports de l'étranger, sont des grains, surtout du froment, du fil, des ouvrages de quincaillerie, du papier, des cuirs préparés, des ouvrages de fer & d'acier, des draps (*m*), quelques étoffes de laine, des planches, des poutres, des mâts, de la poix, du goudron, du cuivre, du fer, du mastic, du chanvre, & du

charge des deux flottes étoit de quatorze millions en or ou en argent, pour le compte des particuliers, & de deux millions & demi pour le compte du Roi, de deux caisses de diamans, de 17870 caisses de sucre, de 10825 ballots de tabac, de 250270 peaux, &c. Quant à l'or, on prétend qu'il y a plusieurs mines en Portugal, qui en donneroient, si on n'étoit pas assez sage pour ne les pas exploiter.

(*l*) Par rapport à ces marchandises il faut remarquer que l'exportation du sel de mer est très-considérable : les Portugais préfèrent le sel de France, & en tirent de là ; que l'exportation des citrons est d'un grand produit ; les Hollandois chargent, année commune, dix à douze vaisseaux de citrons & d'oranges, sans compter les confitures ; que la vente du bois de Brésil & de Campêche est au Roi ; & lui rend au-delà de cent mille écus ; que celle du tabac de Brésil lui appartient aussi, &c.

(*m*) On défendit au commencement de ce

lin. Lisbonne est le dépôt de toutes les marchandises : les vaisseaux préferent cependant d'aborder à Cascaès, parcequ'il est plus aisé d'y faire la contrebande.

§. 2.

DU COMMERCE DES ESPAGNOLS.

Les Espagnols ont toujours fait un commerce ruineux (*n*) ; & sans les mines du Pérou (*o*), la disette de l'or

siecle l'entrée des étoffes étrangeres de laine : M. Methuen trouva moyen, en 1703, de faire excepter de cette prohibition les étoffes de manufacture angloise : cela fut évalué alors à une somme annuelle de 1500 mille l. st. Les Anglois ne jouissent plus de ce privilège.

(*n*) Il est difficile de justifier le Gouvernement espagnol : nous avons déjà remarqué plusieurs vices dans le commerce de cette nation, nous en remarquerons bien d'autres dans la suite de cet ouvrage, ici je ne rapporterai qu'un fait. Les toiles des Indes sont défendues, mais les François, les Hollandois & les Anglois y portent ces mêmes toiles, qu'ils ont fait peindre en Europe : les étoffes de soie de la Chine entrent également en Espagne sous le nom de manufacture d'Europe.

(*o*) On a voulu trouver dans la découverte

& de l'argent feroit très-grande en Efpagne. Toutes les nations de l'Europe y portent leurs denrées & leurs marchandifes *(p)* & en rapportent de l'or

du nouveau Monde, & dans l'exploitation des mines de ce continent, la raifon du dépeuplement de l'Efpagne, & de la ruine de fon commerce. Ce n'eft pas ici le lieu d'examiner à quel point cette fuppofition eft vraie : il fuffit de dire qu'une quantité de raifons concourent à détruire tout le profit que l'Efpagne pourroit retirer de fon commerce, & de fes colonies. En 1754 on nomma une commiffion, qui devoit examiner les moyens de retablir le commerce & les manufactures du royaume : fes délibérations furent inutiles, parcequ'il s'agiffoit de commencer par engager la Cour à renoncer au trafic, & à remettre le commerce entre les mains des négocians ; ce premier moyen fut rejetté, parceque la Cour ne favoit où trouver les fonds, pour payer les dettes de la Couronne. Les revenus publics font pourtant fort confidérables : la regie du tabac rend 7330920 écus ; la pofte 2211372 ; les rentes provinciales ou les *milliones* 7865328 ; les rentes générales 15183762 ; ce qui fait un total de 32591382 écus, fans compter les revenus de l'Amérique, qu'on peut eftimer à fept millions. L'état des dépenfes montoit en 1760 à la fomme de 29576100 fl. N'y a-t-il pas là de quoi payer des dettes ?

(p) Le Duc de Ripperda fit ce qu'il put pour encourager les fabriques & les manufac-

& de l'argent; les Anglois (*q*), les Hollandois (*r*), & les François vendent, non-ſeulement à l'Eſpagne, mais encore aux colonies Eſpagnoles des marchandiſes & des denrées de toute

tures; mais il paroît que ſes ſucceſſeurs n'ont pas ſuivi un auſſi bon exemple. On a fait venir quelques tiſſerans d'Angleterre, & en 1760 on regardoit la manufacture de draps, qui eſt à Segovie, & qui livroit annuellement 7400 piécés de 30 à 80 aunes d'Eſpagne, comme ce qu'il y avoit de plus important dans le pays : il y a quelques autres manufactures à Valdemoro, à Guadalaxara, à Saragoſſe, à Agulada, & à Barcelone. Il y a des manufactures de ſoie dans l'Andalouſie, la Valence, la Murcie & la Catalogne : la plus importante de toutes eſt celle de Talavera de la Reyna, qui fait de belles étoffes riches : on en fabrique auſſi à Madrid. La manufacture de toile de la Corronne, qui livre le linge de table pour la Cour, & celle de Segovie ne ſont pas conſidérables. La fabrique de porcelaine, établie depuis une vingtaine d'années dans les Jardins de Buen Retiro, n'a pas fait de grands progrès.

(*q*) Les Anglois ont toujours fait un commerce très-lucratif avec l'Eſpagne : pour ſe déſiſter, à la paix de Madrid, des quatre années qui reſtoient encore au traité de l'Aſſiento, ils obtinrent, outre un dédommagement de cent mille livres ſt., le privilége de ne payer, dans les ports d'Eſpagne, d'autres droits que ceux que les ſujets de la Grande-Bretagne avoient eſpece (*s*). Les Maltois y font un commerce lucratif (*t*). L'Eſpagne tire de

payés ſous Charles II, & la liberté d'aller prendre du ſel dans l'île de la Tortue. Aujourd'hui ce commerce vaut à l'Angleterre un bon tiers de moins qu'il ne valoit il y a quarante ans.

(*r*) On prétend qu'à chaque retour de la flotte & des gallions, les négocians Hollandois tirent trois millions de florins, pour les marchandiſes que les Eſpagnols ont envoyées aux Indes pour leur compte, & trois autres millions pour les marchandiſes que les Eſpagnols leur achetent à Cadix.

(*s*) Juſqu'à la paix d'Utrecht les marchandiſes angloiſes, qui ſortoient des ports d'Eſpagne pour paſſer en Amerique, ne payoient aucun droit. Pour encourager les Eſpagnols à gagner le fret, on ne fait payer à leurs vaiſſeaux, pour toutes les marchandiſes du cru du pays, que le demi péage : mais comme ils ſont mauvais navigateurs, & que leur fret eſt plus cher que celui des étrangers, on ne s'en ſert que peu. Du reſte les Eſpagnols payent les mêmes droits que les étrangers.

(*t*) On trouve des Maltois dans toutes les villes d'Eſpagne un peu commerçantes : ils y font le commerce d'économie, ſe ſervent de vaiſſeaux neutres dans l'Océan, & côtoyent dans la mediteranée ſur leurs propres vaiſſeaux. Ils ſont fort ſobres, fort économes, vendent en gros & en détail, & emportent beaucoup d'argent, lorſqu'ils ſe retirent dans leur patrie.

(*u*) La flotte, les gallions, & l'Eſpagne enl'étranger des étoffes de soie & de laine, des chapeaux, de la toile *(u)*, des ouvrages de mercerie, des dentelles, des poissons secs *(v)*, du fer & de l'acier ouvragés, du cuivre, de l'étain, du plomb, du chanvre, du

levent pour plus de 11600 mille livres de toiles, mousselines, & batiste fabriquées en France. Outre cela les Hollandois font passer en Espagne des toiles de toute espece, même des toiles de coton venues des Indes orientales & peintes en Hollande : cela fait un objet de plus de 1200 mille livres; les Hambourgeois y font passer les toiles de Silesie & de Westphalie, ce qui monte à près de trois millions de livres; & au-delà, lorsque les vaisseaux Malouins arrivent trop tard avec les toiles de Bretagne.

(*v*) Quoique les côtes de l'Andalousie & de la Galice soient abondantes en poissons, comme en thons, esturgeons, lamproies, sardines, &c. la pêche languit en Espagne. Les Espagnols achêtent à l'étranger pour plus de trois millions de piastres de poissons salés & séchés. Les Anglois leur en portent la plus grande partie, parce que leur poisson se conserve le mieux. Depuis 1763 les Danois y en portent aussi. Les vaisseaux du Nord débarquent à Barcelone. En 1761, la guerre étant déclarée entre l'Espagne & l'Angleterre, la Cour sollicita à Rome une bulle de permission pour faire gras pendant le carême : le Pape y consentit : mais il mit tant de conditions dans la bulle qu'il fit expédier, que le peuple ne fut que lin, du papier de Genes (*x*), des cartes à jouer, de la poix, du goudron (*y*), des cuirs, des blés (*z*), des bois de charpente (*a*), des mâts, des planches, du beurre, du fromage, du

faire, & fit pour la plus part maigre. Le nombre des jours maigres a été en général diminué dans tout le royaume par concession du saint Pere.

(*x*) Cette importation a un peu diminué. On compte actuellement dans le royaume 200 moulins à papiers.

(*y*) Si les Espagnols vouloient, ils tireroient des montagnes de Tortose le brai & le goudron dont ils ont besoin : il ne tient qu'à eux de recueillir plus de lin & de chanvre, plus de cire & de miel qu'ils ne font. *Sua si bona norint.*

(*z*) Il y a si peu de cultivateurs & de laboureurs en Espagne, que dans le temps de la moisson il y passe au moins 20 mille François. En comptant que chacun en rapporte au moins trois louis, voila une perte annuelle de 480 mille livres que fait l'Espagne. Les pauvres habitans de la Galice vont aussi faire la récolte dans la Nouvelle Castille, parce qu'il y manque des hommes pour le travail des terres. Une autre raison de la disette des blés est le peu de canaux & de rivières navigables qui se trouvent en Espagne, & le peu de police qui y régne par rapport aux voitures publiques, &c. De cette maniere l'abondante récolte d'une province est fort peu utile à la province voi-

vin

vin (*b*), &c. Les Espagnols vendent à l'étranger les productions de leur pays & celles de leurs colonies : les productions de l'Espagne qu'on exporte, sont les laines (*c*), les soies (*d*)

fine. Ferdinand VI força plus de 20 mille vagabonds à travailler aux terres. A Cadix il y a un Italien qui a le monopole des grains.

(*a*) Les Espagnols tirent aussi des Pyrenées, de l'Arragon, & de la Navarre, du bois de construction : ces bois passent à l'Ebre par le moyen des rivieres de Cinca, de Saburdan, & d'esca ; d'où on les fait passer sur les bords de la Mediterranée. L'Arragon & la Catalogne fournissent aussi de la poix & du goudron. En général les Espagnols ne retirent presqu'aucun profit de leurs forêts.

(*b*) On ne trouve de bons vins étrangers que dans les ports : ailleurs on n'en trouve point du tout, ou ce n'est que du fort mauvais Clairet & du mince Frontignac.

(*c*) On estime surtout les laines de l'Andalousie, de la Valence, de la Castille, de l'Arragon, & de la Biscaye. Les François, les Hollandois, les Allemands & les Italiens ne peuvent s'en passer. L'arrobe de 25 livres paye, à la sortie, onze livres cinq sols de droits, de sorte que le fabriquant françois, après avoir payé les frais de transport, achète la laine d'Espagne 30 pour cent plus cher que le manufacturier espagnol. Il n'y a que la mauvaise laine d'Extremadure qui paye moins. Les draps françois qui passent en Espagne, payent 23 dont le royaume de Grenade recueille une grande quantité, les huiles (*e*),

pour cent en différens droits, sans compter d'autres frais assez considérables. Cependant le manufacturier françois vend ses draps à meilleur prix à Madrid & à Cadix que le manufacturier espagnol. Ce sont les brebis qui paissent l'hiver dans les plaines des provinces méridionales, & l'été sur les montagnes des provinces septentrionales, & que les Portugais appellent *Ovejas Marinas*, qui portent la meilleure laine. Ustariz compte 40 mille bergeries en Espagne : & on évalue la quantité de ces brebis, qui portent la fine laine, à cinq millions, & le produit de la laine & de la chair à 24 réaux par piéce (c'est-à-dire à un écu 16 gr) Le propriétaire ne retire de cette somme que trois gros & quatre fenins, le Roi en retire 10 gr; les frais de pâture, la dixme, le berger, la tonte emportent le reste. Donc ces cinq millions de brebis produisent à l'Etat une somme de 8333333 écus d'Allemagne, dont les propriétaires retirent 694444 & le Roi 2083333.

(*d*) Depuis 1760 l'exportation de la soie est limitée aux ports de Barcelone, d'Alicante, & de Carthagene, & n'y est permise que depuis le 16 novembre jusqu'au 16 mai de l'année suivante. Pendant ce temps-là les Anglois en chargent au moins les deux tiers de la récolte. Les marchands de Valence, pour engager la cour à laisser libre l'exportation de la soie, répresenterent au gouvernement, que leur pays recueilloit 1150 mille balles de soie, le royaume de Murcie 400 mille, celui d'Arſurtout celles de Seville, de Malaga, & de l'île Majorque, les vins (*f*),

ragon 170 mille, & celui de Grenade 100 mille, (les autres provinces recueillent peu de ſoie); que de ces 1620 mille balles les fabriques de Valence en conſommoient 125 mille, & celles des autres provinces autant, mais qu'en ſuppoſant même le double de la conſommation, il en reſteroit toujours 1320 mille à exporter, ce qui rendoit au péage 411479 réaux, & 910 mille aux cultivateurs.

(*e*) Séville exportoit autrefois 14-15 mille pipes d'huile : cela a diminué de moitié, & Malaga a augmenté ſon exportation, parce que cette ville a eu l'adreſſe de ſe faire exempter de l'augmentation d'un droit de deux piaſtres par pipe.

(*f*) Parmi les vins d'Eſpagne on eſtime ſurtout ceux de Ciudad-Real, d'Alicante, de Malaga, de Xérès, de Rota, de Malvoiſie, qui croît dans la Catalogne, de la Manche, que la Cour & les perſonnes aiſées conſomment le plus, qui ne ſe tranſporte point hors du royaume, & qui reſſemble au Bourgogne; & ceux des îles Canaries, particulierement ceux de l'île de Palme & de l'île de Fano. L'exportation de ces vins eſt conſidérable : les environs de Malaga envoyent à l'étranger pour un million & demi de piaſtres de vins & de raiſins ſecs. Cette exportation ſeroit plus forte ſans quelques inconvéniens particuliers à ce commerce. Autrefois la Cour avoit la vente excluſive des vins : elle y renonça en 1717 L'Eſpagne manque de bois, ce qui fait qu'on met les eaux de vie, au défaut des eaux de vie de France, les fruits ſecs (*g*), & confits, les olives, l'anis (*h*), les amandes, le romarin, la manne, le ſafran (*i*), les capres, les marons, le

les vins ordinaires dans des outres de peau de bouc poiſſés ſur les coûtures : cela leur donne un mauvais goût, qu'on appelle dans le pays *el guſto de Borracho* le goût du buveur. Il n'y a que les vins exquis qui ſe mettent en futailles : on ſe ſert de bois de chêne & de chataignier. On fait en Eſpagne du vin pendant toute l'année ; hors de la ſaiſon de la vendange on le fait avec des raiſins ſecs & de l'eau de mer : en général on y preſſe le raiſin ſans grande précaution. Les Anglois & les Hollandois enlevent quatre à cinq mille bottes de vin par an.

(*g*) En 1764 Malaga exporta 117268 arrobes de raiſins ſecs, 4485 caiſſes de fruits, ſans compter ce qui n'étoit pas accuſé. Les Anglois prennent aux environs de deux mille caiſſes d'oranges ou de citrons : chaque caiſſe eſt de 1500 pièces : celles que les Hollandois prennent n'en ont que mille. Les Anglois chargent plus tard que les nations du Nord, qui partent en ſeptembre, & prennent le fruit verd pour le conſerver plus aiſément. On pelle les citrons pour envoyer l'écorce en Hollande & en Allemagne.

(*h*) L'anis de Torre-campo eſt le meilleur après celui d'Alicante, on en diſtille avec de l'eau de vie.

ſel (*k*), le liege, les chevaux, (on eſtime ſurtout ceux des Aſturies & de l'Andalouſie, les premiers à cauſe de leur force, les autres à cauſe de leur beauté) (*l*), la ſoude (*m*), le ſavon

(*i*) La plus grande partie du ſafran paſſe en Amérique : les Eſpagnols ont coûtume de l'arroſer d'huile, & à Cadix on en emplit des pots auſſi ſerré qu'il eſt poſſible, & on y verſe enſuite autant d'huile que le ſafran en peut boire.

(*k*) Les ſalines de Mata en Valence ſont les plus importantes : on en retire par an 60 mille muids de ſel, ou 1500 mille fanegues. Les côtes de l'Andalouſie, de la Catalogne, des îles Majorque, Yvica, & Formentera, fourniſſent beaucoup de ſel. La Catalogne a encore du ſel foſſile.

(*l*) Les mulets de Caſtille, & ſurtout ceux de la Manche ſont fort eſtimés. Chevaux & mulets ſont fort chers : il n'eſt pas extraordinaire de payer 300 & 350 écus pour un bon mulet : on s'en ſert pour voyager, pour les rouliers & les chariots de bagage. Il eſt défendu de faire ſaillir par des ânes les belles jumens d'Andalouſie : mais cette défenſe n'eſt point obſervée.

(*m*) Alicante exporte année commune 4111664 livres peſant de ſoude de barille, & 770960 de ſoude de bourdine, ſans compter une autre eſpece encore meilleure que les deux autres, nommée *Agna-Azul*, qui ne ſe tire que des plantes qui croiſſent aux environs d'Alicante.

(*n*) La Savonnerie eſt la ſeule fabrique des

(*n*), les armes à feu (*o*). Les productions des colonies Espagnoles sont de l'or (*p*) en barre & en poudre, de l'argent en barre & monnoyé (*q*),

Espagnols que les Hollandois fassent valoir. La belle soude d'Espagne rend ce savon excellent.

(*o*) Le fer des mines de Biscaye sert aux fonderies de canons, & à la forge des ancres de Liergane & de Cerada : on en fait encore des bombes & des boulets à Fugui, à Azura, & a Hierbiera : on en fabrique de même des fusils & des pistolets, surtout à Plaisance & à Valence, d'où il vient de très-belles armes à feu.

(*p*) L'Amérique peut fournir à l'Espagne, année commune, 20 millions de piastres tant en or qu'en argent. Ustariz prétend qu'il n'y a pas pour au-delà de 100 millions de piastres d'or monnoyé ou ouvragé, dans toute l'Espagne. Cela prouve que la défense de faire sortir l'or & l'argent ne sert à rien : le Conseil de Madrid l'a senti, & il y a quelques années que cette défense a été levée : on paye seulement, à la sortie, un droit de trois pour cent. L'Espagne doit avoir des mines fort riches d'or & d'argent, qu'elle prétend ne pas faire exploiter, avant que celles de l'Amérique soient épuisées. Cependant on sait qu'en 1748, ou environ, on étoit occupé à exploiter une mine fort riche dans les environs d'Almanza, le long de la rive occidentale du Duero, dans la Vieille Castille. On y avoit attiré quelques ouvriers du *Harz*.

(*q*) Le commerce des piastres est une affaire

des perles, des pierres précieuses, du bézoar, de la cochenille, de l'indigo, de la laine de vigogne, du quinquina, du cacao *(r)*, de la vanille, du tabac *(s)*, du sucre *(t)*, des peaux, de la

fort importante ; la piastre Sevillane est de deux especes : la Mexicaine, qui se fabrique au Mexique, elle est d'une figure irréguliere, en forme de polygone : & la Colonne, qui se fabrique au Potosi, elle est presque ronde, & porte ce nom, parce qu'elle a pour empreinte les Colonnes d'Hercule, avec ce mot, *nec plus ultra.* Quoiqu'elles soient à-peu-près du même alloi, à 11 deniers de fin, cette derniere vaut depuis un demi jusqu'à un pour cent de plus que la Mexicaine : les mille pésent 117 marcs deux onces, poids de Cadix, qui est de sept pour cent plus foible que celui de France. La piastre d'Espagne fut fixée, en 1727, à 5069 grains, poids de marc de France : on l'appelle aussi pièce de huit.

(*r*) La Compagnie de Caracas, qui est à Saint Sebastien, a la vente exclusive du cacao, dont elle vendoit autrefois la fanegue, ou les 90 livres, à raison de 25 piastres, & qu'elle vend actuellement 48 à 50. On prétend que l'Espagne consomme 100 mille fanegues de Cacao.

(*s*) C'est à Seville qu'est la grande fabrique de tabac : on y compte 1200 ouvriers. La meilleure espece de tabac est appellée *Garanza.* On donne au tabac la couleur rouge, qu'on lui voit, par le moyen d'un ocre, qu'on fait falſepareille, du bois de Campêche, de l'Ipecacuanha, du baume du Pérou. Les villes les plus commerçantes de l'Eſpagne ſont Madrid, Séville, qui a enlevé à Cadix une partie du commerce intérieur, Grenade, Malaga, qui a un des plus beaux ports de la Méditerranée. Carthagene, Valence, St. Sebaſtien, Bilbao, Corunna, Alicante, Barcelone, & Cadix (*u*). Cette der-

venir d'Almérica, ſur les côtes de Grenade, d'où il en paſſe à Seville tous les ans deux charges de vaiſſeau. Il arrive auſſi en Eſpagne beaucoup de tabac de Virginie & de Bréſil, dont on fait du tabac à fumer. Depuis 1739, que Dom Martin de Loynaz changea la régie, le tabac a rendu au moins trois millions cinq cents mille livres de France de plus : il rendoit en 1760, au rapport de Clarck, 7330920 fl.

(*t*) Il y avoit autrefois ſept rafineries de ſucre dans le royaume de Grenade, il y en a encore quatre aujourd'hui, & les Moines y ont leur bonne part. Ceux qui livrent les cannes, payent 400 réaux pour vingt arobes, qu'on leur rend en ſucre. En 1763 on fabriqua 16000 pains de ſucre dans les quatre rafineries : le pain eſt de deux arobes, valant cent réaux. Les Eſpagnols ne vendent point de ſucre à l'étranger, ils lui en achetent au contraire, n'y ayant point de pays où il ſe conſomme plus de ſucre.

(*u*) Le tiers des habitans de Cadix eſt comniere ville fait surtout un commerce fort important : il ne lui manque qu'un port dont l'entrée soit moins dangereuse. Les marchands tiennent leurs comptes en réaux de veillon & en maravedis (*v*).

§. 3.

COMMERCE DES HOLLANDOIS.

Il n'est pas douteux, que sans les

posé d'étrangers. Il y avoit autrefois six chantiers aux environs de cette ville : mais on n'y trouve plus son compte à bâtir des vaisseaux. En 1761 il entra dans le port de Cadix 195 vaisseaux Espagnols, dont 191 étoient des vaisseaux marchands, & quatre des vaisseaux de guerre ; 99 vaisseaux Hollandois, dont 16 étoient des vaisseaux de guerre ; 82 vaisseaux Anglois, dont 13 étoient des vaisseaux de guerre ; 22 vaisseaux François, dont deux étoient des vaisseaux de guerre ; 41 vaisseaux marchands Danois, 19 Portugais, 5 Napolitains, dix du Duché de Toscane, huit de Raguse, quatre de Malthe, & un de Sardaigne. Cela fait 447 vaisseaux marchands, qui entrerent, dans le courant de cette année, dans le port de Cadix.

(*v*) Parmi beaucoup d'entraves que l'Espagne met à son commerce, il faut compter cette efforts que l'Angleterre a faits pour l'emporter sur la Hollande, cette République ne fut parvenue à faire (x) tout le commerce de l'Europe. Ce qui a favorisé celui qu'elle fait, c'est d'a-

grande quantité d'especes de cuivre, dans lesquelles la plus part des payemens se font dans les provinces, les mauvais chemins, le peu de soin qu'on prend d'établir des auberges sur les grandes routes, la faute qu'on a faite d'égaliser les droits de transit aux droits de consommation, & la haine que l'on porte à tous ceux qui ne sont pas Catholiques ; ce qui empêche l'industrie des étrangers d'étendre le commerce de ce royaume. Ferdinand VI fit faire un chemin pour faciliter la communication entre les deux Castilles : ce chemin a 46 milles de long, on y trouve 283 aquéducs, & sept magnifiques ponts : si on continuoit à pousser de pareilles entreprises, on rendroit un grand service à l'Espagne. M. Wall, que M. de Grimaldi a remplacé, avoit établi, en 1764, un chariot de poste, qui alloit de Madrid à Aranjuez ; il ne va plus. On songe actuellement à faire des chemins : on veut percer quatre grandes routes, qui partant de Madrid iront aboutir, l'une vers Bayonne, la seconde vers Barcelone, la troisieme vers Cadix, & la quatrieme vers les frontieres du Portugal. Pour trouver un fonds à cette dépense, on a mis deux réaux sur chaque arobe de sel.

(x) On peut dire de la Hollande, que la Norwege est sa forêt ; que les bords du Rhin voir admis dans le Conſeil de l'Etat des négocians, qui ont voyagé, & qui ont joint une théorie générale du commerce, à une pratique indiſpenſable pour la connoiſſance exacte des détails. On peut ajouter à cette raiſon le grand ſoin que les marchands Hollandois mettent à l'expédition & à l'emballage des marchandiſes, ce que les Anglois négligent beaucoup, l'économie qui règne dans les maiſons des négocians, le bas intérêt de l'argent, & les encouragemens accordés à ceux qui inventent de nouvelles manufactures, ou qui découvrent chez l'étranger de

& l'Aquitaine ſont ſes vignobles; la Siléſie, la Pologne, la Saxe, l'Eſpagne, & l'Irlande, ſes bergeries, la Poméranie, la Pruſſe, la Pologne ſes champs; l'Arabie & les Indes ſes jardins fruitiers. C'eſt-à-dire que le commerce de la Hollande eſt un commerce d'économie; & il eſt vrai qu'à cet égard on ne trouve rien de ſemblable. Cependant ce magnifique édifice repoſe ſur des fondemens ébranlés: la richeſſe des particuliers & les dettes de la nation, d'où ſont nées la cherté de la main d'œuvre, & la grandeur des impôts, ont détruit les manufactures & les fabriques. Leyde, par exemple, qui fabriquoit en 1612 cinquante ſix mille piéces de ſerge, année commune, en fabrique aujourd'hui à peine huit à neuf mille:

nouvelles branches de commerce : voila ce qui explique comment un pays qui ne fournit que du beurre, du fromage, & de la vaisselle de terre, qui n'a pas un havre sur les côtes qui soit bon, est parvenu à un commerce si prodigieux, après avoir été, il n'y a pas deux cents ans, dans le cas d'offrir humblement la souveraineté à la France & à l'Angleterre, qui le refuserent l'une & l'autre. Les Hollandois commercent directement avec tous les peuples de notre Continent (*y*). Ils ont gagné beaucoup, & gagnent

il s'y trouvoit en 1736 environ 80 manufacturiers de drap, aujourd'hui il n'y en a que 35, dont trois seulement ont un apprenti : plusieurs ouvriers ont passé de là en Espagne. L'industrie des autres peuples de l'Europe mine le commerce d'économie, & comme tout commerce resserré quelque part souffre par contrecoup dans quelque autre endroit, il est naturel que les Hollandois puissent prévoir, dès à présent, un temps où leur commerce sera réduit à peu de chose. C'est le sort de tous les établissemens humains. En 1757 il entra dans le Texel 1299 vaisseaux; dans le port de Rotterdam il en entra 1050, & il en sortit 1067, sans compter les vaisseaux d'Irlande, ni ceux qui vont à la pêche du hareng, &c.

(*y*) Les Hollandois tirent du Brabant & de

encore par la main d'œuvre; tirent de l'étranger les matieres premieres, ils les leur rendent, apres qu'ils les ont travaillées dans leurs manufactures & dans leurs fabriques (z) On jugera de leur industrie si l'on fait réflexion que n'ayant point de bois, ils ont pourtant un si grand nombre de vaisseaux, &

la Flandre une grande quantité de lin, de toiles & de grains; le commerce avec la Suisse est facilité par le Rhin; celui de la Baltique occupe 1000 à 1200 vaisseaux, qui partent avec la demi-charge pour la plupart, & reviennent tous avec la charge entiere. Le commerce de la Norwege en occupoit autrefois 300 du port de 4 à 500 tonneaux. Le commerce avec l'Angleterre est gêné, les Hollandois ne peuvent guere y faire passer que leurs épices. Celui de la France est bien plus important: mais l'essentiel est ce qui se fait dans la Baltique; ce commerce est, après celui des Indes Orientales, le plus important. On évalue la navigation marchande des Hollandois, comme celle des Anglois, à 1600 mille tonneaux, avec cet avantage que les Hollandois consomment moins, & gagnent davange sur l'étranger.

(z) On a même imité à Harlem beaucoup d'étoffes de Lyon: mais le goût du dessin n'a pu passer en Hollande: cependant les manufacturiers ont vendu leurs étoffes en France, en concurrence avec Lyon, parceque ces étoffes étoient bonnes, & ne changoient ni de façon ni de dessin. Les draps d'Utrecht & de fournissent du bois de charpente (*a*) à l'Espagne & au Portugal ; que ne recueillant pas assez de grains pour leur propre consommation, ils en vendent cependant beaucoup ; que n'ayant point

Leyde sont estimés : les draps noirs d'Utrecht sont supérieurs : le camelot de Leyde est fort beau : les toiles de Grœningue, de la Frise & d'Over-Yssel sont très belles, on ne leur donne point une longueur artificielle, comme on le fait dans les blancheries de Flandre en les tordant au tourniquet, on ne les tord qu'à la main. Les papeteries ont souffert de la defense rigoureuse, faite en France, & dans les Pays-Bas Autrichiens, de faire sortir les peilles : cependant elles sont encore fort considérables. Les raffineries de camphre, de vermillon, de soufre, de borax, d'azur, de brai, de résine, de *sperma ceti*, de sucre, de sel, sont des objets fort importans : ils le seroient encore plus, si la cherté de la main d'œuvre, l'abondance des especes, & la quantité des impôts n'avoient, pour ainsi dire, réduit à la consommation intérieure une bonne partie de ces manufactures.

(*a*) Les Hollandois tirent du Palatinat, par le moyen du Rhin, une grande quantité de planches de chêne, qu'ils vendent aux François, qui les appellent bois de Hollande ; ils servent à la menuiserie, & ne sont pas propres à la charpente. Il y a beaucoup de déchet dans l'emploi de ces bois, sur-tout quand il faut des planches d'une certaine longueur, ce de vignes, ils font un grand commerce de vins (*b*), & d'eaux de vie ; que manquant de mines, ils ont cependant une grande abondance d'or, d'argent, de fer, d'étain, &c. (*c*). On peut dire, en quelque façon, que les différentes villes de cette République se sont partagés le commerce général de la nation. Amsterdam est comme l'étape des marchandises qui viennent des Indes Orien-

qui vient de ce que les rives ne sont jamais droites, parce qu'on fend les arbres par quartiers avant de les refendre : cela rend ce bois trop cher.

(*b*) Le commerce des vins est fort étendu, quoiqu'on accuse les Hollandois de faire une partie de ceux qu'ils vendent. On prétend qu'ils en font avec de la lie de vin, des sirops de sucre, de la teinture de cérises noires, & qu'ils animent ces vins factices avec un peu d'eau de vie. Les hambourgeois connoissent cette fabrication ; on a vu que dans une seule année il étoit entré à Hambourg pour quinze mille écus de gadelles noires. On assure que les sirops de sucre bien clarifiés servent à imiter les vins. d'Anjou.

(*c*) Le marchand hollandois ne vend des productions étrangeres que par commission ; il achete pour l'étranger quand on le lui a commis ; il n'y a que les bois & le vin d'exceptés ; les Hollandois l'achetent en avance, & contractent sur les lieux.

tales & Occidentales, du Levant, d'Espagne, du Portugal, de la Méditerranée, & de la Baltique (*d*) : Enckhuisen, Maaslandsluis, Rotterdam, Schedam, Difshaven & Vlaerdingue, ont la pêche du hareng & du cabillaud, qui se nomme la grande pêche, & celle du Grœnland, qu'on appelle la petite pêche : Amsterdam y entre pour la moitié, le reste se fait par les autres villes. Dort & Rotterdam ont le commerce des vins (*e*) du Rhin ; Saardam a la bâtisse des vaisseaux (*f*). Pour

(*d*) Après le commerce des Indes Orientales c'est celui de la Baltique dont les Hollandois sont le plus jaloux. Les marchandises qu'ils tirent de là étant de gros volume, ils y employent beaucoup de vaisseaux, qui partent avec la demi charge, & reviennent avec la charge entiere. Ils envoyent à Arcangel quarante vaisseaux de deux à quatre cents tonneaux : en partant en Juin, ils sont de retour en Septembre.

(*e*) Les Hollandois surmontent toutes les difficultés : la navigation sur la Meuse est très-difficile à cause des bas fonds : cependant Rotterdam fait un commerce que le voisinage de Helvœtsluys ne lui enleve pas. Le commerce du Rhin est un objet de cent millions.

(*f*) On construit aussi quelques vaisseaux dans les chantiers d'Amsterdam, & de Rotdétailler toutes les marchandises que les Hollandois tirent de l'étranger, & leur portent, il faudroit faire une liste de tout ce qui peut entrer dans le commerce. Il suffira de remarquer que les épices, dont les Hollandois ont le commerce exclusif, & les harengs (*g*) sont les deux grands objets qui les enrichissent. Les Hollandois ont declaré contrebande pour l'entrée, les farines & les gruaux, les draps & étoffes peintes, & pour la sortie, les tonneaux pour harengs, ou bois apprêtés pour en faire, les filets pour la pêche, le gros sel, les harengs étrangers, tous les outils pour la pêche de la baleine, &c. Le commerce de la Hollande ressemble donc à un Colosse dont les fondemens sont au-delà de sa base: il peut être aisément detruit. Le premier choc qu'il souffrit, ce fut l'acte de Naviga-

terdam, d'Edam, de la Brille, d'Enckhuysen, & de Hoorn.

(*g*) Les François viennent de faire déclarer aux Hollandois, qu'ils ne permettront plus l'entrée des harengs de pêche Hollandoise. On voit, aux mouvemens que cette République se donne, & aux propositions qu'elle fait à la France, pour faire revoquer cette défense, de quelle importance est cette pêche.

tion ; depuis, les Anglois lui ont enlevé le commerce du Portugal, & une partie de celui de Russie; plusieurs places maritimes partagent avec elle le cabotage, le commerce de banque, & le gain de commission : le Dannemarc lui a enlevé une partie du commerce d'Allemagne & de la Baltique. On peut lui faire encore beaucoup de mal. Toute la Hollande se regle sur le cours du change d'Amsterdam : on y a un change fixe pour certaines places, & variable pour d'autres, c'est-à dire qu'on offre à certaines places une quantité déterminée pour une quantité indéterminée, & à d'autres une quantité indéterminée pour une quantité déterminée.

§. 4.

DU COMMERCE DES ANGLOIS.

C'est au règne d'Elisabeth qu'on peut fixer l'époque des succès qu'a eu le commerce Anglois (*h*) : nous avons

(*h*) Du temps même encore de cette Reine les Anglois envoyoient en Hollande leurs vu à l'article des Compagnies, & à celui des Colonies, les avantages de ce commerce, nous en verrons plus bas l'étendue. Ici je remarquerai que malgré tout ce que certains écrivains de cette nation ont écrit (*i*), l'on peut

draps, avant que de leur avoir donné quelque apprêt, & de les avoir teints : c'étoit un objet de plus de 100 mille livres sterlings. Sous le règne de cette princesse l'Angleterre n'avoit guere que 55 vaisseaux, dont le plus grand n'égaloit pas un vaisseau Anglois du quatrieme rang : le plus grand, sous le règne de Jacques I, étoit du port de 1400 tonneaux & de 66 canons. Dans le besoin on armoit les vaisseaux marchands. A la fin du règne de Jacques I, la marine marchande comptoit dix mille matelots, aujourd'hui elle est composée de 11428 vaisseaux, & occupe 159992 matelots. Il faut 1500 gros bâtimens pour le transport des charbons de terre, & plus de 700 vaisseaux pour le sucre & le tabac. On compte que la marine marchande a 1600 mille tonneaux de navigation. Pour juger des profits, il faut comparer la quantité de l'exportation, & sa valeur à la quantité & à la valeur de l'importation.

(*i*) L'auteur des *Considérations sur le commerce & la navigation de la Grande Brétagne* prétend, (il écrivoit en 1723) que les Anglois payent, après avoir retiré l'équivalent de leur exportation, un surplus de 130 mille livres st. à la Norvège, pour du bois de charpente ; un surdire que ce royaume a porté son commerce aussi loin qu'il est possible (*k*). Tous les jours il profite des événemens, & sa politique ne tend qu'à écraser le commerce des autres na-

plus de 240 mille liv. st. à la Suède pour du bois, du chanvre, & du fer; de 400 mille l. st. à la Russie pour des semences de lin, pour du chanvre, des toiles, des peaux, du suif, & de la potasse; de 250 mille l st. à la Flandre pour des dentelles & des toiles; de 500 mille à la France pour des mousselines, batistes, étoffes, vins, &c.; de 20 mille au Piémont pour des soies; & il ajoute à cela 100 mille l. st. que l'Angleterre paye aux ministres qu'elle a dans les Cours étrangeres, pour faire une somme de 2220 mille livres sterlings que l'Angleterre doit perdre selon lui à son commerce avec l'Europe. L'exagération de ce calcul saute aux yeux.

(*k*) Une remarque, sur l'augmentation des richesses de l'Angleterre, prouvera combien son commerce & les succès de l'agriculture lui ont valu. Hocke, dans son *Essai sur les dettes & sur le capital de l'Angleterre*, soutient que les fonds du pays, y compris l'argent monnoyé, se sont accrus, pendans les soixante années, qui ont suivi la révolution, de cent millions sterl. Suivant le même auteur, ces fonds étoient en 1628, de 333 millions; en 1683. de 616 millions; & en 1748, de mille millions. Dont l'accroissement des richesses de l'Angleterre a excédé les deux tiers du total tions ; ſes guerres n'ont eu, & ne peuvent avoir d'autre but (*l*). La Société anti-Gallicane, établie en 1749, ne s'eſt propoſé autre choſe que d'anéantir en Angleterre, s'il étoit poſſible, le débit des marchandiſes françoiſes. Les Anglois ont ils raiſon de boire les mauvais vins de Porto (*m*) au lieu des bons vins de France ? Voilà une queſtion dont l'examen n'appartient pas à un ouvrage de la nature de celui-ci. La fondation du Comte de Townshend, faite à Cambridge, pour donner deux prix aux deux meilleurs ouvrages qui paroîtroient ſur le commerce, eſt une inſtitution utile. Les Anglois exportent une grande quantité de denrées & de marchandiſes, que fourniſſent leur pays ou leurs colonies. Ce que leur pays fournit, conſiſte ſurtout en grains (*n*), dont l'exporta-

dans l'eſpace de 120 années. Sa population s'eſt accrue également.

(*l*) Le but des Anglois a toujours été de réduire les François à un commerce purement paſſif.

(*m*) Les vins de Porto ſont les plus propres au mêlange que les Anglois ont coûtume de faire.

(*n*) On compte qu'il y a en Angleterre

tion est très-considérable, en étoffes de laine (*o*), en chevaux, en harengs

39038500 âcres quarrés qu'on cultive, & que ce terrain cultivé produit la valeur de 7500 mille liv. st. année commune.

(*o*) On prétend que le produit des laines fait la cinquieme partie des revenus de l'Etat; que les manufactures de lainerie occupent un million d'hommes, & que l'exportation des étoffes de laine monte à la quatrieme partie de ce qui s'en fabrique dans le royaume. Pour augmenter le débit de ces étoffes, il y a une loi en Angleterre, qui oblige tous les sujets Anglois à ensevelir leurs morts dans des étoffes de laine: ce qui épargne annuellement 2000 quintaux de chiffons propres aux papeteries. Les magasins que les Anglois ont à Dortrecht, à Pétersbourg, à Hambourg, à Smyrne, &c. favorisent beaucoup le commerce de ces étoffes: autrefois ils exportoient année commune, pour deux millions de livres sterl. de draps: mais cela a bien diminué depuis que les François ont vendu leurs draps à meilleur prix, & qu'ils leur ont donné des couleurs plus vives. Les Anglois employent cependant encore beaucoup de laine d'Irlande & d'Ecosse, celle d'Espagne ils la tirent de Bilbao.

(*p*) Il y a déjà quelques années qu'on trouva que, la consommation du pays non comprise, cette pêche rendoit annuellement 200 mille livres st. de profit, & occupoit aux environs de trois cents voiles. On a tâché d'en favoriser l'exportation, par une gratification de 30 shellings par tonneau & de trois pour (*p*), en fromages, en bœuf ſalé (*q*), en morues vertes & ſeches (*r*), en

cent des fraix. On prétend que les Ecoſſois ſalent, année commune, audelà de ſoixante mille barils de harengs, plus qu'ils n'en conſomment; s'ils ſaloient & paquoient mieux, ils l'emporteroient ſur les Hollandois. Quand la pêche eſt bonne, Yarmouth & Leiztoff ſalent quatre mille laſts ou 40000 barils. A l'Oueſt de l'Angleterre on ſale auſſi beaucoup de pélamides ou ſardines: cela va année commune à mille ou douze-cens laſts: elles ſont plus grandes, mais moins bien ſalées que celles de France.

(*q*) Les Anglois payent une gratification pour l'exportation du bœuf ſalé, de cinq shellings par baril.

(*r*) La pêche du poiſſon blanc: *White Fish*, nom générique donné aux différentes eſpeces de morue, ſe fait par les Anglois dans les mers du Nord, le long des côtes Orientales d'Ecoſſe, au Nord-Oueſt d'Ecoſſe, au Grand Banc de Terre-Neuve, & le long des côtes ſeptentrionales de la nouvelle Angleterre. On prétend que ces cinq pêches rendent 200000 quintaux de poiſſon ſalé: l'Eſpagne, le Portugal & l'Italie le conſomment.

(*s*) La préparation de la moutarde Angloiſe eſt un ſecret; elle conſiſte principalement à faire paſſer la graine par un moulin, où elle eſt dépouillée de ſon écorce, ce qui lui ôte l'œuil noir, pour lui donner une couleur jaunâtre, & augmente ſans doute ſa force.

(*t*) Les mines de plomb ſont en décadence

huitres, en moutarde (*s*), en biere, cidre, étain (*t*), verres & glaces (*u*), inſtrumens, ouvrages de mercerie, cheveux (*v*), crins, &c. Ils tirent de leurs colonies quelques épices, des drogues, du tabac, du ſucre (*x*), du caffé, &c. qu'ils vendent auſſi à l'étranger. Ils tirent d'Allemagne des

en Angleterre : il ne faut plus ſonger à ſe paſſer du plomb étranger. D'ailleurs celui qu'on retire des mines du pays, eſt fort impur.

(*u*) Le Duc de Buckingham apporta de Veniſe le ſecret de la manufacture des glaces. Aujourd'hui on en fait davantage.

(*v*) Les cheveux blancs ſe tirent preſque tous d'Angleterre ; on les y blanchit très-bien. Dans le pays d'Halberſtadt on en fait autant. Les Hollandois font quelque commerce de cheveux. Quant aux crins de chevaux l'Irlande en fait un grand trafic.

(*x*) Les Anglois donnent ſur la réexportation du ſucre une gratification de ſix Shellings deux pennys par quintal.

(*y*) L'importation des toiles étrangeres diminue d'année en année : l'Irlande & l'Ecoſſe ont des manufactures qui ont le plus grand ſuccès : celles d'Ecoſſe, que le gouvernement protége, ont produit, en 1760, indépendamment du travail des particuliers, 11747728 aunes qui ſont évaluées à 523153 l. ſt. L'exportation des toiles d'Irlande a ſurpaſſé en 1762 celle de 1761 de la valeur de 211 mille l. ſt.

toiles

toiles (*y*), des ouvrages de mercerie; de Hollande, des toiles, du papier (*z*), des épices; de France, des vins, des eaux de vie (*a*) du sel, de l'huile; d'Italie, de l'huile, des fruits, de la soie (*b*); de la Baltique, du chanvre,

(*z*) Le papier royal qu'on fait en Angleterre a la propriété d'empêcher que les ouvrages de fer & d'acier ne se rouillent aisément.

(*a*) L'importation des liqueurs est considérable: Meutland rapporte qu'en 1733 il étoit entré à Londres 11 millions 205607 gallons d'eau-de-vie, d'Arrack, de Rum, *d'Usquebauch*, &c: le gallon est de quatre pintes de Paris.

(*b*) On prétend que les Anglois tirent annuellement du Piémont pour 200 mille livres st. de soie moulinée: elle y coute 20 shellings la livre: ils en tirent aussi beaucoup de Turquie, & quoique celle-ci ne coûte, de premier achat, que neuf à dix shellings la livre, elle passe pourtant par tant de mains, qu'en la prenant à Alep, elle revient aux Anglois à dix-neuf à vingt shel L'importation totale des soies est estimée monter à 500 mille livres st. Ce furent des réfugiés, Vallons & François, qui établirent les premieres manufactures de soie en Angleterre, on y compte aujourd'hui 12000 métiers. La machine hydraulique dont les Piémontois se servirent les premiers pour faire les organcins, fut imitée à Derby en 1718. Le Chevalier Thomas Lombe fit le voyage d'Italie pour tâcher de saisir le mécanisme de cette machine. Quelques-unes des fabriques du lin, des peaux, du cuivre (*c*), du fer (*d*), &c Le commerce qu'ils font avec le Portugal est le plus lucratif (*e*) : celui qu'ils font avec la Suede l'est peut-être le moins (*f*) Il y a plusieurs marchandises de contrebande tant pour la sortie que pour l'entrée

Angloises ont parfaitement réussi, les moires d'Angleterre n'ont pu être imitées à Lyon.

(*c*) On fait beaucoup & de fort beau léton aux environs de Bristol près de Baptish mill.

(*d*) Les forges d'Angleterre & de la principauté de Galles donnent 12190 tonneaux de fer; le tonneau évalué à deux mille pésant. En 1750 le Parlement a passé un Bill pour encourager l'exploitation des mines de fer en Amérique.

(*e*) Du moins il l'a été jusqu'à présent On prétend qu'en 1765 il n'est parti pour le Portugal que 3 à 400 vaisseaux, au lieu de 7 à 800 qu'on y envoyoit auparavant. Il est vraisemblable que la raison de cette différence vient de ce que les laineries de France ont prix le dessus en Portugal.

(*f*) Les vaisseaux Anglois payent des droits d'entrée très-considérables dans les ports de Suède. Pour éviter cette dépense les Anglois chargent leurs marchandises sur des vaisseaux Suèdois, & quand il ne s'en trouve point dans les ports d'Angleterre, ils envoyent leurs marchandises à Helsingœr, pour y attendre l'arrivée d'un de ces vaisseaux.

(*g*) L'exportation des laines est très-sévè-

(*g*) : les réglemens à cet égard ſont très ſages. Le ſiége du commerce eſt à Londres (*h*) ; on voit journellement un millier de vaiſſeaux ſur la Tamiſe. Les négocians, les marchands, & les fabriquans ſont diviſés en 62 commu-

rement défendue. Depuis cette défenſe, le nombre des bergeries a diminué. Avant le règne de Henri VII Anvers tiroit d'Angleterre une prodigieuſe quantité de laine, & la payoit fort cher : on vit ſortir à la fois des ports de Londres & de Southampton juſqu'à cent vaiſſeaux chargés de laine, & deſtinés pour les Flamands. Parmi les autres marchandiſes de contrebande pour la ſortie, on compte les cornes brutes, les cendres blanches, les béliers & brébis, les métiers à faire bas, ou parties de ces metiers, les peaux de mouton tondues & non tondues, les peaux de vâche & de bœuf non tannées, le ſuif, & la terre à foulon. Les marchandiſes de contrebande pour l'entrée ſont les étoffes de laine, les ſelles & harnois, les cuirs tannés, les ètoffes de coton, lès ouvrages de mercerie. L'île de Man étoit le magaſin général de ceux qui font la contrébande : aujourd'hui la Couronne ayant acquis cette île, eſt raſſurée ſur cet article, qui alloit fort loin, puiſqu'en 1765 on confiſqua ſur les côtes d'Angleterre & d'Irlande pour plus de 70 m. l. ſt. de contrebande. La laine qui ſort aujourd'hui en contrebande paſſe par le moyen des matelats que les matelots emportent : on aſſure qu'il paſſe plus de 300 mille nautés, qui ont de grands priviléges. Les autres villes commerçantes sont Falmouth, Plymouth, Darthmouth, Weymouth, Southampton, Portsmouth, Bristol, Newcastle, Douvre, Yarmouth, Hall, Leverpool, Whitehave, &c. Gibraltar (*i*) & Port-Mahon favorisent le commerce de la Méditerranée.

Packs de laine en France, le pack est de 240 livres.

(*h*) Londres fait les deux tiers du commerce de l'Angleterre avec l'étranger : les ports des provinces méridionales en font un neuvieme, ceux des provinces Orientales autant, & ceux des Provinces occidentales en font un peu plus.

(*i*) La plufpart des habitans de Gibraltar sont Juifs : ils y ont trois synagogues ; après eux ce sont les Génois qui sont les plus forts, il y a aussi quelques Irlandois catholiques : le nombre des habitans, y compris la garnison, monte à dix-mille. On peut regarder l'époque de la prise & de la possession de Gibraltar, comme l'époque de la grandeur de la marine angloise : cette place fut prise en 1704 & cédée en 1717. Une flotte ne peut échapper à la vigilance des Anglois ; tout au plus un vaisseau peut-il, sans être apperçu, passer la nuit le détroit.

(*k*) On défendit, en 1736, l'entrée de quantité de marchandises étrangeres, l'usage des

§. 5.

COMMERCE DES DANOIS.

Si les Danois n'ont pas un commerce aussi étendu, & aussi lucratif que les Anglois, les Hollandois, & les François, ils tirent au moins un profit réel de celui qu'ils font. Une bonne police par rapport aux objets de commerce (*k*), l'établissement de plusieurs manufactures (*l*), & le soin qu'on prend de

galons, & la broderie en or & en argent, des pierres précieuses, &c. En 1738 on forma à Copenhague un magasin de marchandises, ce qui étoit bien propre à faire valoir les manufactures : tout artisan, qui ne trouve pas moyen de vendre sa marchandise, la porte à ce magasin, où on lui en paye les deux tiers, & le reste quand la pièce est vendue; en échange le magasin a le privilége de vendre exclusivement toutes ces marchandises aux détailleurs. Lorsque le marchand achete au fabriquant, sans pouvoir le payer, le magasin acquitte le billet, & donne au marchand crédit pour dix-huit mois, à raison de quatre pour cent d'intérêts.

(*l*) On prétend que les manufactures de draps & d'étoffes de soie fournissent à tous les besoins du royaume. On compte à Copenhague 284 métiers pour les draps, & 303 la marine ne peuvent manquer de faire fleurir ce pays. Ses principales richesses sont le gros bétail du Jutland, les chevaux (*m*), les grains, & la pêche; mais il n'a ni sel, ni métaux. L'Islande fournit une quantité de peaux de mouton, de poissons secs, de beurre, d'huile de poisson & d'édredon; la Grœnlande (*n*) des fanons & de l'huile de baleine, des poissons secs, des peaux de veaux marins & de chiens de mer; la Norwege (*o*) du fer (*p*),

pour les étoffes de soie : les premiers occupent 3932 personnes, les autres 938. L'Islande a même des manufactures de draps, & y employe ses grosses laines.

(*m*) Les plus beaux chevaux Danois viennent du district de Tye, dans le bailliage d'Alborg : ceux du district de Skivehuns, dans le bailliage de Wiborg, sont aussi fort estimés.

(*n*) La pêche a bien diminué depuis 1762. On a vu jusqu'à 350 vaisseaux pêcheurs de différentes nations, accompagnés de 1700 chaloupes, dans les environs du Spitzberg, à 50 lieues de mer à la ronde, pêcher plus de 2000 baleines, sans compter celles qui étant blessées ont coulé à fond sans pouvoir être prises.

(*o*) On pêche quelques perles dans les environs de Dromheim, & dans quelques rivieres du bailliage de Bergen : cette pêche est un revenu de la Reine, celle de 1750 fut considérable.

du cuivre (*q*), du bois de charpente (*r*), des mâts, des planches. Les Da-

(*p*) Le fer eſt après le bois, ce qu'il y a de plus important pour la Norwege : elle a quinze forges, & l'exportation du fer peut aller à 400 mille écus : on en fabrique à Barum, à Hockendalen, à Edſwald, à Liſſoc, &c. La Norwege exporte ſon fer cru, & prend de l'étranger du fer travaillé. Les bois diminuent, quelques endroits même ne font plus le commerce du bois de charpente, quelques forges & fonderies tirent de dix & douze milles du lieu où elles ſont, le charbon dont elles ont beſoin. L'exportation des poutres & des planches a plus ruiné les forêts que ne l'ont fait les mines : cette grande quantité d'arbres, qu'il faut abattre pour n'en tirer que des pieces propres aux poutres & aux planches, laiſſe beaucoup de bois inutile qui pourrit ſur la place. Il eſt de fait qu'une maiſon de charpente eſt aujourd'hui, en pluſieurs endroits, preſque auſſi chere qu'une maiſon maſſive ; qu'un vaiſſeau marchand coûte le double de ce qu'il coûtoit il y a vingt ans ou environ ; que le bois de chauffage eſt trop cher dans les villes commerçantes, qu'on abat une trop grande quantité de jeunes arbres pour les paliſſades, (on prétend que cela va à un million de pieds d'arbres,) que les chevres font un tort infini aux forêts, &c. Depuis quelques années on a nommé une commiſſion royale, qui doit examiner & redreſſer tous ces abus.

(*q*) Les mines de Kongsberg, qui en 175

nois exportent des grains (*s*), des bœufs, des chevaux (*t*), de l'eau de

occupoient 3500 perſonnes, & celles de la Comté de Jarlsberg, donnent de l'argent: les mines de Nordenfiels donnent du cuivre, qu'on a bien tort d'exporter cru.

(*r*) Les Anglois payent aux Danois, pour les bois de la Norwege, neuf dixiemes en argent, & un dixieme au plus en marchandiſes. L'exportation du bois de ſapin vaut à la Norwege plus d'un million d'écus : celle du bois de chêne & du bois de chauffage eſt défendue.

(*s*) Les Danois exporteroient encore plus de grains qu'ils ne font, ſi au lieu de faire des établiſſemens dans des endroits peu fertiles, ils les plaçoient dans l'intérieur du Jutland. Mais en Dannemarc, comme partout ailleurs, le patriotiſme n'eſt pas toujours la vertu dominante des grands. La Norwege donneroit une abondance de grains de toute eſpece, ſi l'agriculture y étoit moins négligée : le ſol eſt fertile, & on peut compter ſur la huitieme gerbe, quelquefois ſur la dixieme. Cependant les habitans de la partie Orientale de cette province font du pain de la farine de pois, mêlée avec celle d'avoine ou d'orge.

(*t*) Ils vendent par an environ 2000 chevaux à l'étranger. Les Hollandois tirent les bœufs du Jutland par Hetting, port de cette même province, & par Huſum port du Sleſwig.

(*u*) L'exportation du poiſſon eſt un objet conſidérable. La Morue, le Broſmer, le Say, le Længer, ſe ſéchent au vent, & s'appellent *Stockfiſch*, qu'on diſtingue en *Rotskier* & *Rund-*

vie de grain, du beurre, du malt, du suif, des poissons secs (*u*), des peaux (*v*), de belles dentelles, qui se font à Tondres, fabrique établie en 1646 par un Flamand nommé Steenbeck, des gants de Rander & d'Odensée, &c. Ils tirent de l'étranger des épices, de la soie, du sel (*x*) du cuivre, du plomb, du verre, du papier, des eaux de vie, du tabac, &c. (*y*). Le port de Copenhague est fort beau (*z*), il peut y entrer au-de-là de 500 gros vaisseaux :

fisch, le premier est fendu en deux. La morue donne des œufs, dont on fait un grand débit, on les sale & les encaque, pour les faire passer en Bretagne & ailleurs, où ils servent d'appât à la sardine; l'exportation est de sept à huit-mille bariques.

(*v*) Une bonne partie des cuirs sort encore en poil, parce qu'il n'y a pas assez de tanneries dans le royaume : on exporte aussi quantité de laines en sac, & quelque peu de laine filée.

(*x*) Ils tirent leur sel du Portugal & du pays de Lunebourg.

(*y*) Il sort annuellement du Danemarc au-delà de cent-mille bœufs, dont le Jutland en fournit 80 mille. On fait monter à un demi million l'exportation des grains, & celle des eaux de vie de grain à cent mille écus.

(*z*) Il n'y a que Copenhague qui expédie des vaisseaux pour l'étranger : les autres ports les autres villes commerçantes ſont Helſingoer (*a*), la clef de la Baltique, Odenſée, Nyborg, Aalbourg, & Aarhus.

§. 6.

COMMERCE DES FRANÇOIS.

Il eſt étonnant que le commerce (*b*) de la France ne l'ait point emporté ſur celui de toutes les autres nations : l'a-

ſe bornent au cabotage. En 1764 il ſortit de cette Capitale 3616 vaiſſeaux.

(*a*) On paye un droit aux trois paſſages dans la mer Baltique : ſavoir à Helſingoer, à Nyborg, & à Fridericia : le premier de ces paſſages eſt le plus conſidérable. On compte qu'annuellement il paſſe juſqu'à ſix-mille vaiſſeaux par le Sund : c'eſt-à-dire que réellement il en paſſe trois-mille, parce que chaque vaiſſeau paſſe deux fois. La moitié de ces vaiſſeaux eſt aux Anglois, & le quart aux Hollandois. Les vaiſſeaux Anglois, Hollandois, Suédois, & François munis de bons paſſeports, ne ſouffrent point la viſite; ils payent un pour cent de toutes les marchandiſes qui ne ſe trouvent pas dans le tarif. Toutes les autres nations ſouffrent la viſite, & payent un & un quart pour cent. On compte que ces vaiſſeaux, l'un portant l'autre, payent chacun cent écus de droits.

(*b*) Ce fut ſous Henri IV que les François

bondance de ses productions (c), la fertilité de son sol, le nombre de ses manufactures & de ses fabriques, la sagesse des réglemens faits sur ces objets, l'industrie des habitans, le génie d'une infinité d'artistes & d'artisans, le

jetterent les premiers fondemens de leur commerce. Sully fit beaucoup, mais Colbert encore plus. Si l'abus des droits d'entrée & de sortie, surtout dans l'intérieur du royaume, les monopoles, la persécution qui fit passer tant de Réformés dans les pays étrangers, & les guerres longues & cruelles que l'ambition a fait entreprendre à la France, n'eussent porté de rudes atteintes à son commerce, il n'est pas douteux qu'il ne l'eût emporté sur celui de toutes les autres nations. On peut ajouter à ces raisons une autre, qui est un vice intérieur dont les suites se font sentir. On n'a donné en France d'encouragemens qu'à l'industrie, on a négligé le cultivateur, qu'on a forcé par là à devenir manufacturier. Il y a plus, au-delà de 6000 ouvriers passent tous les ans, au mois de mai, de l'Auvergne & du Limousin, pour aller travailler aux terres en Espagne & en Flandre, & reviennent de-là en novembre; s'ils trouvoient chez eux une culture aisée & profitable, ils n'iroient pas la chercher ailleurs.

(c) Parmi ces productions il faut surtout compter les vins, le sel, les soies, l'huile, les fruits secs, & les mulets.

travail de plusieurs hommes célèbres qui ont pris soin d'éclairer l'artiste, le goût de toutes les nations de l'Europe pour tout ce qui vient de France, enfin la puissance réelle & l'étendue de ce royaume, auroient du, si non anéantir le commerce des autres nations, du moins le contenir dans des bornes fort étroites. Le commerce de terre se fait avec la Suisse, l'Italie, & l'Allemagne, par Nîmes & Lyon; avec quelques provinces de l'Allemagne par Strasbourg; avec la Hollande par les Pays-Bas; avec l'Espagne par Perpignan & Baïonne. Le commerce de mer (*d*) se fait de tous les ports de France (*e*); Marseille est le rendez-vous des

(*d*) On a trouvé qu'en France les ports étoient trop négligés, pour contenir commodément des vaisseaux assez grands pour le commerce du Nord : la marine Françoise manque même de vaisseaux assez grands pour ce commerce.

(*e*) Pour donner une idée du commerce de mer que fait la France, à la faveur de ses colonies, je remarquerai qu'en 1764 il sortit des ports de Bordeaux, Baïonne, Nantes, la Rochelle, Honfleur, le Havre de Grace, & Marseille, pour la valeur de 98003515 livres en caffé, sucres, indigo, coton, cacao, &c : marchandises entrées en France sur 353 vaifvaisseaux pour celui de la Méditerranée. Le commerce avec les Hollandois est le plus considérable (*f*), & avec le Portugal le plus cher (*g*). Paris fait un commerce immense (*h*) : les autres

seaux de Saint-Domingue, 98 de la Martinique, & 99 de la Guadeloupe : les droits payés dans ces îles montoient à 4808470 livres, & ceux qu'on paye dans le royaume à 2045007.

(*f*) Le commerce avec les Hollandois a diminué : autrefois ils tiroient de France pour 36 millions de marchandises, ils en tirent aujourd'hui beaucoup moins. Boréel, Ambassadeur de Hollande, présenta en 1658 un état où ce que la Hollande tiroit de France passoit de beaucoup cette somme, quoique ce Royaume n'ait eu que depuis 1664 des Compagnies pour le commerce des deux Indes, & pour celui du Nord.

(*g*) Quant au Portugal, le cours du change est toujours contre la France, parce que les négocians François ne tirent pas en droiture, mais vendent leurs lettres de change sur Lisbonne à des banquiers d'Amsterdam.

(*h*) Paris a sept corps de marchands, savoir ceux de la draperie, de l'épicerie, de la mercerie, de la pelleterie, de la bonneterie, de l'orfévrerie & des marchands de vin. Outre cela il y a encore 124 communautés d'arts & métiers. Là ne sont point compris ni l'Hôtel-Royal des Gobelins, où la fabrique des tapisseries de haute & basse-lisse, & la menuiserie des bois de placage, qu'on nomme marvilles commerçantes sont Lyon (*i*), Marseille (*k*), Brest, Dunkerque (*l*), Boulogne, Dieppe, St. Malo, la Rochelle, Baïonne, Bourdeaux, Nantes, Rouen, Troyes, Tours, Orléans, Dijon, Montpellier (*m*), Amiens (*n*),

quetterie, qui ont été portées à un si grand degré de perfection; ni la manufacture des glaces, où l'on polit & l'on met au teint les glaces coulées à S. Gobin, à Chateaudum, & à la Fere en Champagne; ni la manufacture des tapisseries dont le fond est de toile, & l'ouvrage de laine hachée; ni enfin la manufacture des draps d'écarlate établie sur la petite riviere des Gobelins.

(*i*) L'affinage de l'or & de l'argent, qui se fait à Lyon par quatre affineurs du Roi, est d'un très-grand produit.

(*k*) Marseille exporta, en 1764, au Levant pour la valeur de 19695574 livres de marchandises : ce commerce est exclusif, & les négocians payent vingt pour cent des marchandises qu'ils tirent de-là. La derniere capitulation de la France avec la Porte est de 1740.

(*l*) C'est Dunkerque qui fait presque tout le commerce du Nord, qui n'occupe que 25 vaisseaux, tandis que les Hollandois y en employent 800.

(*m*) Montpellier fait le principal commerce du Languedoc par le port de Cette. Le Languedoc est la province la mieux cultivée : on pourroit y recueillir du riz, comme on a fait autrefois, avec succés, en Provence.

Caen, Abbeville, Nîmes, Niort est renommée par ses peaux de chamois, & Beaucaire, par une foire où l'on prétend qu'il se fait pour six millions de livres d'affaires, &c. La France

(*n*) Il se fabriquoit à Amiens, au commencement de ce siecle, 129800 pieces d'étoffes de laine; & les camelotiers employoient 80 milliers de laine.

(*o*) Le commerce des vins est trés important. Il en passe dans tous les pays de l'Europe, sur les côtes de Barbarie, aux îles Françoises, & à l'Amérique septentrionale. C'est de Bourdeaux, de la Rochelle, de Nantes, de Rouen, de Marseille, & de Toulon qu'il en sort la plus grande partie. Bourdeaux en exporte environ cent mille-tonneaux par an: le tonneau évalué à quatre bariques, & la barique à 110 pots pesant 500 livres. Les Vins de Nantes perdent le moins au transport: on en a fait passer jusqu'en Perse. La Bourgogne & la Champagne, avec les environs de Vienne & du Rhône, donnent les vins les plus exquis, & les plus chers. La haute Bourgogne a les vins de Pomar, de Chambertin, de Beaune, de Clos de Vougeau, de Volleney, de Moraché, de la Romanée, de Nuits, de Chassagne, & de Mulsault. La basse Bourgogne, qui exporte au-delà de 100 mille muids de vin, le muid à 300 pintes ou deux feuillettes, a les vins d'Auxerre, de Coulange, d'Irénie, de Tonnere, d'Avalon, de Joigni, & de Chablis. Les vins de Vienne & du Rhône exporte des vins (*o*), des plantes & des drogues pour la teinture, du baume

les plus estimés sont l'Hermitage, la Cote-rotie, & le saint-Perrey. Le Languedoc a les excellens muscats de Frontignac, de Lunel, de Rivesaltes, & de Beziers. La Champagne a son Epernai, son Silleri, son Aï, & ses vins rouges de Reims, extrêmement recherchés par les connoisseurs. On compte que l'exportation des vins vaut à la France quinze millions; celle des eaux de vie, cinq; & celle du sel, dix. Cependant la France est bien loin de tirer de ses vins tout le profit qu'elle pourroit en retirer; les entraves qu'on a mis à ce commerce abîment le cultivateur. Il est de fait que ceux qui bouillent de l'eau de vie, ne font valoir leur vin qu'à cent sous la barique, & souvent au dessous; en voici la preuve. L'on compte dix bariques de vin pour un tonneau d'eau de vie de 32 verges ou de 128 pots; l'achat de la futaille & la façon coûtent 30 livres; le transport jusqu'à Bourdeaux, l'un portant l'autre, 6 livres; les droits, 9 l. 17 s., la commission, le coulage & autres frais, 5 : le total des dépenses est donc de 50 l. 17 s. Or la pièce d'eau de vie ne vaut à Bourdeaux que 100 l; donc les dix bariques de vin ne rendent au propriétaire que 49 l. 3 s.; ce qui fait moins de cent sols par barique. Quant à ce qui regarde les vins, qui sont trop bons pour en faire de l'eau de vie, ou qui en donnent trop peu, le profit du cultivateur est aussi bien petit : il s'est même trouvé qu'une partie de la Guienne, qui avoit de cade (*p*), des eaux de vie (*q*), du vinaigre, des cendres gravelées, du

envoyé ſes vins en commiſſion en Hollande, s'eſt vu obligée d'y envoyer de l'argent pour ſolder ſes comptes. Cela paroîtra impoſſible & cela eſt pourtant vrai à la lettre; & voici comment. Un arpent de vignes demande quatre, au moins trois façons de bêche, ce qui revient à 28 livres: il en coûte ſix pour épamper, lier, & tailler la vigne; les frais de vendange & l'achat des futailles montent à 30; les quatre bariques de vin que retire le propriétaire d'un arpent, lui reviennent à 16 livres piece: ces quatre bariques font un tonneau. On paye au battelier (prix moyen ſuivant la diſtance) pour le tranſport juſqu'à Bourdeaux, 7 livres, au commiſſionaire 4, pour porter à bord & pour l'arimage, 3; pour droits d'entrée & d'iſſue à Bourdeaux 29 l. 12 ſ., droit de marque pour la ville 5 ſols, le fret au vaiſſeau Hollandois 18 l. Donc le total des dépenſes eſt de 121 l. 17 ſ. Ajoutez à cela la taille, la capitation, le vingtieme, la dixme, les avaries, le coulage, les droits hors de France, l'aſſurance, le commiſſionaire Hollandois, & vous verrez que les prix des vins venant à baiſſer en Hollande, le cultivateur ne retire pas ſes frais.

Les Anglois enlevent à Bourdeaux, année commune, 6000 tonneaux de vin, & trois à quatre-cents pièces d'eau de vie; les Hollandois 50 mille tonneaux de vin & 10 à 12 mille pièces d'eau de vie; les Suédois & les Danois chacun environ trois à quatre mille ſucre, des fruits ſecs & confits, de l'huile (*r*), des capres, des olives,

tonneaux de vin, & à proportion de l'eau de vie. La Sénechauſſée de Bourdeaux recueille, année commune, 200 mille tonneaux, dont la moitié eſt exportée, & on exporte depuis 12 juſqu'à 20 mille pièces d'eau de vie. La Guienne eſt ſous le joug, elle n'a point d'autres ports que Bourdeaux, & ne peut charger ſes vins qu'à Noël, temps où la navigation eſt la plus chere, & où les grands achats ſont faits. Outre cela Bourdeaux a le privilége d'avoir de plus grands tonneaux, & de payer par conſéquent moins de droits. N'eſt-il pas clair, que pour favoriſer le commerce, les arrangemens devroient être préciſément oppoſés à ceux qu'on a faits? Ce ſont les habitans de la Guienne, qui ont des vins de moindre qualité, & plus de frais de tranſport, qu'il faudroit ſoulager & favoriſer, à moins que le gouvernement ne veuille porter inſenſiblement cette province à changer ſes vignobles en champs labourables.

(*p*) On tire le baume de Cade, dont ſe ſervent les maréchaux, d'une eſpece de genévrier qui croît dans le Languedoc.

(*q*) Les habitans de l'île de Rhé exportent annuellement 40 mille bariques d'eau de vie.

(*r*) L'huile paroît être de la plus ancienne origine; elle eſt ſurement d'un uſage indiſpenſable: elle ſert à la nourriture de l'homme, elle l'éclaire, elle guérit ſes plaies, elle ſert à préparer les cuirs, & à rendre quelques métaux plus propres à leur uſage. La Provence, le Languedoc, Gènes, Lucques, le des marrons, du ſafran, des draps (s), & autres étoffes de laine, des étoffes de coton & de ſoie (t), des étoffes riches, des galons (u), des dentelles, des points, de la batiſte, (celle de St. Quentin fait un objet de commerce

royaume de Naples, la Morée, les îles de l'Archipel, les côtes de Barbarie, l'île Majorque, l'Eſpagne & le Portugal ont une abondance d'oliviers. On fait auſſi de l'huile de la graine de pluſieurs plantes : la fene, ou le fruit du hêtre, donne une fort bonne huile. Je ne ſais ſi l'idée qu'on a eue, que cette huile rendoit fous ceux qui s'en ſervoient, en a empêché l'uſage en Allemagne. Les olives nous donnent celle qui eſt la plus eſtimée & la plus ſaine. On cueille les olives aux mois de Décembre & de Janvier : on les porte au moulin pour les écraſer, & l'huile qui en découle eſt ce qu'on appelle huile-vierge. Ces olives écraſées ſont portées dans de grands cabas, où l'on jette enſuite de l'eau bouillante : la pâte étant délayée, on la preſſe, & l'eau entraîne l'huile qui ſurnage & qu'on enleve. Les huiles de Graſſe, d'Aix, & de Nice ont le plus de réputation. Les huiles groſſieres ſont deſtinées aux ſavonneries. Je remarquerai, en paſſant, que l'olivier donne une réſine qu'on appelle *Elemi*.

(s) Les draps fins ſe font à Abbeville, à Paris, & à Sédan : les draps ordinaires preſque partout : les Londrins & les Cadis dans le Languedoc.

de deux millions de livres,) des mousselines (*v*), de la toile de Cambrai, des tapis, des tapisseries, des chapeaux, du sel (*x*), du tabac, du papier (*y*), de l'or & de l'argent traits, des ouvrages de mercerie & de bijouterie,

(*t*) On estime que le commerce des soieries, que fait le Languedoc, monte à 1800 mille livres, dont l'étranger en paye 1500 mille. Les manufactures de France consomment pour 25 millions de soie.

(*u*) Paris a de la réputation pour les galons d'or, & Lyon pour les galons d'argent : on attribue au fil de cette ville le beau blanc de ses galons, & la bonté du fil aux eaux du Rhône : j'aimerois cependant à croire plutôt, que cette blancheur est due à ce que l'argent, dont on se sert, est affiné avec du bismuth, & non avec du plomb, qui a toujours quelque peu de cuivre.

(*v*) La Normandie consomme, dans ses fabriques, la moitié des cotons qui viennent de l'Amérique & du Levant. Le produit annuel des manafactures de mousseline de cette province & de celle de Picardie est évalué à trente millions de livres.

(*x*) Le sel de fontaine, dont il y a une grande abondance dans le Comté de Bourgogne, fait la plus grande richesse de la Lorraine. Mais c'est surtout les marais salans du Brouage, de l'île de Rhé, &c. qui produisent cette quantité de sel qu'exporte la France : elle en exporteroit davantage si les droits étoient plus des glaces, des liqueurs, des eaux de senteur, des mulets (*z*), du savon, qui vient de Marseille (*a*) & de Toulon, &c. La France tire de l'étranger des bois de charpente, des mâts (*b*), des planches, des semences de lin, du lin & du chanvre, des grains, de l'amidon, du riz, des épices, des drogues, des peaux, des poissons secs, des plumes, du goudron, de la poix,

foibles. Un vaisseau françois chargé de 224 muids de sel, ou 200 tonneaux, paye 1045 l. 6 s. 8 d. de droits de sortie, & si c'est un vaisseau étranger, il en paye 1628 l. 14 s. 2 d.

(*y*) La plus grande partie du papier se tire de l'Auvergne & de l'Angoumois; & de Normandie la plus grande partie du parchemin. Le papier de l'Angoumois passe beaucoup en Hollande, les fabricans y mettent les armes de la ville d'Amsterdam. Celui du Limousin est très bon pour les estampes.

(*z*) La Guienne vend à l'Espagne une grande quantité de mulets: cela peut rendre à cette Province 600 mille livres par an.

(*a*) Marseille fait aussi un grand commerce de souliers.

(*b*) Baïonne fait un commerce de mâts, qu'elle tire des Pyrénées par le moyen des rivières On a coûtume de les coucher dans des fosses, pour les conserver, jusqu'à ce qu'on les envoye à Brest. On construit à bon prix à Baïonne: mais on ne peut y construire que du fer, de l'acier, (*c*), du cuivre, de l'étain, du plomb, de la potaſſe, du ſoufre, du ſalpetre (*d*), de l'huile de lin (*e*), des chevaux (*f*), &c. Paris & Lyon ſont les deux grandes places de change : tout ce qui ſe tire ſur l'Italie, ou qu'on y fait paſſer, paſſe ſur Lyon. Marſeille a des correſpondans à Smyrne & à Conſtantinople, elle tire par leur moyen ſur tout le Levant : ce qu'on tire ſur l'Allemagne, la Suède, le Dannemarc, la Ruſſie, l'Eſpa-

des frégattes de 40 à 50 canons, le port n'eſt pas aſſez profond. Le fer dont on a beſoin ſe tire d'Eſpagne à bon prix, il eſt excellent.

(*c*) La France prend à l'étranger, tant en billets qu'en inſtrumens de taillandier, pour la valeur de près de trois millions de livres d'acier ; cette marchandiſe eſt pourtant de contrebande à l'entrée.

(*d*) La France tire peu de ſalpêtre de l'étranger : il s'en fabrique beaucoup dans le pays, ſur-tout en Alſace, à Lyon, dans le Languedoc, & dans l'île de France.

(*e*) Les François vendent aux Hollandois la graine de lin qu'ils recueillent, & leur achetent enſuite l'huile qu'ils en ont retirée.

(*f*) Ce n'eſt pas que la France manque de haras : celui d'Hyemes a de la réputation. Le Limouſin fournit annuellement aux provinces voiſines 1500 à 2000 poulains, & les chevaux ſont eſtimés pour la durée & le travail.

gne, & le Portugal, passe ordinairement par Anvers ou par Amsterdam; il n'y a guere que sur Londres que les négocians François tirent en droiture. Le commerce de la Lorraine est important : on y trouve des salines, des mines de fer, de l'alun, des bois, des bestiaux, des laines, de l'huile de navette, de la cire, du miel, les vins du Barrois, de la verrerie, des eaux de vie (*g*). Le commerce d'Alsace consiste en bois pour la marine, ces bois descendent le Rhin, en vins de la haute Alsace, en eaux de vie & vinaigres, en blés, en acier, &c.

§. 7.

COMMERCE DES RUSSES.

C'est à Pierre le Grand que la Russie doit le commerce qu'elle fait aujourd'hui : vers la fin du siècle passé les négocians Russes étoient encore à apprendre ce que c'est que le change. Quantité de réglemens très-sages, pu-

(*g*) Les eaux-de-vie de la Lorraine se font avec le marc de raisin : on en fait de même à Metz & dans tout le pays Messin.

bliés ſous le règne de Pierre I, & de Pierre II, auroient porté le commerce à un bien plus haut degré de fortune, ſans les obſtacles qu'y ont mis les préjugés de la Nation, & l'intérêt particulier de la Cour. Le commerce intérieur du pays eſt favoriſé par un nombre de fleuves & de rivieres, par la commodité des traîneaux dans le fort de l'hiver, & par le bon marché de la main d'œuvre. Ce commerce eſt tout entier entre les mains des nationaux; les étrangers n'oſent ni vendre en gros à d'autres qu'à des nationaux, ni même avoir des magaſins dans le pays : ils ſont obligés de dépoſer leurs marchandiſes dans les magaſins de la Cour, & de payer un certain loyer. La plus grande partie des négocians Ruſſes ne font à Petersbourg qu'un ſéjour de quelques mois; ils y vendent leurs marchandiſes & en achetent d'autres. Ordinairement ils arrivent en Mai & Juin, & repartent en Septembre & Octobre. Il y a des marchandiſes, dont la Cour

(*h*) Il faut en excepter les eaux-de-vie faites de lait aigri, & ſéparé de ſa partie graiſſeuſe: elles ſont fort en uſage chez les Calmouks & les Tartares.

s'eſt

s'eſt réſervé le débit : telles ſont la poudre à canon, dont le Pud ou les 40 livres ne lui reviennent qu'à 60 Copeicks ; le fer, la potaſſe, la vedaſſe, la rhubarbe, le goudron d'Archangel (*h*), l'huile de poiſſon, le tabac Anglois & Coſaque, le caviar, le ſel, les pelleteries précieuſes de la Sibérie, & les eaux-de-vie. Le commerce avec l'étranger (*i*) ne ſe fait preſque point par échange, il faut que l'étranger paye au moins le quart, ſouvent le tiers ou la moitié, en argent comptant. Les Ruſſes n'achetent des étrangers qu'à un an de terme, ils appel-

(*i*) Le commerce de la Ruſſie avec l'étranger a pluſieurs branches : (1) le commerce avec la Chine par le moyen des caravanes : il ſe fait au profit de la Cour ; la contrebande en enlevè une partie : Les Ruſſes y portent des fourrures, & en tirent de l'or, du thé, des étoffes de ſoie ; (2) le commerce avec les Calmouks, qui fournit du bétail, quelquefois de l'or & de l'argent ; (3) le commerce avec la Bulgarie, qui donne de l'argent, des peaux, des étoffes des Indes, des pierres précieuſes ; (4) le commerce de la Perſe par Aſtracan & la Mer Caſpienne, d'où l'on tire de la ſoie & des étoffes ; (5) le commerce avec les Tartares de la Crimée ; &c. Peu de tems après la mort de Pierre-le-Grand, les Anglois forlent ce contract Barack : pour eux-mêmes ils se font payer ordinairement d'avance, & ce long credit fait qu'on risque tout s'ils viennent à faire banqueroute (*k*). La Russie exporte des fourrures (*l*), du cuivre, du fer (*m*),

merent le projet d'établir un Comptoir sur les côtes méridionales de la Mer Caspienne, pour tirer de-là une partie des marchandises qui leur viennent du Levant, sur-tout les soies de Perse. Ces marchandises devoient passer à Astracan, & de-là par le Don & le Volga dans le lac de Vormitz. Ce projet auroit eu de grands succès : mais il étoit naturel que la Cour de Russie ne laissât pas entre des mains étrangeres un commerce aussi riche ; elle n'en tire cependant pas tout le parti possible. On prétend que le Capitaine Elton, envoyé par les Anglois de ces côtés-là, entra au service du Schach, & qu'il avoit déjà construit pour ce prince un vaisseau sur la Mer Caspienne, lorsque la Cour résolut de rompre cette entreprise des Anglois, & d'en révoquer la permission, ce qui se fit en 1746.

(*k*) Les étrangers ne peuvent négocier qu'en gros, & sont obligés de déposer leurs marchandises dans les magasins appartenans à la Cour & de payer un droit de magasinage.

(*l*) Les fourrures sont plus cheres à Pétersbourg qu'a Dantzig, à Hambourg, à Leipzig, &c. ce qui vient de ce qu'il en sort tant en contrebande.

(*m*) On exporte environ 300 mille puds

du verre, de la cire, du miel, de la potaſſe, de la védaſſe, du goudron (*n*), de la poix, des huiles de poiſſons (*o*), des poiſſons ſalés, du caviar, du

de fer, le pud eſt de 32 livres & demi. Les fourneaux & les forges de la Ruſſie & de la Sibérie ſont un peu trop éloignés de la mer. Le plus fameux établiſſement eſt à Sekoffka. Il y a en Sibérie à Solikamsky un établiſſement pour battre le fer en feuilles.

(*n*) Le goudron eſt une ſubſtance noire, aſſez liquide, formée du mêlange de la réſine & de la ſève du ſapin noirci par les fuliginoſités. On réduit en charbons, dans des fourneaux, les bois de ſapin; la réſine ſe fond & coule avec la ſève au fond du fourneau. Les racines du ſapin ſervent beaucoup à cet uſage.

(*o*) Cette colle ſe fait de la veſſie d'un poiſſon, que Linnéus met dans la claſſe des *accipenſeres*: on en compte quatre eſpeces, parmi leſquelles le *Belluga* eſt la plus commune. Ce poiſſon ſe trouve vers l'embouchure des rivières qui donnent dans la mer Caſpienne & dans la mer noire; on en voit auſſi dans le Danube. C'eſt dans le Jaik, le fleuve le plus poiſſonneux de la Ruſſie, qu'on en pêche le plus: auſſi les Coſaques de *Jaitzkoi Gorodock* font-ils plus de cette colle de poiſſon que tout le reſte de ce vaſte Empire. Ce poiſſon a communément 20 à 30 pieds de long. Pour faire la colle, on l'éventre, on en tire la veſſie, qu'on dépouille de ſa premiere peau, on la coupe en deux ou pluſieurs morceaux, on chanvre (*p*), du lin (*q*), de la graine de lin, des cordages (*r*), des toiles (*s*),

l'enveloppe dans de la toile, on la travaille, on l'enfile sur un long fil, & on la fait sécher. Quelquefois on fait cuire ces vessies entieres, & après la cuisson on les ouvre pour en tirer de la colle, qui peut tenir lieu de colle ordinaire. Le prix de la colle de poisson a considérablement augmenté : autrefois le pud en valoit à *Jaitzkoi-Gorodock* 7 à 12 Roubles, aujourd'hui il y vaut jusqu'à 30 : aussi cherche-t-on à la sophistiquer, & il est difficile de reconnoître celle qui est pure. Ces mêmes poissons donnent le caviar, le Belluga en particulier, est celui qui en donne le plus. On se sert de cette colle à clarifier les vins, à lustrer la chaîne des étoffes, à coller le papier, &c. On prétend qu'à présent les Anglois comptent en préparer assez eux-mêmes pour épargner annuellement 40 mille l. st. L'Amérique fournit assez de poissons propres à cet usage. Le commerce de cette colle avec l'étranger se fait au profit de la couronne : la cour la fait acheter dans les ports à raison de quinze roubles le pud, & elle le revend à seize aux particuliers, qui veulent en faire le commerce dans l'intérieur de l'Empire, commerce qu'elle a laissé libre.

(*p*) En temps de paix le Berkwitz de chanvre, c'est-à-dire 333 ⅓ livres poids de marc, vaut neuf roubles cinquante copeicks : en temps de guerre le prix en augmente considérablement. La Livonie exporte 180 mille tonnes de graine de chanvre. Le chanvre de Livonie est le plus des voiles, du houblon, des plumes,

estimé, parce qu'il devient souple étant mouillé, ce que les autres ne sont pas.

(*q*) Riga exporte annuellement 70 mille tonnes de graines de lin, & 20 mille Schisponds de lin: Pernau 800 tonnes de graines, & 400 Schisponds de lin; Revel 500 tonnes de graines, & 1400 Schisponds de lin; Narwa 8000 Schisponds de lin.

(*r*) On compte que Riga exporte 90 mille Schisponds de cordages.

(*s*) Il y a à Jaroslow une très belle manufacture de toiles: l'on y fabrique sur tout de très-beau linge de table.

(*t*) En général l'exportation des mats, des poutres, & des planches est défendue hors du port de Kola & des ports voisins, dans le Gouvernement d'Archangel. Il n'en peut être exporté par les autres ports qu'à la faveur d'une permission expresse. Riga exportoit, avant cette défense, pour un million de roubles de bois: en 1756 l'exportation en a été défendue à Narva, qui seule exportoit 200 mille poutres. Les bois de construction ont trois différentes sortes de marque, la premiere pour les Anglois, la seconde pour les Hollandois, & la troisieme pour les François.

(*u*) Le commerce des cuirs est réservé à la ville de Pétersbourg. Les Russes possédent, depuis long-temps, le sécret de préparer des cuirs, auxquels ils donnent une couleur, une odeur, & une souplesse, qu'on n'a pas encore su leur donner aussi bien ailleurs: le meilleur vient de Jaroslaw & de Casan.

du bois (*t*), des grains, des cuirs (*u*); des marchandises qu'elle tire de la Chine & de la Perse, comme de la rhubarbe (*v*), du thé, de la soie, des étoffes, des tapis, &c. La Russie tire de l'étranger des draps fins, des étoffes de soie, des toiles peintes, des dentelles, des ouvrages de mercerie & de bijouterie, des vins, des eaux-de-vie, des harengs, des drogues, des épices, des couleurs, du papier &c. L'exportation de l'or & de l'argent y est défendue (*x*). Pétersbourg est le véritable siége du commerce (*y*), & après cette ville c'est Archangel qui en fait le plus;

(*v*) Il ne sort de Russie qu'une certaine quantité de rhubarbe, la Cour la détermine, & en fixe, en même temps, le prix: c'est à son profit qu'elle se vend.

(*x*) Il est encore défendu d'exporter de la poudre à canon, du salpêtre, le lin filé, le chanvre filé pour les cordages, les canons, bombes, plomb, grénaille, laine, &c.

(*y*) On sait par les régîtres de la douane, qu'il sort annuellement de Pétersbourg, pour compte de l'étranger, 400 mille peaux de lievre, 70 mille piéces de petit gris, 740 mille livres de cire, 50 mille livres de colle de poisson, 2166 mille livres de chanvre, un million de livres de graines de lin, 3400 mille livres de suif, 6650 mille livres de cuirs, 665 mille lile commerce de cette ville eſt pourtant déchu de ſon ancienne ſplendeur. Les autres villes commerçantes ſont Riga, Rével, Narva, Cronſtadt, Wologda, Kola, où ſont les vaiſſeaux qui vont à la pêche de la baleine, Jaroſlow, Moſcow, Aſtracan, Kaſan, Tobolsk, le dépôt de toutes les fourrures de la Sibérie, Sulterbec, quoiqu'un ſimple village a de la réputation pour ſa belle fabrique d'armes à feu. On travaille aujourd'hui à faire de Rogerwick le plus beau port de la Baltique. Comme les eaux y gèlent plus tard & y dégèlent plutôt que dans les autres ports, la flote Ruſſe pourra à l'avenir tenir la mer plus long-temps. Preſque tout le change de Ruſſie ſe fait ſur Amſterdam, & le cours eſt à raiſon de 45 à 50 ſols de Hollande pour un rouble de

vres de Caviar, 216 mille livres de ſoies de porc, &c. En 1744 il entra 264 vaiſſeaux étrangers dans le port de Pétersbourg; en 1750 deux-cens ſoixante & douze, en 1751 deux-cent-quatre-vingt-treize, & en 1759 ſept-cens-vingt-trois. La même année on compta qu'il étoit entré dans les différens ports de cet empire, au-delà de deux mille vaiſſeaux chargés, & qu'il en étoit ſorti tout autant. En 1749 on embarqua à Pétersbourg pour la valeur de cent copeicks (z). Toutes les marchandises payent les droits d'entrée & de sortie en écus de Hollande, qu'on prend au poids, & qu'on envoie ensuite à la monnoie de Pétersbourg.

§. 8.

COMMERCE DES SUÉDOIS.

Le commerce des Suédois n'a jamais été sur un pied fort avantageux : il a eu plus ou moins de succès sous les différens règnes des derniers rois. Aujourd'hui il semble que la Nation s'étudie à faire fleurir les manufactures

3184322 roubles de marchandises, & celles qui y entrerent la même année valoient 2942242 roubles : les Anglois seuls y en achetèrent pour la valeur de 2245573 roubles, & y en avoient porté pour la valeur de 1012209. En 1754 l'importation totale fut de 3279097 roubles, & l'exportation de 3577940 : les Anglois y porterent pour la valeur de 989694 & y chargèrent pour celle de 2207924. En général la moitié des vaisseaux est aux Anglois : l'essentiel de ce qu'ils chargent pour leur retour consiste en potasse, en bois, & en chanvre.

(z) Les anciens copeicks étoient à $357\frac{1}{7}$ sur le marc fin. Cela a bien changé depuis. On ne frappe monnoye qu'à Pétersbourg & à (*a*) & les fabriques ; on prend les meilleurs arrangemens pour favoriser la

Moscou : outre l'argent des mines de Sibérie, il y a encore les Tartares de Kingis qui en livrent à Orenbourg, d'où on le transporte à Moscou ; les monnoyes étrangeres sont en partie défendues. Les Copeicks d'aujourd'hui sont de cuivre, & n'ont pas un tiers de la valeur des anciens. Les Anglois ont depuis quelques années un change ouvert avec la Russie, en sorte qu'ils ne payent plus en papiers de Hollande.

(*a*) La Suède a fait venir d'Espagne, d'Angleterre & d'Eyderstadt des béliers, & en a retiré une si grande quantité de bonne laine, que celle qui fut présentée, dans une seule année, par ceux qui avoient des gratifications à demander, montoit à 70 mille livres pésant. Le lin réussit assez bien : les toiles de Helsingland & d'Angermanland sont belles, & les mousselines qu'on fait à Wadstena, réussissent. On a fait venir des boucs d'Angora, & on a remarqué que la beauté du poil de chèvre se conservoit jusqu'à la troisieme race. Les manufactures en soie avoient en 1754 quatre-cents-cinquante métiers battans, & 1600 ouvriers : celle des voiles a de grands succès. Les manufactures de soie, de lin & de coton occupent 14000 ames, dont il y en a huit-mille à Stockholm. Cependant on se plaint du défaut de débit, & il paroît que la contrebande en est la cause. On a établi plusieurs raffineries de sucre : mais elle ne suffisent pas à la consommation du royaume.

pêche (*b*), & pour diminuer l'importation (*c*) des marchandises étrangeres.

(*b*) La pêche du hareng donna, en 1756 & 1757, cent soixante tonneaux : mais malgré ce qu'on a fait, on pourroit encore demander aux Suédois, pourquoi ils ne s'appliquent pas davantage à la pêche ? Leur pays manque-t-il de côtes & de grèves ? n'ont-ils pas, hors le chanvre, tout ce qu'il faut pour avoir un grand nombre de vaisseaux ? ne construisent-ils pas à meilleurs frais que les autres nations ? ne peut-on pas rappeller quantité de nationaux, qui faute de subsistance servent dans la marine de Hollande & ailleurs ? Je ne sais de quel œil un sage politique pourra voir la Suède bâtir des vaisseaux pour des Puissances étrangeres ?

(*c*) L'importation des marchandises étrangeres excéde de 600 mille écus l'exportation des denrées & des marchandises du crû de la Suède : on prétend que le commerce de contrebande, que les sujets Suèdois font avec la ville de Lubec, monte à peu près à autant. La Suède achete annuellement pour plus de 6 millions de florins d'Allemagne, de marchandises ou denrées étrangeres. Comme on a souhaité de diminuer au moins l'importation des grains, qui monte annuellement à 450 mille tonneaux, on déclara en 1752 qu'on accorderoit quarante & même cinquante années de franchise à ceux qui défricheroient des terres incultes; & en 1757 On fit supprimer dans le Royaume 169132 alembics destinés à l'eau-de-vie.

(*d*) La Suède a peut-être tort de ne pas

Le commerce de cette nation ſe fait preſque tout entier ſur des vaiſſeaux Suédois. La Suède exporte du fer en barres (*d*), & du fer ouvragé, de la poix, du goudron réputé le meilleur, de la potaſſe, du ſalpetre, de la poudre à canon, des cordages, du maroquin, des poiſſons ſecs, du bois (*e*), des planches, des poutres, des mâts

vendre ſon fer à meilleur prix. Elle en feroit paſſer davantage à l'étranger. M. Swédenborg compte 362 fourneaux, & 409 forges principales en Suède. M. Erich de Stokenſtrom, Chancelier de Juſtice, rapporte qu'on fabrique 400 mille Schiſponds ou 1600 mille quintaux de fer en barres: on occupe par là 4000 ouvriers pour les mines, 2800 pour le tranſport, 2400 pour les forges, 10800 pour les 14 mille Laſts de charbon, 2000 pour la fonderie. La Couronne retire un ſixieme de la valeur par les droits de péage & autres impôts. Comme le tranſport & les charbons ne demandent que 58 jours de travail, les ouvriers ne ſont pas enlevés à l'agriculture. Depuis le commencement de ce Siècle le prix des 400 livres a été de 3 à 6 écus de banque: il eſt à ſix aujourd'hui, & le tonneau à 14 livres Sterling. C'eſt au moyen de l'établiſſement d'un Comptoir-général, que les Suèdois ont eſpéré de ſoutenir le haut prix du fer, cela a déjà dégoûté les Anglois. Le fer d'Oregrund paſſe pour être le meilleur.

(*f*). Elle tire de l'étranger des grains, de la viande salée, du lard, du beurre du suif, du sel, des vins, des eaux de-vie, des couleurs, des épices, du sucre, des cuirs, des peaux, de l'huile, des drogues, de la laine, du coton, des soies, du lin, du chanvre, des toiles, des étoffes de laine & de soie, &c. Depuis 1744 la sortie du vieux fer & du cuivre cru est défendue (*g*), les étoffes des Indes sont de contrebande

(*e*) Le bois de chêne a considérablement diminué en Suède; il est fort estimé.

(*f*) on compte que la Suède exporte 50 mille schifponds de fer & autres métaux, 150 mille douzaines de planches, 50 mille tonneaux de goudron ou de poix, beaucoup plus de potasse, &c. On prétend que le fer fait les deux tiers des revenus du Royaume: l'Upland donne le meilleur, & le Westmanland en fait le plus grand commerce. Le cuivre est un objet moins considérable: les mines de Falun, qui sont les plus importantes, ont donné, depuis 1743 jusqu'en 1747, c'est-à-dire en cinq années, 22879 schifponds de cuivre affiné. Il y a une mine d'argent à Sala, qui a rendu, dans le même espace de tems, 8700 marcs d'argent fin.

(*g*) On exporte le cuivre façonné ou ouvragé. A Arestadt on travaille les plaques destinées aux monnoyes, & les menues especes de cuivre. Les Hollandois y en font frapper beaudepuis le même temps (*h*). Stockholm & Gothenbourg (*i*) sont le vrai siége du commerce : le port de cette derniere ville est excellent. Les autres villes commerçantes sont Warberg, Halmstadt, Landscroon, Malmoe, Christianstadt, Carlskroon, Calmar, Ystadt, Westerwick, &c. (*k*).

coup, mais sans y faire mettre l'empreinte, on le marque en Hollande.

(*h*) A proprement parler ces étoffes ne sont pas de contrebande : mais la Compagnie des Indes est obligée de prouver qu'elle en a fait passer à l'étranger les deux tiers de ce qu'elle en a recu : il en est de même de toutes les autres marchandises des Indes.

(*i*) Le projet de faire communiquer la Baltique à la mer du Nord pour naviger de Stockholm à Gothenbourg, sans passer le Sund, paroît réussir : il a souffert de grandes difficultés, sur-tout par rapport à la cataracte de Troll-Hætter. L'écluse, nommée le Tessin, ouverte en 1752 a parfaitement réussi.

(*k*) Quelques auteurs ont proposé de faire de Marstrand un port franc, & il est peut-être surprenant qu'on ne le fasse pas. C'est un des plus beaux ports de l'Europe, soit pour l'étendue, soit pour la sureté. Croira-t-on qu'aujourd'hui il ne s'y trouve que soixante & cinq habitans, qui ont bien de la peine à subsister ? On prétend cependant que la raison pour laquelle on y a renoncé, est qu'on a craint de ne pouvoir empêcher la contrebande.

§. 9.

COMMERCE DE L'ITALIE.

L'Italie a des productions naturelles, sans nombre, qu'elle vend aux étrangers : savoir du riz, des vins (*l*), des fruits secs & confits, des olives, de l'huile d'olive, de l'anis, de la manne

(*l*) Les meilleurs vins d'Italie sont le Genzano, l'Albano, le Castel Gandolfe près de Rome, le vin grec de Naples, le Lacrima Christi, la Verdée, la Moscadelle, le Montefiascone de Florence, quelques vins de Piémont & du Montferrat.

(*m*) La Manne est une liqueur condensée, qu'on trouve sur une espece de frêne. La grande récolte s'en fait dans le temps des équinoxes : on en distingue trois especes : la manne en larmes; elle découle d'elle-même depuis la mi-Juin jusqu'à la fin de Juillet; dans l'ardeur des jours chauds on voit une liqueur fort claire suinter, au travers de l'écorce du tronc & des branches, & se former en grumeaux; le grain en est fort blanc, on recueuille le matin ces grumeaux, & on les fait sécher au soleil : la manne grasse, elle découle des entaillures que les paysans font à la fin de Juillet lorsque la premiere a cessé de couler, elle se condense & on la fait sécher comme l'autre : enfin la manne la plus précieuse est celle qui tombe en gouttes sur des morcaeux de paille, (m), des capres (n), des marons, du ſafran, de la térébenthine, des laines, mais ſurtout des ſoies, des anchois, du corail, des agathes, du marbre, de l'albâtre, de l'alun, du vitriol, du ſouffre, des couleurs. Les manufactures & les fabriques d'Italie fourniſſent des étoffes & des bas de ſoie, des gants, des dentelles, des cryſtaux travaillés, des armes à feu, du papier, de la poudre à canon, des eſſences (o)

qu'on a eu ſoin de coucher au pied des arbres: elle s'y fige en forme de ſtalactites. La manne du Levant eſt une extravaſation de la ſève d'une eſpece de Genêt, appellée *Alhagi Maurorum*. La manne de Briançon eſt une réſine qu'on trouve en petits grains blancs un peu gluans ſur le meleze. On employe la manne comme un remède purgatif: & à cet égard elle eſt préférée à une infinité d'autres médicamens.

(n) Les capres ſont le fruit du caprier, dont on prend les boutons, avant qu'ils ſoient ouverts, pour les confire au ſel & au vinaigre. Les capres de Gênes ſont les meilleures: on en tire auſſi une eſpece d'huile. On fait encore des capres des boutons du genêt, des capucines, & des violettes doubles.

(o) On appelle eſſences certains extraits tirés de quelques matières par le moyen du feu: telles ſont l'eſſence de romarin, de térébenthine, d'anis, de girofle, de canelle, de citron, &c. Quant aux parfums, la plus grande

& des parfums, des liqueurs (*p*), du tabac, du savon (*q*), des vermicelli, des cordes pour les instrumens de musique, &c. De toutes les nations de l'Europe ce sont les François qui font le plus grand commerce avec l'Italie. Les Hollandois y trafiquent aussi beaucoup, sur-tout à Gènes, à Livourne, à Venise, à Naples & à Messine. L'Italie tire de l'étranger les épices, le cacao, le gingembre, le thé, le

partie s'en fait avec le musc, l'ambre gris, la civette, le bois de rose, celui de cédre, la racine d'iris, la fleur d'Orange, la rose, le jasmin, la jonquille, la tubéreuse, la lavande, le thym, la marjolaine, la sauge, la sariette : on employe encore au même usage le storax, l'encens, le benjoin, &c. C'est en Espagne, en Italie, & sur-tout dans l'Orient qu'on consomme une grande quantité de parfums.

(*p*) Les liqueurs sont des boissons composées avec des fruits ou des fleurs, dont la base est ou de l'eau de vie, ou du vin, ou de l'eau. Les meilleures liqueurs sont pour la finesse celle de Montpellier : celle d'Italie sont aussi fort estimées, sur-tout le rossoli de Turin, & le Marasquin, fait du fruit du cérisier Marasque, fort commun dans la Dalmatie Vénitienne, & aux environs de Brescia.

(*q*) Le savon est une pâte, dure ou molle, propre à blanchir le linge, & dont les teinturiers, bonnetiers, &c. se servent pour déſucre, la porcelaine, les ouvrages de la Chine, les toiles peintes & autres étoffes des Indes, les toiles, les draps, les ouvrages de mercerie, de galanterie & de bijouterie, le fil, les ouvrages de fil, les drogues pour la teinture, les peaux, les cuirs (*r*), le chanvre, le lin, le ſuif, la cire, le blanc de baleine, les huiles de poiſſon, le cuivre, le léton, le fer, le plomb, l'étain, le goudron, la poix,

graiſſer & nettoyer les laines. On fait du ſavon avec l'huile d'olives, de noix, de chenevi, de lin, de navette, de colſat, de poiſſon, &c. on en fait encore avec le flambart, qui ſe trouve ſur les chaudieres des charcutiers, avec du ſuif, & d'autres graiſſes : ces huiles, ou ces graiſſes préparées avec des leſſives tirées de quelques corps nitreux ou ſalés, comme les ſoudes d'Alicante, de Carthagene, ou de Cherbourg, la potaſſe, la védaſſe, les cendres de différens bois, &c. forment un corps ſolide, qui mouſſe avec l'eau : on y ajoute ſouvent des drogues pour jaſper le ſavon dur, ou colorer les ſavons liquides. L'Eſpagne, Veniſe, Gaëte, Toulon & Marſeille ont un débit conſidérable de ſavon. Les ſavons liquides ſont noirs, ou verts : ces derniers ſe fabriquent communément en Angleterre, en Hollande, & dans les pays du Nord.

(*r*) Comme l'Italie manque de bois, ſurtout de chêne, elle eſt obligée de tirer d'Alles harengs, la morue sèche, le caviar, les vins de France & d'Eſpagne, les grains, &c. Il y a pluſieurs villes très-commerçantes : nous dirons un mot des principales.

Veniſe, dont le commerce, quoique déchu de ſon ancienne grandeur, eſt encore fort conſidérable, a une manufacture de glaces à Morano, une raffinerie de borax, des blancheries de cire qui ſont d'un très-grand produit, une manufacture de tentures de cuir doré & de velours fort eſtimés. C'eſt le ſeul port d'Italie où l'on ne porte ni fer ni cuivre, & où l'entrée des draps étrangers eſt défendue : on y en fait de très beaux.

Gènes, dont la banque étoit autrefois la plus riche de l'Europe, eſt renommée pour ſes velours & ſes vins muſcats : ſon commerce, autrefois fort étendu & fort lucratif, eſt peu de choſe aujourd'hui, quoique ce ſoit la ville d'Italie où ſe trouvent les plus riches manufacturiers (*s*). Les

lemagne tout le cuir de ſemelle : celui dont on fait l'empeigne & les deux quartiers, eſt tanné avec des branches de vigne, & de l'écorce de figuier, ce qui le rend fort cher.

nobles font le commerce : & les Palavicini font aujourd'hui les négocians les plus renommés.

Livourne a un port franc : le commerce y est libre ; & par-là même fort étendu. Un Duc de Toscane acheta cette ville aux Genois pour 130 mille ducats : pour la peupler il en fit un asyle général, il accorda la liberté de conscience, l'exemption des droits d'entrée & de sortie, & le logement franc pour sept années à tous ceux qui voulurent s'y établir. Le chemin de Massa à Modene, fait avec tant de dépenses, a favorisé le commerce entre Trieste & Livourne ; il n'y a encore de difficultés à surmonter que dans le passage de Massa à la riviere de la Secchia.

Naples, ville qui a près de 400 mille habitans, doit son commerce à son port, qui est un des meilleurs & des plus beaux d'Italie. Il y avoit autrefois plusieurs banques dans cette vil-

(*s*) Le Chevalier Vaheigh prouve que le commerce de Gènes passa à Livourne, à cause d'un droit de 16 pour cent établi sur les importations.

le : quelques-unes ont fait banqueroute ; aujourd'hui celle de *Sant-Eligio* & celle *del Popolo* ſont les plus accréditées. C'eſt par Naples & Raguſe que paſſent les lettres pour Conſtantinople.

Meſſine a un beau port, & fait un commerce très-conſidérable en ſoie. La Sicile a des grains, quelque peu de vin, des amandes, des raiſins de Corinthe, des piſtaches & de la manne préférable à celle de Calabre. Malazzo fait une pêche conſidérable de thon, au tour de Trepani & au Cap de Pezzaro ; le bon marché du ſel, qui y coûte 24 fois moins qu'à Naples, en favoriſe l'exportation. Il y a en Sicile quelques mines de plomb & d'argent de peu d'importance : on exporte annuellement 250 à 300 mille Salms de grains : le Salm eſt de 500 livres peſant : & dans une récolte médiocre 200 mille

(*t*) L'Egliſe a tout : les communautés religieuſes prêtent au cultivateur à gros intérêts. Un ſeul devant d'autel dans l'Egliſe de St. Grégoire à Palerme vaut 94 mille écus de Sicile ou 400 mille livres de France. Avec cela l'induſtrie manque ; on a laiſſé ſortir la ſoie, & on a acheté des étoffes à l'étranger. Depuis caffis d'huile. Il y a auffi beaucoup de foufre dans ce royaume, & dans les îles de Lipari : mais il n'eft pas fort eftimé; on préfere celui de la Romagne & du Golfe Adriatique. Si le Clergé, & ceux qui lui font attachés, ne faifoient pas le tiers des habitans, & fi les deux tiers des fonds n'appartenoient pas à l'Eglife, ce pays tireroit un plus grand parti de fon fol & du local (*t*).

Lucque eft renommée pour fes foies, mais furtout pour fes étoffes de foie, & pour fon huile, la meilleure & la plus chere de toute l'Italie.

Turin fait avec Genève & Lyon prefque tout le commerce de l'Italie : les foies (*u*) & les organcins du Piémont font fort eftimés.

1762 toutes les marchandifes étrangeres où il entre de la foie font défendues, mais faute de manufactures la contrebande a fupplée à la difette : on prétend cependant que la foie eft trop pefante, & n'eft propre qu'aux galons. On cultive le fucre : mais les raffineries font tombées : il paffe de Sicile à Gènes annuellement 1500 quintaux de chiffons pour faire du papier, &c.

(*u*) Il y a quelques années que les nouvelles publiques parloient d'un projet du roi de

Milan a un grand nombre de manufactures, qui ont du débit, quoique cette ville soit éloignée de la mer, & n'ait point de rivieres navigables.

Parme fait un commerce considérable de soies.

Mantoue a le meilleur chanvre.

Florence a de belles manufactures d'étoffes de soie, surtout de taffetas.

Rome (v) a livré son commerce aux Juifs : on y en compte près de dix-mille. Le Pape fait le commerce exclusif des grains.

Sardaigne de défendre la sortie des soies crues : elles ajoutoient que ce prince avoit attiré une grande quantité d'ouvriers françois. Si cela est, les François seront obligés ou de chercher, dans quelque autre endroit d'Italie, les soies dont ils ont besoin, ou de tâcher d'en recueillir davantage chez eux.

(v) Quand on considère la fertilité du sol, l'avantage de la situation, les ports de la mer Adriatique & de la Méditerranée, la quantité d'argent que le Pape tire de tous les pays catholiques, l'affluence des étrangers, &c. on est étonné de voir, que l'Etat Ecclesiastique soit si dépeuplé, que les habitans y soient si pauvres, que la disette des blés y soit si grande, que le pays enfin soit si dénué de manu-

Ancone a un port franc depuis 1732; les vaiſſeaux qui vont au Levant, relachent ordinairement au port de cette ville, & y achetent fort cher les ongari, qu'ils font paſſer à Smyrne & à Conſtantinople.

Boulogne fait un commerce important en ſoies, organcins, ſatins, ſavon, & ſauciſſons.

Baſtia eſt un port de l'île de Corſe (*x*) : les vins & le corail ſont le grand objet de ſon commerce.

Malte vend du coton, de la cire, du miel, &c.

factures & de fabriques. Mais lorſqu'on penſe, que les ſujets du Pape ſavent que plus ils ont, plus auſſi ils ſont vexés; que les fêtes y ſont en trop grand nombre, que les moines, les hôpitaux, & les neveux des Papes emportent tout; on conçoit comment un des plus beaux pays de l'Europe eſt dans l'état déplorable où il ſe trouve.

(*x*) La pêche conſiſte en ſardines & groſſes huches, qu'on exporte fort loin. Le vin de Capo Corſo reſſemble à celui de Malaga, & paſſe en Angleterre & en Allemagne comme vin d'Eſpagne. L'exportation des marons & de l'huile eſt auſſi un objet important.

(*y*) On prétend cependant que la récolte des grains eſt fort ſouvent gâtée par les brouil-

§. 10.

COMMERCE DE LA HONGRIE.

Le sol de la Hongrie est très-bon : il produit des grains & des fruits en abondance, & les prairies y nourrissent une quantité de bétail (*y*) & de chevaux. On trouve encore dans ce pays d'excellent vin (*z*), du saffran, de l'huile, des mines riches (*a*), de la

lards. L'exportation annuelle des bœufs monte à 120 mille pieces.

(*z*) Le vin de Hongrie est sur-tout estimé parce qu'il a peu de tartre. Celui de Tokai, d'Uchely & de Keresztur sont en grande réputation.

(*a*) Les mines de Botza, dans le comté de Liptow, donnent l'or le plus fin, mais on les néglige. Neusohl, dans le Comté de ce nom, a des mines de cuivre, & ce cuivre est fort estimé : Herrengrund en a aussi, & ses sources vitrioliques sont connues. Les mines d'or de Cremnitz & de Königsberg ne rendent plus autant qu'autrefois : les mines d'or & d'argent de Nagy-Banya sont considérables : mais Schemnitz est ce qu'il y a de plus important, on compte dans les mines aux environs de cette ville 5000 ouvriers, & on y retire environs cent marcs d'argent par semaine : on y

laine,

laine, du cuir, du suif, & de la cire. Le commerce est en grande partie entre les mains des Grecs : il y a quelques fabriques.

§. II.

COMMERCE DE LA POLOGNE.

Plus de quatre mille bateaux, qui descendent la Vistule pour porter des grains à Dantzig, prouvent la fertilité du sol. On trouve quantité de minéraux, mais peu d'établissemens pour les faire valoir (*c*), toutes les mines

découvrit, en 1751, une veine qui a donné beaucoup & de bon or : les frais d'exploitation montent annuellement pour Schemnitz à 500 mille florins. Tout l'or & l'argent que les mines du pays livrent est transporté à Cremnitz, où il est monnoyé ; on prétend qu'il sort de là année commune cent mille ducats especes. On retire de Rosenau beaucoup de vif argent, & le cinabre de Dobschau, d'Alsosajo, & de Rosenau est d'un grand produit. Le sel gemme de Rhona, & le fer de Wagendrossel sont aussi un objet assez important.

(*b*) On estime beaucoup le feutre de Hongrie : la fabrique de toiles de coton a du succès, celle de faience de Holitsch en a beaucoup.

(*c*) On trouve de la mine de plomb dans

de cuivre ſont abandonnées, & on ne ſonge pas à celles où l'on trouveroit de l'or & de l'argent. La Pologne exporte une graine appellée graine de Pologne, du miel, de la cire : ſon vin ſeroit bon dans quelques endroits ſi l'on donnoit plus de ſoins à la vigne. Autrefois ce royaume vendoit à l'étranger 90 à 100 mille bœufs par an, & en proportion une quantité de chevaux; ſon ſel gemme eſt renommé. Le lin & la graine de lin, le chanvre & le chenevi, le houblon, le cuir, le bois, le goudron, la poix ſont encore quelques objets d'exportation. La Lithuanie exporte beaucoup de potaſſe & de védaſſe, fait quelques liqueurs avec du miel : ſon bétail & ſa laine ſont d'un grand produit. Mais pour de fabriques le pays n'en a pas. Dantzig (*d*) fait un grand commerce.

la Podolie : les payſans la ramaſſent, la fondent, & livrent le plomb à leur ſeigneur pour un prix fixe.

(*d*) Dantzig voit dans ſon port année commune plus de mille vaiſſeaux, qui chargent au de-là de 60 mille Laſts de grains, le Laſt évalué au moins à 40 écus d'Allemagne ; de la laine, du ſuif, de la cire, du beurre, de la potaſſe, du bois, & des liqueurs, &c.

§. 12.

COMMERCE DE L'ALLEMAGNE.

L'Allemagne a de grands avantages pour le commerce : mais différentes circonftances les rendent inutiles. (*e*). Ce pays a tout ce qu'il lui faut, fi l'on en excepte les épices, & les pierres précieufes : on y trouve des grains en très-grande abondance, du vin, des métaux (*f*), des fruits, du bétail, des chevaux, des pierres de taille, du marbre, du fel, du bois, &c. Les Manufactures & les fabriques y donnent des marchandifes de toute efpece, & le bon marché des vivres & de la main d'œuvre met l'Allemagne en état de vendre à plus bas prix que la France & l'Angleterre ne peu-

(*e*) Le nombre des provinces gouvernées par différens princes, la jaloufie des Souverains, les guerres inteftines, les efforts de la maifon d'Autriche pour mettre fous le joug tous les princes de l'Empire, l'inégalité des efpeces, le nombre des péages, les mauvais chemins, &c. font autant d'obftacles à l'aggrandiffement du commerce de l'Allemagne.

(*f*) La Franconie, la Thuringe, & le Duché de Magdebourg, font les provinces qui vent le faire. Cependant elle tire de l'étranger tout ce que l'étranger veut vendre, il n'y a que quelques provinces où ce prurit des Allemands, pour tout ce qui vient du dehors, est gêné par des loix, dont la sagesse n'est révoquée en doute que par des négocians intéressés à confondre l'intérêt particulier avec l'intérêt général. Depuis que la France, par l'expulsion des Réformés, a enrichi l'Allemagne d'une foule de gens industrieux, les manufactures & les fabriques y ont été transportées, & y ont eu le plus grand succès. La position de l'Allemagne est très-favorable au commerce. Jettons un coup d'œil sur quelques unes de ses villes commerçantes ; je ne saurois entrer dans un plus grand détail.

A la tête de toutes ces villes il faut mettre Hambourg, dont le commerce de terre & de mer est très-considérable. La grande pêche y occupe 60 à 70

ont la plus grande abondance de grains. Parmi les vins d'Allemagne on estime surtout ceux du Rhin, de la Moselle, du Neckre, & ceux d'Autriche. Le Saltzbourg, le Tirol, la Misnie, les contrées voisines de la forêt Hercinie, &c. ont des métaux.

vaiſſeaux Parmi les manufactures & les fabriques d'une certaine importance il faut compter la raffinerie de ſucre, la manufacture des toiles peintes, celle de velours, & les fabriques de tabac : on pourroit y ajouter celle des fileurs d'or, dont l'adreſſe égale l'adreſſe des fileurs de Milan. Les Hambourgeois ſont, pour l'Allemagne, ce que ſont les Hollandois pour leurs voiſins : leur territoire eſt petit, leur ſol ne produit que peu de choſe, mais une heureuſe induſtrie leur a fait tirer parti de tout, & en particulier de l'indolence des Allemands.

Lubec *(g)* a un commerce de mer le long des côtes de la Baltique : ſes manufactures de cuirs & de toiles ont beaucoup de ſuccès ; on eſtime ſingulierement les voiles de Lubec. On ne tire point en droiture ſur cette ville, on trace les lettres de change ſur Hambourg.

(*g*) Hambourg pour éviter les frais du Sund fait une grande partie de ſon commerce de la Baltique par la ville de Lubec.

(*h*) L'autriche, ſur tout la partie inférieure, produit une grande abondance de grains, du ſafran fort eſtimé, d'aſſez bons vins, une quantité de fruits de toute eſpece. On trouve

Breme a son port à Vegesac ; la pêche du saumon lui rend beaucoup. Son commerce de mer se fait avec la France, la Hollande, & la Norwege.

Vienne a des manufactures très-importantes (*h*) : le Danube facilite son

à Gemunden une belle mine de sel en crystaux ; à Halestadt une saline importante. Les manufactures & les fabriques sont encouragées & promettent du succès : la fabrique de léton de Baden est bien arrangée, on y voit une seule roue, mue par le courant de l'eau, faire mouvoir seize tours où autant d'ouvriers travaillent. On fait à Wels un commerce considérable de bois. La Stirie a des mines de fer exploitées depuis plus de dix siecles : son acier est renommé par sa bonté, & les Anglois en enlevent la plus grande partie : les vins de la Stirie sont passables. La Carinthie a du fer également, surtout à Friesac : elle a du plomb. Le sol du Duché de Carniole est fertile : on y fait un bon commerce de betail & de chevaux : on exporte du fer, de l'acier, & du vif argent.

(*i*) La Boheme produit du safran, du gingembre, du *Calmus*, d'excellent houblon, quelque peu de vins ; on y trouve aussi du soufre, des charbons de terre, de l'alun, &c. qui sont un objet de commerce. Le pays avoit autrefois des salines, mais elles ont été abandonnées depuis long-temps. Les mines d'argent de Kuttenberg sont de quelque valeur, celles d'étain sont plus abondantes & plus concommerce : l'Autriche, la Boheme (*i*), la Moravie (*k*), le Tirol (*l*), l'Italie, le Levant & la Hongrie lui fourniſſent des marchandiſes qu'elle vend à l'étranger, comme du vif-argent, du fer, du ſafran, des grains, du ſel, des vins, du gros bétail, du cuivre (*m*), des cuirs, des étoffes de ſoie, du coton. &c. *Fiume*, au bord d'un golfe de la mer Adriatique, a un port fort propre au commerce; c'eſt un débouché pour la Hongrie & l'Autriche. Pour favoriſer le tranſport Charles VI a fait faire une magnifique route, qui va

ſidérables : il y a une belle mine de cuivre à Dreyhack; les pierres de Boheme qui imitent les pierres fines, ſont connues par tout. En fait de manufactures il n'y a d'important que le papier, la poterie, & les verreries : l'exportation des grains eſt conſidérable.

(*k*) La Moravie a des grains, du chanvre, du lin, du ſafran : les mines qui s'y trouvent ne ſont pas d'un grand rapport, il y en a de fer; on y trouve auſſi des raffineries d'alun, & de vitriol. Les fabriques de draps d'Iglau & de Trebitz, les papeteries & les moulins à poudre, ſont ce qu'il y a de plus profitable pour le commerce de ce marquiſât.

(*l*) Le Tirol a beaucoup de lin, de belles ſalines à Hall, près de Schwatz une mine de de Fiume à Carlstadt en Croatie : la ville ne paye aucune contribution. On pêche dans le Golfe un poisson nommé Gatto, dont la peau se travaille, & sert au même usage que le chagrin. Trieste, près d'un autre Golfe de la mer Adriatique, est un port franc, & son commerce s'aggrandit de jour en jour. A la paix de Passarovitz la Porte accorda des avantages considérables à ces deux villes, & ce fut là ce qui fit naître le projet d'une Compagnie des Indes à former dans les Pays-Bas.

Nuremberg tire de grands profits de son tabac, dont les plantations ont très-bien réussi, de la fine farine, & de cette foule de fabriques d'ouvrages de mercerie qu'on connoît dans toute l'Europe, & même aux Indes.

Augsbourg fait une grande partie du commerce de l'Allemagne avec l'I-

cuivre & d'argent, & à un mille delà une mine qui donne de très-bon cuivre : on y trouve encore du plomb, du vif argent & quantité de terres à couleur. Le vin de ce pays n'est pas estimé.

(*m*) L'imperatrice-Reine tire un profit considérable des mines de cuivre : Elle a fait un contrat avec le Banquier Kuhner, à qui, moyentalie : l'orfevrerie, l'horlogerie, les estampes, & quelques manufactures d'étoffes de coton & de fil ont de grands succès.

Francfort sur le Mein partage avec Maïence le commerce des vins du Rhin : ses manufactures d'étoffes de soie. Ses fabriques de tabac & de faïence, sa blancherie de cire, la fonte des caracteres qui servent à l'imprimerie, &c. sont des objets très-importans. Son commerce de transit & ses foires ne le sont pas moins.

Cologne auroit un commerce considérable sans le nombre infini de péages qui se trouvent le long du Rhin : elle tire de gros profits des vins du Rhin & de la Moselle, du bois, des ouvrages de fer, & de la potasse.

Ulm a un débit étonnant de sa futaine, de ses toiles, & de son papier.

nant 50 mille florins par an, on livre d'un seul endroit 25 mille livres de cuivre par mois. Ce même Banquier tire encore du cuivre de quelques autres mines, & on assure qu'il en débite 25 mille quintaux. On compte que l'Imperatrice gagne 16 florins par quintal.

(*n*) Pour donner une idée du commerce de l'Allemagne, il faudroit que je parcourusse tous les états, dont cette République de Sou-

Leipzig s'est élevée & soutenue par ses foires, malgré le désavantage de sa situation : les productions naturelles de la Saxe, comme les grains, les laines, & les minéraux, les manufactures de draps, de dentelles, de toiles, la fabrique de porcelaine, les verreries, & la raffinerie du bleu ont donné au commerce de cette ville un fond qui a paru inépuisable.

Brunswick a du chanvre, des toiles, de la laine, des minéraux, &c. Sa bierre passe jusqu'aux Indes. Ses foires sont après celles de Francfort sur le Mein, de Leigzig & de Francfort sur l'Oder, les plus importantes de l'Allemagne (*n*).

§. 13.

COMMERCE DES PAYS-BAS.

Par une bonne administration on eût

verains est composée, & cela demanderoit un ouvrage plus étendu que celui ci. Je suis surpris que les Allemands, occupés aujourd'hui à traduire tout ce qui vient d'Angleterre & de France, & qui a rapport au commerce & aux finances, ne s'occupent pas davantage de ce qui regarde leur patrie.

tiré grand parti des avantages naturels dont jouiſſent les provinces des Pays-Bas : un ſol fertile (*o*), une ſituation heureuſe, les plus belles fabriques de dentelles (*p*) & de toiles (*q*) qu'il y ait en Europe, les beaux draps de Limbourg, fabrique preſque ruinée, le charbon de terre, les terres à faïence & à pipe, enfin la pêche, ſurtout celle du hareng (*r*), promettent un commerce floriſſant à un Miniſtre

(*o*) On ne ſauroit trouver de plus beaux pâturages : la beauté du lin eſt connue : le colza, riche production de la Flandre & du Brabant, n'attend que des moulins pour donner une huile fort utile.

(*p*) Les plus belles dentelles ſont celles de Bruxelles, après cela viennent celles de Malines & de Valenciennes.

(*q*) On reproche aux toiles de Flandres d'être tirées au tourniquet dans les blanchiſſeries, ce qui les fait retrécir au lavage : on dit la même choſe des draps de Limbourg (comme encore des draps de Vervins, de Juliers, d'Aix la chapelle) c'eſt-à-dire d'être trop tirés à la rame.

(*r*) La Zéelande offrit, il y a quelques années, de prendre le charbon de terre du Brabant : on le préféroit à celui d'Angleterre, il ne s'agiſſoit que de l'exempter des droits de ſortie & de paſſage, & cela fut refuſé quoique les mines paroiſſent inépuiſables. On fait éclairé, qui ne veut pas fouler des provinces que tant de guerres cruelles n'ont pu abîmer. Les tentures de cuir doré de Bruxelles, de Lille, d'Anvers & de Malines sont renommées. Gand fabrique de belles toiles & a d'excellens réglemens de fabrique ; cette ville exporte beaucoup de fil, il en passe pour des sommes considérables en Espagne & aux Indes. Courtrai & Bruges fabriquent ces belles toiles qu'on appelle par abus toiles de Hollande. Ostende est renommé par son beau port : les grands vaisseaux peuvent entrer jusqu'au milieu de son enceinte. La compagnie qu'elle a voulu former n'a pu réussir, trop d'ennemis puissans s'y opposoient (*s*).

passer en Hollande la terre à faïence, & la terre à pipe, au lieu d'établir des fabriques pour les y employer. Quant aux harengs, les négocians de Bruges ont demandé qu'on reglat l'impôt de façon, que les harengs de la pêche hollandoise ne pussent être vendus qu'au dessus de 16 florins le baril, & moyennant cette faveur, ils esperent soutenir cette pêche.

(*s*) Avant l'établissement de cette Compagnie on donna des lettres de mer à des négocians Flamands & Brabançons : leurs succès firent écouter les projets du sieur Calebroeck, & cette compagnie obtint son octroi en De-

§. 14.

COMMERCE DE LA SUISSE.

Malgré la ſituation favorable de la Suiſſe, qui placée entre la France, l'Italie, & l'Allemagne, a de grands

cembre 1722 : ſon fonds devoit être de 6 millions de florins, partagé en ſix mille actions de mille florins : les ſouſcriptions devoient ſe faire à Anvers, en payant un quart, & en promettant de payer le ſecond quart trois mois après que les ſouſcriptions ſeroient cloſes, & les deux autres de ſix en ſix mois. Il fut ſtatué que pour avoir voix dans les aſſemblées il falloit avoir 12 actions, que ceux qui en auroient depuis 50 juſqu'à 100 incluſivement en auroient deux, & que ceux qui prendroient au-delà de cent actions auroient trois voix, bien entendu qu'aucun étranger ne pourroit avoir voix, quelque nombre d'actions qu'il eût. Le Gouvernement déclara la Compagnie libre & indépendante par rapport à ſon économie & à l'adminiſtration de ſes affaires, & ſtatua que les Directeurs rendroient compte tous les cinq ans à la compagnie. Pour former d'abord l'établiſſement la Cour nomma ſept Directeurs, ne ſe réſervant pour l'avenir que la nomination d'un ſeul, & il fut réglé que chaque Directeur devoit avoir au moins 30 actions, ainſi que le Caiſſier ; que les Directeurs devoient être domiciliés dans les Pays-bas, être fleuves & des rivieres navigables, le commerce n'y est pas fort important. C'est qu'on y recueille de bleds & de grains n'est pas suffisant pour la consommation du pays, & à cet égard ses voisins, en fermant les passages, pour-

négocians ou banquiers, n'avoir aucune place dans quelque Magistrature que ce soit, & n'être apparentés à aucun des autres directeurs en ligne directe d'ascendance ou descendance. On déclara que dès que l'un d'eux auroit fait faillite il seroit par là même déchu de sa place; & on leur accorda jusqu'à 4000 florins d'appointemens. Les autres réglemens portent qu'on ne peut quitter la Compagnie qu'en vendant ou cédant ses actions : que les ventes des marchandises de retour se feroient publiquement à Bruges ou à Ostende; que les Directeurs auroient le pouvoir de choisir les Teneurs de livres, les Secrétaires, les Agens, les Commis, les Capitaines, les Officiers, &c. que les trois premieres années les assemblées se tiendroient à Anvers, les trois autres à Bruges ou à Gand; que les dividendes, ne se feroient qu'après le payement des dettes de la Compagnie, que tous les cinq ans il se feroit un dividende extraordinaire, qu'aucun intéressé n'ayant voix ne pourroit faire de représentation que par écrit; que la Cour choisiroit entre trois personnes proposées par la Compagnie quelqu'un pour assister en son nom à la reddition des comptes; que ni les Directeurs, ni les intéressés, ni ceux qui sont au service roient l'affamer. Les plantations de tabac, & celles de chanvre & de lin ne suffisent pas non plus. Les vins (*t*) de la Suisse ne se consomment guere que dans le pays. Ce qu'il y a d'essentiel

de la Compagnie ne pourroient faire commerce aux Indes pour leur compte, qu'il ne leur seroit permis d'acheter que dans les ventes publiques; que les Directeurs ne serviroient pas au delà de six ans de suite; que la Compagnie feroit embarquer sur ses vaisseaux tout ce qu'elle voudroit, excepté les especes courantes des Pays-bas, qu'elles fussent marquées au coin de l'Empereur ou non; que les bois, planches, poutres, mats, poix, goudron, toile à voiles, cables, cordages, fer, cloux, &c. seroient francs de tous droits d'entrée, ainsi que les vivres à charger sur les vaisseaux: que les marchandises chargées pour les Indes ne payeroient aucun droit de sortie, que celles de retour en payeroient un de 6 pour cent du prix des ventes publiques, &c. Le produit de ce revenu fut destiné par Charles VI à l'entretien des places dans les Pays-bas: & la Compagnie fût obligée de donner pour l'Octroi un Lion couronné tenant les armes de la Compagnie du poids de 20 marcs d'or. Ce sage réglement fut inutile: l'Empereur vit bien que les mémoires publiés contre cet établissement, & les représentations des Ministres étrangers annonçoient qu'on étoit résolu d'employer, dans le besoin, la force ouverte, pour le faire renoncer à ce projet;

ce font les toiles (*u*) & le gros bétail (*v*). La Suiffe vend à l'étranger des chevaux, (la France en tire de là pour fa cavalerie) du beurre, du fromage, (celui de Gruyeres en particulier eft fort eftimé,) des toiles, des dentelles de fil, quelques herbes & racines médicinales, du cryftal, des crêpes, des gazes, du papier, &c. L'étranger au contraire vend aux Suiffes des épices, des fucres, du bled, du chanvre, du lin, des vins, des laines, des étoffes de foie & de laine, & du fel, qui leur manque entierement. La Suiffe a quelques mines qu'on n'exploite pas (*x*). Parmi les villes commerçantes il faut furtout compter Zurich : cette ville a des manufactures &

tous les argumens des écrivains hollandois & ceux du Profeffeur Burlamaqui ne valoient pas cette bonne raifon.

(*t*) Les meilleurs vins font ceux du Canton de Berne, du Canton de Schafhoufen, de la Valteline, & du Valais : mais ils ne fupportent pas le tranfport.

(*u*) L'exportation des toiles de lin & de coton eft évaluée à trois millions.

(*v*) Les habitans de la Suiffe remettent, au commencement du printems, leur bétail à des gens qui en tiennent compte.

(*x*) On a trouvé que toutes les exploitades fabriques importantes, elle les doit entre autres à Orcli & à Muraldi, qui chassés d'Italie, pour cause de religion, vinrent s'y établir, & y faire de magnifiques entreprises (*y*). Saint Galles a des toiles, Basle un commerce de détail, & Geneve un commerce de transit des plus considérables : cette derniere ville a encore plusieurs manufactures d'étoffes de soie : ses montres, ses ouvrages d'acier & de fer, &c. sont connus dans toute l'Europe (*z*). Berne est riche sans commerce (*a*).

§. 15.

DU COMMERCE DES PEUPLES DE L'EUROPE AU LEVANT.

Quoiqu'on soit d'accord en Europe d'entendre en général par Levant des

tions ont ruiné les entrepreneurs, parce que le métal étoit trop cassant. On trouve beaucoup de soufre vif aux environs de Bévieux.

(*y*) Les crêpes & crêpons de Zurich sont fort estimés.

(*z*) On prétend que Geneve vend annuellement à l'étranger entre 25 & 40 mille montres. Sa dorure est un objet important de commerce.

(*a*) Le Canton de Berne a 300 mille livres

provinces situées à l'Orient, on ne l'est pas sûr les limites de cette partie du globe. Les Italiens appellent Levant tout ce qui est à l'orient de l'Italie, le long de la Mer Adriatique, de l'Archipel & de la Méditerranée, depuis la Dalmatie jusqu'aux bords de l'Euphrate, & jusqu'au Nil, y compris les isles situées dans cette étendue. Les François y ajoutent encore souvent toute l'Italie, & la côte septentrionale de l'Afrique. Les Anglois, & les Hollandois entendent quelquefois par Levant tout ce qui est situé le long de la Méditerranée : le plus souvent cependant on restraint aux seules côtes de l'Asie, les pays compris sous cette dénomination.

Parmi les échelles (*b*) du Levant

Sterling de placés en Angleterre, & son trésor doit être fort considérable. Ce Canton fait, comme une bonne partie de la Suisse, un commerce de toiles de lin & de toiles de coton.

(*b*) On entend par Echelles des ports, ou des villes d'étappe où les marchands d'Europe ont des magasins, envoyent des vaisseaux, & tiennent des comptoirs, & où les princes de l'Europe, dont les sujets font le commerce du Levant, ont des Consuls pour les protéger.

on compte principalement Smyrne, Alexandrie & Constantinople (*c*). Smyrne a un port fort étendu : le nombre des vaisseaux, & les caravanes d'Asie, qui y arrivent y entretiennent un commerce considérable : c'est l'entrepôt des marchandises du Levant : Chio y seroit

(*c*) Quoique Constantinople appartienne à l'Europe, quand il s'agit de commerce, on regarde toujours cette ville comme une des principales échelles du Levant, quand même on n'entendroit par Levant que les côtes orientales de l'Asie. Du tems de Henri IV les Espagnols, les Portugais, Raguse, Genes, Florence &c. ne pouvoient trafiquer dans les domaines du Grand Seigneur, que sous la protection de la France, & ces différentes nations étoient obligées, dans le besoin, de recourir aux consuls François. Le commerce de Constantinople est considérable : la ferme des douanes de cette ville rend quatre-mille bourses, ou deux millions d'écus d'Allemagne. On se sert ordinairement de courtiers juifs : quand on en a pris un, il n'y a plus moyen de lui en substituer un autre, qu'on ne fasse une pension à celui qu'on remercie. Si un courtier meurt son fils exige de l'emploi de tous ceux qui ont employé son pere. Les Magistrats Turcs favorisent les Juifs, parce qu'ils se servent d'eux pour le commerce de l'argent, & particulierement pour le recouvrement des taxes & des impôts : de là leur crédit.

(*d*) Les Anglois y feroient encore un plus

plus propre cependant que Smyrne. Les Anglois y sont fort considérés (*d*), les François y sont en plus grand nombre qu'aucune autre nation (*e*); c'est peut-être à cause de cela qu'ils y ont un commerce si peu proportionné à celui qu'ils pourroient faire; la jalousie les porte à se nuire mutuellement. Tout le commerce de la France avec le Levant (*f*) se fait par Marseille, qui y envoye ordinairement, tous les ans,

grand commerce, & y auroient un plus grand débit de leurs marchandises, si les frais d'exportation ne montoient pas si haut : ils ont un emballeur privilégié, un facteur à la halle aux draps, &c. qu'il faut payer. Autrefois les Comtés de Glocester & de Worcester fournissoient toute la draperie blanche, qui passoit en Turquie.

(*e*) Les François qui étoient à Smyrne avoient coûtume de s'y marier, les filles prenoient des maris dans le pays : le Gouvernement françois, pour empêcher cet abus, a fait un réglement, qui défend à tout françois trafiquant à Smyrne de s'y marier, & ordonne de faire passer en France toutes les filles nées de ces mariages.

(*f*) Tous les vaisseaux françois qui entrent dans les ports du Grand Seigneur, ou qui en sortent, payent un droit de douane & le *Salametlick resmi*, ou droit de bon voyage; ils sont exempts du droit de *Mezetene*, que les dix vaiſſeaux & quatre barques. Les Hollandois ſont ceux qui envoyent le plus de vaiſſeaux à Smyrne; mais ce commerce leur coûte beaucoup, parce que les pirates de la Méditerranée les obligent à armer leurs vaiſſeaux : ils en font partir tous les ans en différens tems 30 à 35, dont quelques-uns ſe raſſemblent communément à Livourne. Les Hollandois ont un magaſin à Smyrne (*g*) comme aux autres échelles : c'eſt-là où ils font le plus, & c'eſt par l'argent qu'ils y portent qu'ils gagnent le plus. Quant aux états d'Italie il n'y a que Veniſe, Genes, & Livourne qui faſſent le commerce du Levant : les

vaiſſeaux des autres nations payent, & cela en vertu de la Capitulation de 1740 ſignée à Conſtantinople le 28 Mai. Les droits de douane pour la ſortie & l'entrée ſont de trois pour cent, excepté pour les marchandiſes que les François pourroient faire paſſer des Etats de l'Imperatrice Reine & de l'Imperatrice de Ruſſie dans les Etats du Grand-Seigneur, ou de ceux-ci dans ceux là, pour leſquelles marchandiſes ils doivent payer les droits que les autres nations payent. En vertu de cette même Capitulation il fut accordé aux François de charger du ſel dans l'île de Chypre.

(*g*) Les droits de Conſulat ſont pour l'argent comptant d'un pour cent à l'entrée & à

Portugais & les Espagnols n'y en font presque point, & celui des derniers passe presque en entier par les mains des François. On tire de Smyrne des soies, des poils de chevre & de chameau (*h*), du coton, des toiles de coton, blanche & peintes (*i*), des cuirs

la sortie, & de deux pour cent pour les marchandises. Cet argent est employé à payer l'Ambassadeur & le Consul. Les droits du Grand Seigneur sont perçus à raison d'une estimation déja fixée.

(*h*) On ramasse, avec soin, le poil de chameau : il tombe ordinairement au printems ; celui du dos, du ventre, & de la poitrine est le meilleur. En Europe, si tant est qu'on en ait beaucoup, on le mêle avec d'autres poils, ou avec des laines pour en faire des étoffes & des chapeaux. Le poil de chevre qui se tire du Levant, vient surtout d'Angora & de Beibazar, villes de Natolie à vingt journées de Smyrne. Ce poil est d'un blanc éblouissant, on ne le tire du Levant que filé. La Suede est le seul pays de l'Europe, qui ait des boucs d'Angora. Les Vénitiens demanderent autrefois à la Porte la permission de tirer 500 chevres de le Galatie, mais le Grand Seigneur la leur refusa.

(*i*) Le coton du Levant est ordinairement en laine : il s'en recueille surtout beaucoup dans les environs de Smyrne : les cotons les plus estimés sont ceux de Damas, & de Jérusalem. Les toiles peintes sont appellées *Chites* ; elles sont de deux especes ou peintes au pinpaſſés en cordouan & en maroquin (*k*), quelques autres cuirs, de la cire, de l'alun, des noix de galle, du bouis (*l*), des raiſins de Corinthe (*m*), des drogues, du muſc (*n*), de l'Ambre

ceau, ou imprimées avec des moules. Autrefois ces toiles faiſoient un très grand objet de commerce pour l'Orient : mais comme elles ſont devenues de contrebande dans la plus grande partie de l'Europe, cette branche de commerce eſt preſque tombée.

(*k*) Les maroquins du Levant ſont les plus beaux, ſi l'on en excepte les maroquins noirs d'Eſpagne. Il y a des cordouans de toutes ſortes de couleurs; les blancs ne ſont guere connus qu'en Italie.

(*l*) Des morceaux de bouis un peu grands on fait des ouvrages de ſculpture, & des inſtrumens de muſique : des petits morceaux on fait de menus ouvrages, comme des peignes, des manches de coûteau, des boîtes, &c. Le meilleur bouis eſt celui du Levant, & celui d'Eſpagne : on en tire un eſprit & une huile connus chez les Apoticaires.

(*m*) Les raiſins de Corinthe viennent ſur une eſpece de vigne, dont les feuilles ſont un peu plus épaiſſes, & les grappes un peu plus petites que celles de la vigne ordinaire. L'île de Zante, dans la Mer Ionienne, eſt le principal endroit d'où l'on en tire : les Vénitiens font ſur ces raiſins un très-grand profit, & les Anglois ſont ceux qui en conſomment le plus. Les marchands Italiens y mêlent frauduleuſegris, du lapis lazuli (*o*), des gommes, du sel-ammoniac, de l'opium (*p*),

ment de petits raisins, appellés *Passarini*, qu'on cultive aux environs de Narni, & qui n'ont point de pépins.

(*n*) Le musc se trouve dans une espece de tumeur, qu'un animal, assez semblable à une jeune biche, porte sous le ventre. Les habitans de quelques contrées de l'Asie coupent cette vessie, aussi-tôt qu'ils ont tué l'animal, ils la taillent ensuite, & la cousent en forme de rognon. Les Indiens sophistiquent le musc. Celui dont on fait négoce à Amsterdam vient ordinairement du Tunquin & du Bengale, quelquefois de Sibérie : le premier est le meilleur, & coûte en vessie 5 à 6 florins l'once : le dernier est peu estimé ; la plus grande consommation s'en fait en Portugal, en Espagne, & dans les Indes orientales.

(*o*) Le Lapis lazuli, ou l'azur, est une pierre minérale d'un bleu foncé, dont on fait l'outremer. La plus belle pierre d'azur vient de Perse.

(*p*) L'opium est le suc des pavots noirs ; on fait une incision à cette plante, & il en découle une liqueur qu'on fait durcir : lorsque ce suc est tiré par expression, on l'appelle *meconium* : l'opium préparé est ce qu'on appelle *laudanum*. Les Turcs font un grand usage de l'opium, & il est très-difficile d'en avoir en Europe : ce qu'on trouve sous ce nom est du *meconium*.

(*q*) Le Mastic est la resine du Lentisque. Cet arbre se trouve en Languedoc, en Provence, en Italie, en Espagne, aux Indes, & surtout

du

du maſtic (*q*), du ſtorax (*r*), du ſafran, des cendres de roquette (*s*), du

dans l'île de Scio, où les Turcs le cultivent pour en tirer la réſine. Au mois de Juillet on fait une entaillure à l'arbre, la réſine en découle, & ſe repand à terre : quelque peu reſte attaché à l'arbre en forme de larmes, & c'eſt le meilleur. La récolte s'en fait vers le 16 Août, & dure huit jours : on fait enſuite une nouvelle entaillure, & la ſeconde récolte ſe fait vers le 14 Septembre. Les Turcs s'en ſervent pour machicatoire. Le fruit de l'arbre donne une huile, que l'on employe dans les lampes. Le maſtic entre dans la compoſition de quelques baumes, & d'une eſpece de vernis.

(*r*) Le Storax eſt une gomme réſineuſe & odoriférante, qui provient d'un arbre commun en Arabie & en Syrie : le ſtorax rouge découle du tronc & des plus grandes branches, au moyen d'une inciſion qu'on y fait : le ſtorax calamite eſt une compoſition du ſtorax rouge & de quelques autres drogues : le ſtorax liquide eſt fait de ſtorax rouge, de galipot, d'huile, de vin, & d'eau. Le lait virginal eſt un compoſé de ſtorax & de benjoin. Il croît en Provence un arbre nommé Aliboufier, qui donne une eſpece de ſtorax.

(*s*) Les cendres de roquette, ou cendres du Levant, proviennent d'une eſpece de fougere, qu'on brule à Saint Jean d'Acre, & à Tripoli de Syrie ; elles ſervent à faire du ſavon & du cryſtal ; les plus eſtimées ſont les premieres ; elles viennent dans des ſacs gris, celles de Tripoli dans des ſacs blancs.

ſavon, des perles, des diamans, & autres pierres précieuſes, des épithymes (*t*), de la rhubarbe (*u*), des laines (*v*), de la ſcammonée (*x*), des

(*t*) On appelle épithymes des filamens aromatiques, qui ſont une eſpece de plante paraſite, comme la Cuſcute. On préfere celles qui croiſſent ſur le thym : on en reçoit du Levant & ſurtout de Candie.

(*u*) La Rhubarbe eſt la racine d'une plante, qui croît dans les provinces méridionales de la Chine : il y en a une eſpece en Amérique. Celle qu'on porte à Canton, & que les Européens y achetent eſt la rhubarbe des Hollandois & des Anglois : celle que les caravanes Perſanes & Turques portent à Alep & à Smyrne, eſt la rhubarbe de France : celle que les Bouchares, établis depuis pluſieurs ſiécles à la Chine, portent à Kiachat, où les Ruſſes l'achetent, eſt la rhubarbe de Ruſſie, la meilleure parce qu'elle eſt choiſie avec le plus de ſoin.

(*v*) Les laines du Levant ne ſont pas fort eſtimées : les meilleures ſont celles de Smyrne & de Conſtantinople : les Européens en enlevent de ce dernier endroit 4 à 5 mille balles.

(*x*) La Scammonée eſt une plante médicinale : on tire de la racine un ſuc qui porte le même nom, c'eſt la ſcammonée de S. Jean d'Acre & d'Alep : celle de Smyrne eſt d'une autre eſpece : celles des Indes eſt une compoſition de poix réſine & de quelques poudres violentes. Hors la premiere on peut dire de la ſcammonée, que c'eſt plutôt un poiſon qu'un remede.

blés (*y*), des huiles (*z*), &c. de toutes ces marchandises il n'y a guere que l'opium, la noix de galle, & la scammonée qui soient du crû de Smyrne. Les marchands d'Europe y portent des piastres, d'autres monnoies d'or & d'argent, des draps, des étoffes de soie, de petites étoffes de laine, des bonnets, du papier, de la cochenille, du tartre, du verd de gris, de l'indigo, des bois pour la teinture, des épices, & du sucre.

Constantinople a un des plus beaux ports du monde. Les Anglois & les Hollandois y font le plus d'affaires. Tout s'y vend à deux tiers de crédit pour six mois, & un tiers de comptant. On y porte surtout des draps (*a*), des

(*y*) La sortie des blés n'est pas toujours libre : la fraude supplée à la permission.

(*z*) La sortie des huiles est quelquefois défendue. Quand elle est permise, l'exportation passe 30 mille quintaux. Les huiles & les blés se tirent moins de Smyrne, que des petits ports voisins.

(*a*) Quoique la laine soit plus chere en France qu'en Angleterre, les draps françois l'emportent pourtant au Levant, parce qu'ils sont à meilleur prix : c'est le bon marché de la main d'œuvre qui explique ce fait. Les François fabriquent aussi une espece d'étoffe de laine étoffes de laine & de soie (*b*), des étoffes riches, du papier (*c*), des ou-

qui plaît beaucoup aux Turcs. C'est le Languedoc dont les manufactures approvisionnent le Levant. Les bons réglemens qu'on observe en France ont beaucoup contribué à procurer à cette nation la superiorité dans le débit des draps & des petites étoffes. Les Anglois qui avoient vendu autrefois, année commune, 2200 ballots de draps, n'en vendent guere aujourd'hui que 400. On calcula en 1750 que depuis 25 ans les Anglois n'en avoient vendu que 8700 de dix à quinze piéces, & les François 43352 de dix à douze piéces. Aussi quantité de marchands Anglois établis au Levant ont-ils fait venir des draps de France. Le Parlement d'Angleterre, informé de cet abus, a passé un Bill pour y mettre fin, mais c'est un effort inutile pour rétablir un commerce perdu. Les Hollandois ont même de la peine à vendre leurs draps, parce qu'ils sont de 8 à 10 pour cent plus chers. En général les draps sont la seule marchandise qu'on débite au Levant avec de grands profits : il faut qu'ils soient légers, & larges : les pieces ont 60 aunes mesure de Hollande. Les draps Vénitiens nommés Sayas & Parangons ont aussi grand cours à Constantinople.

(*b*) Les Dilas & les damasquettes de Venise sont des étoffes de soie, dont les Turcs font grand cas, & dont ils consomment beaucoup. On a essayé, sans succès, de les contrefaire à Lyon. Les Vénitiens débitent aussi beaucoup de velours fond d'or : les Hollandois beaucoup vrages de mercerie, du fer blanc, du fil de léton & de fer, du fil d'or & d'argent fin & faux, du sucre, des épices, du camfre, du vif argent, du plomb, de la cochenille, des bois de teinture, &c. On tire peu de marchandises de Canstantinople, cela se borne aux laines pelades & tresquilles (*d*), aux peaux de bufle, de bœuf, & de vache, aux cendres potachy, qui viennent de la mer noire (*e*), à la cire,

pour les ameublemens & les pelisses des femmes, parce que leurs velours sont légers. Les fabriques d'étoffes de soie des Grecs Chiottes font tort au débit des étoffes fabriquées en France, en Angleterre, ou en Hollande : elles sont cependant par-tout fort médiocres.

(*c*) Le papier est une des meilleures marchandises pour le Levant, surtout pour Constantinople : c'est Venise & la France qui y en portent le plus. Les François y en débitent au-delà d'un millier de ballots : le ballot est de 24 rames.

(*d*) Les laines pelades sont celles qu'on fait tomber de dessus les peaux de moutons & de brebis, par le moyen de la chaux : & les laines tresquilles sont les laines qui n'ont point été dégraissées.

(*e*) Les cendres potachy, ou la potasse de la mer noire, sont fort recherchées par les Anglois & les Hollandois : ceux-ci s'en servent à dégraisser leurs draps.

au caviar (*f*), au rusma (*g*), & à la terre sigillée (*h*).

(*f*) Le caviar est fait des œufs d'esturgeons. Il en vient beaucoup de Mosckau. On prend une grande quantité d'esturgeons à l'embouchure du Volga, & de quelques autres rivieres qui tombent dans la mer Caspienne.

(*g*) Le Rusma est une pierre atramentaire minéralisée : c'est un dépilatoire fort en usage chez les Turcs : le Grand Seigneur s'en est approprié le commerce, & il en tire 30 mille ducats par an. Il est rare d'en trouver hors de la Turquie.

(*h*) On tire du Levant peu de terre sigillée qui soit véritable ; communément on vend sous ce nom la pulpe d'un fruit du *Baobab* réduit en poudre. Ce *Baobab* est un arbre prodigieux, qui ne croît qu'en Afrique, dont le tronc a dix ou douze pieds de haut, avec une circonférence de 75 à 77, & des branches qui s'étendent fort loin & s'élevent fort haut : celle qui part du centre a souvent 60 pieds de long. Cet arbre porte un fruit de 15 à 18 pouces de long sur cinq ou six de large : ce fruit est une pulpe qui renferme une eau blanche & aigrelette ; lorsque cette pulpe se desséche, elle se partage en un grand nombre de petits corps, qui renferment une semence brune ; elle se réduit en poudre & on la vend pour de la terre sigillée. Les Madingues, les plus grands voyageurs de l'Afrique, la portent aux Arabes, qui la font passer dans le royaume de Maroc, & de là en Egypte & à Constantinople.

Le caire, dont Alexandrie & Rosette sont les deux ports, fournit toutes les marchandises de l'Egypte (*i*) & même de l'Afrique. La plus grande partie du commerce est entre les mains des Juifs & des Arméniens (*k*) : les

(*i*) L'Egypte rend au-delà de trois millions de florins, dont un tiers est envoyé à Constantinople : on se sert pour cela des caravanes, parce que les Turcs craignent les vaisseaux Maltois ; un autre tiers est destiné à l'entretien des troupes, & un tiers est pour le Pacha, Gouverneur de la Province. Si les Turcs savoient faire le commerce de mer, ils feroient du Caire un entrepôt-général de toutes les marchandises des Indes & de l'Europe, ce qui seroit aisé vû tous les risques qu'on court en transportant ces marchandises par la voie de l'Océan. Le trajet de Marseille à Alexandrie n'est que de 15 à 20 jours : les Effets chargés parviennent d'Alexandrie au Caire en trois ou quatre jours ; du Caire au port de Suez dans la mer rouge, en autant de jours ; de Suez à Surate dans la saison des moussons en 30 ou 35 jours. La mer rouge n'est pas dangereuse pour les vaisseaux qui vont aux Indes : mais au retour il n'y a que le printems & l'automne où les vents ne soient pas contraires, aussi les Turcs ne s'y exposent-ils point parce qu'ils ne savent pas louvoyer.

(*k*) Les Arméniens sont à-peu-près les maîtres du commerce du Levant : on en voit par tout, à Livourne, à Vénise, en Angleterre,

François y en font un qui est fort considérable. On charge dans ces deux ports une prodigieuse quantité de marchandises : les principales sont le lin (*l*), le benjoin (*m*), la gomme arabique, la gomme adraganth (*n*), la gom-

en Hollande : il en vient aux foires d'Allemagne, il y en a d'établis à Marseille ; ils sont fins & habiles, mais sobres & fidèles.

(*l*) M. Hasselquist nous apprend que les toiles qu'on fait en Egypte sont très-grossieres : le lin est exporté, & passe en grande partie à Vénise & à Livourne. On le cultive avec succès aux environs de Damiette.

(*m*) Le benjoin est une résine qui suinte naturellement à travers l'écorce, ou qui découle, par le moyen de l'incision, d'un arbre assez commun dans la Conchinie, dans le royaume de Lao, dans celui de Siam, & le long des côtes de Java : on en tire une huile ; & par le moyen de la sublimation, des fleurs blanches, dont se servent les Apoticaires.

(*n*) La gomme arabique est le suc de l'acacia d'Egypte : la gomme adraganth celui d'un arbre qui porte le même nom ; cette gomme découle d'elle même du Tragacantha, ou Barbe de renard : on la recueille ordinairement au mois de Juin. C'est de l'île de Candie que la plus grande partie vient. Dissoûte dans l'eau elle donne un mucilage employé par les apoticaires ; les peintres en miniature en vernissent leurs portraits ; dans les cuisines elle sert aux patissiers à lisser leurs croutes ; & les teintume laque, la myrrhe d'Abiſſinie (*o*), l'encens (*p*), quelques baumes (*q*), le

riers en ſoie s'en ſervent pour donner de l'apprêt à la ſoie.

(*o*) La Myrrhe eſt une eſpece de gomme qui découle, par le moyen de l'inciſion, d'un arbre commun en Egypte, en Arabie & en Abiſſinie.

(*p*) L'encens eſt une gomme qui provient d'un arbre peu connu : on n'eſt pas même d'accord ſur le lieu natal de cette précieuſe gomme. Ce qu'on appelle gros encens eſt du galipot, & l'encens fin eſt de l'oliban. Ce qu'on appelle encens des Juifs eſt tiré de l'écorce d'un arbre appellé *Roſa-malla* : on la fait bouillir pour en retirer cet encens.

(*q*) Les baumes Orientaux viennent tous d'Egypte, de Syrie, & d'Arabie : le plus précieux eſt celui de la Meque : il découle par inciſion d'un arbre qui croît en Egypte & en Judée, mais principalement dans l'Arabie heureuſe ; c'eſt pendant les canicules qu'on perce l'arbre. Celui qu'on trouve en Europe eſt tiré par la diſtillation des branches vertes & du bois de cet arbre ; il eſt ſouvent alteré par le mêlange qu'on en fait avec la térébentine de Chio.

(*r*) L'aloé eſt le ſuc épaiſſi d'une plante qui porte le même nom. Voyez plus bas ce qui regarde l'aloé.

(*s*) Le Sorbet eſt une pâte faite de citron, de muſc, d'ambre, de quelques autres parfums, & de ſucre rafiné : on en compoſe une boiſſon fort en uſage au Levant.

ſtorax, l'aloé (*r*), l'opium, le ſorbet (*s*), la caſſe (*t*), le Labdanum (*u*), le

(*t*) La Caſſe eſt le fruit d'un arbre fort grand en Egypte & au Levant, plus petit aux Antilles & dans le Bréſil. Cet arbre porte une eſpece de gouſſe, qui renferme dans de petites cellules une moëlle, qui eſt proprement ce qu'on appelle Caſſe dans les Apoticaireries. La Caſſe en bois (*Caſſa lignea*) eſt une écorce roulée aſſez ſemblable à la canelle: l'arbre qui la produit eſt appellé *Canella Malabarica* ou *Javenſis*. La caſſe giroflée eſt auſſi une écorce, qui a l'odeur du girofle: elle vient d'un arbre aſſez commun dans les îles de Cuba & de Cayenne.

(*u*) Ou bien *Ladanum*, réſine qui ſe recueille ſur le Ciſte. On fait un fouet de longues lanieres de cuir, en forme de frange, on le paſſe ſur les ciſtes dans la plus grande ardeur du ſoleil, l'air étant tranquille: la réſine s'y attache, & s'en retire aiſément. Un Ouvrier peut en ramaſſer deux livres par jour. On la mêle preſque toujours avec du ſable noir pour la rendre plus peſante. En Eſpagne on cuit la plante dans l'eau, & la réſine ſurnage. Le *Labdanum* entre dans des onguents, & des emplâtres, & même dans un baume anti-apoplectique: les Turcs en font un machicatoire, & en abuſent.

(*v*) Le Cocos eſt le fruit d'une eſpece de palmier. On tire par le moyen de quelques inciſions, faites aux jeunes tiges de l'arbre, ou aux tiges des jeunes arbres, une liqueur qui ſert de boiſſon; cette liqueur diſtilée donne cocos du Levant (*v*), les coriandres (*x*), le caffé (*y*), la cardamome (*z*),

une bonne eau de vie : elle s'adoucit par la cuisson, & devient vinaigre lorsqu'on l'expose quelque temps au soleil. Les feuilles servent à couvrir les toits, à faire des voiles de vaisseau, & des nattes ; elles tiennent encore lieu de papier. Le fruit naît au sommet des tiges ; il est aussi gros que la tête d'un homme ; lorsqu'il n'est point encore mur, on en tire trois ou quatre livres d'une eau excellente à boire ; la moëlle intérieure est bonne à manger ; la seconde écorce prend un beau poli, & sert à de menus ouvrages ; la premiere écorce est garnie d'une bourre dont on peut faire des cables & des cordes, & qui est très-propre à calfeutrer les vaisseaux, parce qu'elle résiste long-temps à la pourriture : le bois peut servir à la bâtisse des maisons & des navires. Est-il possible de trouver quelque production de la nature, qui soit d'une aussi grande utilité ? Cet arbre est commun dans les deux Indes.

(*x*) La Coriandre est la graine d'une plante : on s'en sert dans la médecine.

(*y*) Il n'y a guere que cent ans que le caffé est connu en Europe. Les Hollandois firent passer cette plante de Moka à Batavia. Le caffier donne deux récoltes l'année. On a cru long-temps que les Arabes marinoient le caffé qu'ils vendoient à l'étranger, dans la crainte qu'il ne vint à être cultivé ailleurs : mais on s'est assuré du contraire. Aujourd'hui il y a des plantations de caffé en Asie & en Amérique : celles de la Martinique sont les le ben (*a*), la coloquinte (*b*), le séné (*c*), le safran, le coton, la cire, le

plus estimées. Il ne faut pas croire que, parce que le meilleur caffé vient du Levant, on n'y en porte pas d'ailleurs : on en fait passer dans toutes les échelles du Levant, & quoique les Turcs se soient dégoûtés de celui que les François leur portent, on ne trouve pourtant point de caffé de Mocca, dans les marchés du Levant, qui ne soit mêlé avec celui de la Martinique.

(*z*) La Cardamome est la graine d'une plante ; la médecine l'employe : la meilleure vient de Comagene, d'Arménie, & du Bosphore. L'Inde & l'Arabie en fournissent aussi. Dans l'Orient on s'en sert pour donner un goût d'épices au riz : il y en a quatre especes, celle qu'on appelle *Maximum* est ce qu'on nomme graine de paradis.

(*a*) Le Ben est le fruit d'un arbre, qui croît aux Indes : il donne une huile, que les parfumeurs employent pour tirer des fleurs l'odeur dont ils ont besoin : il y a un autre Ben, qui est une racine médicinale.

(*b*) La Coloquinte est le fruit d'une plante qui rampe : il est de la grosseur d'une orange. Cette plante croît dans les îles de l'Archipel, dans les deux Indes, &c. C'est un des plus anciens remedes qu'on connoisse.

(*c*) Le Séné est la feuille d'un arbrisseau qui croît dans plusieurs endroits du Levant : il croît aussi en Arabie, en Ethiopie, au Pérou, en Italie : mais ce n'est pas partout la même espece.

gingembre, la salsepareille (*d*), les dents d'élephant, la rhubarbe, les plumes d'autruche & de héron (*e*), les momies (*f*), le sel ammoniac, le stinc marin (*g*), les nacres de perle (*h*), les toiles (*i*), les tapis, le musc, les

(*d*) La Salsepareille est une plante qui croît dans la nouvelle Espagne, au Pérou, & dans les Indes orientales. La Médecine en fait grand usage, surtout dans les maladies vénériennes. Depuis une vingtaine d'années on se sert au même usage d'une autre plante nommée *Lobelia*, ou Cardinale bleue, qui croît en Amérique, & qui a par là diminué la consommation du Gayac & de la Salsepareille.

(*e*) L'Autruche est un très-grand oiseau, fort connu en Afrique, en Egypte, & en Ethiopie : les plumes & le duvet sont d'un grand usage; les plumes du mâle sont les meilleures. Le Héron est de même un grand oiseau : ses plumes servent beaucoup aux ornemens des Orientaux.

(*f*) On appelle momie un corps embaumé. Il vient du Levant quelques morceaux de cadavres imprégnés d'aromates, & durcis par le temps : la médecine en fait quelque usage.

(*g*) Le Stinc marin est une espece de lésard : tous ceux qui nous viennent du Levant sont dépouillés de leurs entrailles, & n'ont plus de queues.

(*h*) On appelle Nacres de perle les coquilles où se forment les perles.

(*i*) Manfelou, ville de la haute Egypte,

peaux de bufles, de bœufs & des vaches, les cordouans rouges & jaunes, les peaux de chagrin (*k*), & le vin (*l*) de Hebron, qui est le seul vin que l'Egypte fournisse : est excellent, & ressemble un peu au vin du Rhin. A la place de ces marchandises les étran-

fut renommée autrefois pour la beauté de ses toiles : elle en faisoit un grand commerce.

(*k*) Le chagrin est une peau préparée de cheval ou de mulet; celui de Constantinople est le plus estimé : il y en a de différentes couleurs. On le contrefait avec du maroquin passé en chagrin.

(*l*) Il passe à Constantinople des vins de Bithynie, où les vignobles de Scutari sont renommés, des vins de Mésie où le territoire de Gysique est célèbre, de Lydie, de Pamphilie, de l'île de Lesbos (aujourd'hui Métèlin.) en réputation pour ses vins pailles, préférés à Constantinople à tous les autres, enfin des vins de Chio, de Samos, de Rhodes, de Chypre.

(*m*) La térébentine est la gomme résineuse de divers arbres gras, comme du mélese, du pin, du sapin, &c. mais celle de Chio est la seule véritable; elle vient d'un arbre qui porte le même nom : elle est blanchâtre ou verdâtre, claire, & a fort peu d'odeur; comme elle est fort rare, elle est peu d'usage. Le térébinthe porte un fruit en forme de grappe de raisin, qu'on sale avant qu'il soit mur pour le conserver; on fait les entailles avant la fin de Juillet, & l'arbre laisse couler sa résine jusqu'à gers portent au Caire de l'agaric, de l'arsenic, de l'orpiment, de l'antimoine, du vif-argent, du sublimé, du cinnabre, du vitriol, du fil de léton & d'archal, du fer blanc, de l'acier, du plomb, du papier, des satins, des

la fin de Septembre. On la ramasse le matin, on la fait fondre au soleil, & couler dans des plats de terre. Quatre grands arbres n'en donnent guere qu'un Onique, c'est-à-dire 2 livres 9 ½ onces; il vaut trois livres de France sur les lieux. Cet arbre ne vient que dans la partie Orientale de l'île de Chio. On dit que la térébenthine de Chypre est aussi bonne; celle de Perse est un baume délicieux, mais presqu'inconnu en Europe. La térébenthine Vénitienne est celle qui découle du Larix ou méleze, commun sur les monts Apennins, sur les Alpes, sur les montagnes de la Carinthie, de la Stirie, de la Savoie. Il faut remarquer, que lorsque cette gomme découle du mélese, du pin, ou du sapin, sans qu'on y ait fait d'incision, on l'appelle *bijon*, & cette espece est un médicament. Lors au contraire qu'on la retire par le moyen de l'incision, on l'appelle térébenthine, & on s'en sert principalement à la composition du vernis, & de la cire à cacheter. Je ne sais pourquoi on l'appelle Vénitienne, puisqu'elle ne vient point de Venise, ni des pays appartenans à cette République; on devroit plutôt l'appeller Lyonnoise, parce que c'est dans les forets du Lyonnois, sur tout près de Pileatro, que les Bidraps, de la cochenille, du corail, de l'alun de roche, du bois de Brésil, &c.

Les échelles moins importantes sont Angouri & Beibazar, qui ont de la réputation pour la beauté du poil de chevre & des camelots : Alep & son

zeards en recueillent beaucoup Quant au sapin on en a deux especes, celle à fleurs d'If, & celle qu'on appelle *Piceas* ou *Epicias* : celle-ci a la pointe de ses cones tournée en bas. La premiere espece donne de la térébenthine. Tous les ans, au mois d'Août, des paysans d'Italie, voisins des Alpes, viennent en Suisse, où il y a des forêts de sapins, pour recueillir la térébenthine : ils grimpent jusqu'au sommet des arbres, par le moyen de crampons attachés à leurs souliers : ils percent avec la pointe d'un petit cornet de fer blanc les vessies qu'ils trouvent, & d'où découle la térébenthine : quand ce petit vase est plein ils le vuident dans une bouteille de fer blanc qu'ils ont attachée à la ceinture. Ces bouteilles se vuident ensuite dans des outres. Dans les terrains gras on peut faire deux fois la recolte, au printemps & en automne : les arbres s'épuisent bientôt, ils donnent de la térébenthine dès qu'ils ont trois pouces ou environ de diametre. On se sert de la térébenthine pour les vernis, dans les emplâtres, dans les onguents; la médecine s'en sert intérieurement; l'huile essentielle qu'on en retire sert aux peintres à rendre leurs couleurs plus coulantes. On tire du Canada une térébenthine plus blanche &

port Alexandrette : Seyde qui fournit une prodigieuse quantité de soie, beaucoup de coton & d'huile : Chio, île très-peuplée, dont les vins, le beurre, la soie, le coton, la térébenthine (*m*),

plus douce que celle d'Europe, c'est pourquoi on l'appelle le baume blanc du Canada.

L'autre espece de sapin, ou l'Epicias, donne une résine : on trouve bien quelques vessies qui laissent échapper un suc liquide, mais il se durcit bientôt à l'air, & ce n'est point de la térébenthine. La résine dont nous parlons découle d'une entaillure faite à l'arbre, & coule aussi long-temps qu'on a soin de renouveller l'entaillure : tous les quinze jours on peut en recueillir, cela dure aussi long-temps que l'arbre vit. Cette résine ne coule pas à terre, parce qu'elle se durcit facilement à l'air. Pour en faire de la poix claire, on la met dans de grandes chaudieres remplies d'eau, on fait un feu doux, & après cela on remplit de cette eau des sacs de toile, d'où on tire, en pressant, cette poix blanche, qu'on appelle poix grasse ou poix de Bourgogne. On mêle aussi cette résine avec du noir de fumée, en la faisant fondre au feu, c'est ce qu'on appelle poix noire. On distille quelquefois la poix grasse pour en tirer une huile qu'on veut faire passer pour de l'esprit de térébenthine. Un bon arbre donne annuellement 30-40 livres de poix. On se sert aussi de cette résine pour des onguents ; mêlée avec du vieux beurre on en frotte les roues ; on en fait

& surtout le mastic (*n*), sont d'un grand produit : Chypre, dont le coton & les vins sont estimés ; cette île a encore des soies & de la noix de galle ; enfin Caffa sur la mer noire (*o*), qui a beaucoup de bleds, de sel, de beurre, d'esturgeons & de caviar.

aussi, en le mêlant avec du goudron, ou avec de l'asphalte, un brai gras pour les vaisseaux : pour faire de la poix séche on fait cuire le brai gras dans de l'eau jusqu'à parfaite siccité ; lorsqu'on ajoute à cette cuisson du vinaigre, on en fait du *Colophonium.*

(*n*) Le Mastic est une gomme qui découle du Lentisque dans le tems des grandes chaleurs. Le meilleur vient de Chio : la récolte en appartient au Grand Seigneur : c'est avec le mastic que les habitans de cette île payent leur taille : le meilleur est destiné à l'usage du Sultan & du Sérail. Les Turcs le mâchent ordinairement : la médecine l'employe quelquefois : mais il est surtout employé à faire un beau vernis, & à entrer dans cette composition que les bijoutiers mettent sous les diamans, pour en augmenter l'éclat.

(*o*) Les autres échelles de la Mer noire sont Krim, Asoph, Kirman, Kiles, &c. Les marchands turcs & grecs de Constantinople, n'ayant pas de fonds, empruntent pour faire ce voyage, qui dure trois à quatre mois, & payent souvent 30 à 40 pour cent d'intérêts. Il vient de ces échelles beaucoup de caviar & de cire.

Tous les vaisseaux qui arrivent du Levant sont communément obligés de faire la quarantaine (*p*).

§. 16.

COMMERCE DES PEUPLES DE L'EUROPE SUR LES COTES DE BARBARIE.

Les ports les plus considérables de la Barbarie sont ceux de Tripoli, de

Parmi les îles de l'Archipel il ne faut point oublier ici Candie, qui a un commerce considérable en huile, vin, miel & soie. Metelin dont on tire des vins & des sapins pour des mâts & des planches : Naxia a du sel, de l'huile, du poil de chèvre, de l'émeril, dont les Anglois lestent quelquefois leurs vaisseaux : Samos des mines de fer, des raisins, de l'huile, du froment, de la Vallonée ou Avelanede, qui sert en Italie à tanner les cuirs. En général les îles de l'Archipel fournissent beaucoup de bled.

(*p*) Les vaisseaux qui viennent de Constantinople & des échelles du Levant, font en France la quarantaine sur les côtes de Provence, toutes les fois qu'ils n'ont pas des lettres de santé, c'est-à-dire des certificats du Consul de France, par lesquels il paroît qu'il n'y avoit point de maladie épidémique dans

Tunis (*q*), d'Alger, & de Salé. On tire de Barbarie des plumes d'autruche,

les endroits où se trouvoient ces vaisseaux lors de leur départ. Lorsque dans ces endroits il y avoit la peste, au depart des vaisseaux, les vaisseaux jettent l'ancre à une petite île, & y restent 40 jours; au bout desquels, s'il n'y a personne qui soit atteint de la peste, ils peuvent entrer dans le port. Pendant qu'ils sont à l'ancre on parfume continuellement sur les vaisseaux, & on expose à l'air le coton, comme la marchandise la plus dangereuse, lorsqu'elle vient d'un endroit où est la peste. En Angleterre les vaisseaux font la quarantaine à Stanley Creck by S. Heernets. Ceux qui viennent de Turquie par terre sont également obligés de faire la quarantaine; quand ils veulent passer en Hongrie, c'est à Siget qu'ils sont obligés de s'arrêter.

(*q*) Le port de Tunis est appellé la Goulette : c'est le lieu où résident les Consuls. Le commerce de cette ville est considérable : les Caravanes de Salé & de Gademes en sont les plus riches branches : celle de Salé porte tous les ans pour 100 mille livres sterling de poudre d'or ou de seqnins : celle de Gademes y vient deux fois l'an avec de la poudre d'or, & des Negres.

(*r*) Les dattes sont le fruit du Palmier-Dattier : elles sont de la grosseur du pouce, & de la longueur d'un doigt; elles ont la figure du gland. Le peuple les fait sécher, & presser ensuite pour en tirer une espece d'huile, qui tient lieu de beure & d'assaisonde l'or en poudre, des dattes (*r*), des raisins de Damas (*s*), des cuirs, du cuivre, de l'étain, de la cire, de la laine, des peaux de chevre, du corail (*t*), des grains, & des chevaux. Il est bon de remarquer ici, que le commerce

nement : les gens riches ne les font point passer au pressoir. Dans la Natolie on en tire une espece de vin, en les faisant fermenter dans l'eau : les Turcs en tirent aussi un esprit, qui leur sert de remède contre la colique & les crudités de l'estomac. En Europe la médecine les employe quelquefois : on préfere celles de Tunis ; celles de Salé, de Provence, & d'Italie sont presque toujours gâtées ; & celles d'Espagne sont rarement mûres lorsqu'on les cueille.

(*s*) Les raisins de Damas sont d'une grandeur prodigieuse ; il y a des grappes qui pesent au-delà de 12 livres : on en fait des tisanes.

(*t*) Le corail paroît être une production animale & non une plante marine, comme on l'a cru fort long-tems. M. Peyssonel découvrit en 1725, qu'il étoit l'ouvrage de quelques insectes de mer : il ressemble à une branche dépouillée de ses feuilles : on en trouve dans la mer-rouge, dans la mer de Sicile, le long des côtes d'Afrique, surtout vers le Bastion de France, près des côtes de l'île de Corse, de l'île Majorque, du Cap de Quiers en Catalogne, & dans quelques autres endroits de la Méditerranée. La pêche s'en fait ordinairedes grains & des chevaux n'eſt pas libre partout. Dans le royaume de Maroc & dans celui de Fez, il eſt défendu d'en exporter, à moins qu'on ne donne en échange des armes à feu, & des munitions de guerre, ce que les princes Chrétiens cherchent à empêcher (*u*). On envoye dans toute la Barbarie des draps, des étoffes de ſoie, des étoffes riches, des velours, des toiles, des mouſſelines, des épices, des drogues, du coton, du tabac, du ſucre, du bois de Campêche, du tartre, de l'alun, du ſouffre, du papier, de l'acier, du fer, du plomb, de la mercerie, &c.

§. 17.

DU COMMERCE DES PEUPLES DE L'EUROPE EN AFRIQUE.

La barbarie eſt bien une partie de

ment depuis le mois d'avril juſqu'au mois de Juillet : autrefois celle du Baſtion de France en rendoit juſqu'à 25 quintaux. Il y a du corail blanc, du corail rouge, & du corail noir : le blanc eſt le plus rare ; le rouge eſt employé dans les apoticaireries. Les Japonois préferent le corail aux pierres précieuſes.

(*u*) Les Chevaliers de Malte, qui ſont en

'Afrique, & à cet égard j'aurois pu joindre cet article au précédent : mais comme en fait de commerce, on a toujours séparé la Barbarie de l'Afrique, ainsi que le Levant de l'Asie, j'ai cru ne devoir pas réunir ces différens articles, afin de donner une idée plus claire du commerce de ces contrées. Les Européens ne frequentent guere les côtes d'Afrique que depuis le Cap-Verd : depuis Merce jusqu'à ce Cap ils n'ont aucune habitation, & presque aucun commerce. Au Cap-Verd, près de la riviere du (v) Sénégal & de celle de Serre-Lionne, on trouve des établissemens qui appartiennent aux Anglois & aux Portugais : ces deux na-

guerre perpetuelle avec les Infideles, & l'Espagne, qui ne fait jamais de paix avec les Puissances barbaresques, regardent comme marchandises de contrebande les armes blanches, les armes à feu, & les munitions de guerre destinées pour la Barbarie.

(v) L'île de Gorée & la riviere du Sénégal, où se trouvent les comptoirs de St. Louis, de Podor, & de Galam, étoient les établissemens les plus importans qu'eussent les François en Afrique. Ce qu'ils pouvoient traiter alloit, année commune, à près de sept-mille cuirs de taureau, à 1200 quintaux de gomme, à 460 quintaux de cire jaune, à deux mille tions en ont encore le long de la côte de Serre-Lionne : au Cap de Miſerado il n'y a qu'une petite colonie Angloiſe; ſur les côtes de (*x*) Malaguette il y a un établiſſement qui appartient aux François. La férocité des habitans empêche qu'on ne mette pied à terre ſur

balles de coton, à 50 marcs d'or, à 1800 Nègres des deux ſexes, à 450 quintaux de morfil, &c. On peut évaluer le tout à 400 mille livres de France. Un Negre ſe paye ordinairement ſur le pied de 50 livres en marchandiſes; un cuir de taureau 10 ſous la piece; un quintal de gomme 23 livres; un quintal de morfil 20 livres. Les droits qu'il faut payer dans le pays, & les préſens qu'il faut faire ſont conſidérables. Le quintal dont il eſt ici queſtion eſt le quintal Maure, évalué à 450 livres poids de marc. Aujourd'hui les François ne poſſédent que l'île de Gorée, ils ont cédé à l'Angleterre, dans la derniere paix, la riviere du Sénégal; & comme les manufactures conſomment beaucoup de gomme, cette acquiſition devient fort importante pour les Anglois. Les Portugais ont à Cachoots, au Cap Verd, un magaſin conſidérable de marchandiſes d'Europe, & d'Afrique : ils tirent de ces côtes environ 100 milliers de cire, 50 milliers d'ivoire, & au-delà de 800 Negres.

(*x*) Les côtes de Malaguette ſont ainſi nommées à cauſe d'une eſpece de poivre qui fait le principal commerce des Negres de ces contrées : les Hollandois l'appellent grain.

la

la côte des dents (*y*). C'eſt à la côte d'or (*z*), qu'il y a le plus d'établiſſemens : le Cap-Corſe eſt ce que les Anglois ont de plus important ; la côte d'Ardres eſt peu de choſe ; les Danois ont deux forts, Fredensbourg & Chriſtiansbourg dans le royaume d'Acora : ils ont encore des comptoirs ailleurs ; la côte de Benin, avec l'Ile St. Thomé (*a*), eſt occupée par les Portugais, ainſi que les royaumes d'Angola (*b*) & de Congo (*c*) : la côte des Caffres n'eſt

(*y*) On trouve, ſur cette côte, des dents qui peſent juſqu'à 200 livres.

(*z*) L'or d'Axime eſt l'or le plus fin : il eſt à-peu-près de 23 carats. Celui de Tetu eſt le plus foible : les Nègres trouvent cet or dans le ſable des rivieres & des torrens ; ils en trouvent davantage lorſque la pluie a été abondante. En fouillant les terres on découvre auſſi quelques parcelles d'or. Ces côtes ont auſſi des mines d'où l'on en tire quelque peu.

(*a*) L'île de St. Thomé fournit une grande quantité de ſucre : mais il n'eſt pas fort beau.

(*b*) C'eſt d'Angola qu'on tire le plus de Nègres & les meilleurs. Les Portugais en enlevent le plus : cela alloit autrefois à 15 mille têtes, année commune.

(*c*) Le Congo fournit auſſi beaucoup d'eſclaves aux Portugais : comme le trajet de là au Bréſil n'eſt que de 30 à 35 jours, il n'en importante que par le Cap de Bonne-Espérance; la côte de Sofala (*d*) & Melinde ne sont visitées que par les Portugais : le royaume de Mozambique a une capitale bâtie sur une île, qu'ils possedent aussi; c'est le centre de leur commerce en Afrique, ils peuvent y faire hiverner leurs vaisseaux, & les y ravitailler. Le reste des côtes de l'Afrique est peu connu des commerçans. On tire de ces contrées de l'ivoire (*e*), de l'ébene (*f*), de la cire, des cuirs, des gommes, des plumes d'au-

meurt pas beaucoup dans le voyage. Il y a des Portugais, établis sur les côtes du Congo, qui ont jusqu'à trois mille esclaves. Une Société de Religieux à Loanda en a douze-mille.

(*d*) Le Royaume de Sofala est riche en mines d'or & en morfil. Les Nègres prétendent que ces mines rendent au-delà de huit millions de livres de France.

(*e*) Lorsque les dents d'éléphant sont en morceaux, ou travaillées, on leur donne le nom d'ivoire; & celui de morfil lorsqu'elles sont telles qu'elles ont été dans la mâchoire de l'animal. L'ivoire de Ceylon est préféré à tous les autres, parce qu'il jaunit plus difficilement.

(*f*) Le royaume de Mozambique a des forêts entieres de cet arbre, dont le bois est appellé ébene. Ce bois est extrêmement dur & pesant : il prend un beau poli. On en trouve de trois sortes dans l'île de Madagascar, du noir, truche, du musc, du riz, du millet, des tapis de coton, & des Nègres (*g*).

du rouge, & du vert. L'île St. Maurice, qui est aux Hollandois, fournit aussi une partie de l'ébene qu'on emploie en Europe. Les Indiens font avec l'ébene vert les statues de leurs Dieux, & les sceptres de leurs rois : ils s'en servent aussi à la teinture, & en tirent un beau vert. Depuis qu'on a trouvé le secret de bien noircir les bois durs, on se sert moins d'ébene noire.

(*g*) On appelle Nègres ces peuples de l'Afrique qui habitent la Nigritie, grande région qui a au-delà de 800 lieues de côtes, & qui s'étend plus de 500 lieues dans les terres. Toute la Zone torride n'a que des habitans ou noirs ou fort basanés. Depuis long-temps les Européens font un commerce de ces malheureux esclaves, qui vont périr dans les mines de l'Amérique, ou dans ces fournaises où se prépare le sucre. Les Espagnols, n'ont ordinairement ces esclaves que de la seconde main. Depuis les quatre années que dura encore le traité de l'Assiente après la paix de 1748, il s'est formé une Compagnie particuliere de marchands Anglois, qui sous de certaines conditions livre des Nègres à Buenos-Ayres. Cette entreprise a été formée par Crammond, négociant célèbre, il en a la direction : cela n'empêche pas les Espagnols d'acheter des noirs suivant leurs besoins dans les Colonies angloises ou françoises. Les meilleurs Négres se tirent du Cap verd, d'Angola, du Sénégal, du royaume des Jaloffes, de celui

Le Sénégal a en particulier des ſalines ; & les Portugais, ainſi que les Nègres

de Galam, & de la riviere de Gambie. Les Eſpagnols ont introduit une eſpèce de tarif pour ces eſclaves : un Nègre, depuis l'âge de 17 ans juſqu'à celui de 36 eſt compté & vendu ſur le pied *d'une pièce d'Inde ;* il ne coûtoit autrefois que 30 à 40 livres de France, aujourd'hui il en coûte beaucoup plus. Ceux qu'on achete, dans les forts, des marchands qui viennent les y vendre, ſont à meilleur prix, que ceux qu'on achete le long des côtes & à bord des vaiſſeaux, qui attendent à mettre à la voile qu'ils en ayent aſſez. Si un Nègre coûte 100 écus dans le fort, acheté par les vaiſſeaux qui vont partir il en coûtera au moins 130. Les nouvelles de 1764 rapportoient, que le prix des Nègres, dans les colonies Françoiſes & Eſpagnoles de l'Amérique, étoit ſi haut, qu'on en payoit juſqu'à 80 liv. St. & que le Gouverneur de la Martinique donnoit une gratification de 12 francs pour chaque Nègre entré ſur des vaiſſeaux françois. Un Nègre depuis l'âge de huit ans juſqu'à celui de 14 n'eſt compté que pour deux tiers d'une pièce d'Inde ; c'eſt-à-dire qu'il en faut trois pour deux pièces d'Inde. Les enfants, depuis l'âge de deux ans juſqu'à celui de ſept, ne ſont pris que pour une demi-pièce d'Inde : au-deſſous de deux ans les Nègres ne ſont point comptés ; depuis l'âge de 36 juſqu'à celui de 45 ils valent deux tiers, & depuis 45 juſqu'à 50 la moitié d'une pièce. On fait la traite des Nègres de différentes de Gambie, vont charger ce ſel pour le vendre le long des côtes.

manières : les uns ſe vendent eux-mêmes, avec leurs femmes & leurs enfans ; les autres ſont des priſonniers faits en guerre, ou enlevés par ſurpriſe & vendus par le plus fort. Voici comment la traite ſe faiſoit à Juda, il y a 30 ou 40 ans, & s'y fait ſans doute encore : les vaiſſeaux Européens, dès qu'ils ſont arrivés, payent au Roi 1080 livres de Cauris, aux grands du pays 225 livres, cinq au tonnelier du Roi, & une pinte d'eau de vie au crieur public ; enſuite ils achetent, tant au Roi qu'aux grands, neuf eſclaves, qu'ils ſont obligés de prendre à un certain prix, & qui ſont ordinairement ou vieux ou malades. Cela fait, ils ont le droit d'acheter, à auſſi bon prix qu'ils le peuvent, les eſclaves qui ſe trouvent à vendre : communément on donne en échange de l'eau de vie, des armes à feu, de la poudre à canon, de groſſes toiles de coton, des coquilles, &c. Les acheteurs viſitent les eſclaves : comme on ſait qu'un Nègre ne prend la barbe qu'à 24 ans, les gens du pays pour faire paroître leurs eſclaves plus jeunes qu'ils ne ſont, les font raſer de bien près, & paſſent enſuite ſur la peau une pierre ponce : les Portugais, pour découvrir la fraude, ont coûtume de leur lécher le menton. Quand on eſt convenu de tout, l'acheteur marque les eſclaves avec un fer chaud, & les fait enchaîner aux pieds deux à deux. Quand la traite eſt faite, il faut ſe hâter de partir : la vue de leur patrie met ces Nègres au déſeſ-

L'Abyssinie, où le sel tient lieu de monnoie, fournit de l'or, de l'argent,

poir : la musique est le seul moyen qu'on puisse employer pour les tirer de la tristesse où le départ les plonge. On compte qu'il en périt dans le voyage au moins un cinquieme, & quelquefois un tiers. Bientôt après leur arrivée il en meurt encore beaucoup, & l'on prétend qu'à la Jamaïque la moitié est emportée dans la premiere année. Aux îles, les Nègres se vendoient autrefois depuis 300 jusqu'à 500 livres, suivant leur jeunesse, leur vigueur, & leur santé : ils y font la richesse des particuliers. Celui qui en a douze, est déjà censé à son aise ; au bout de sept à huit ans le Nègre a bien payé son maître. Les Nègres multiplient beaucoup : cependant on ne peut pas même en conserver le nombre qu'on a sans en acheter tous les ans : le déchet annuel en Amérique va à un septieme. Les colons de Surinam affranchissent pour la plupart toute Nègresse qui est mere de six enfans. Un Nègre vaut aujourd'hui dans les plantations Hollandoises 4 à 500 florins de Hollande. En 1768 il s'est vendu, depuis le Cap Blanc jusqu'à Rio de Congo sur les côtes d'Afrique, 104100 esclaves Nègres à 15 livres Sterl. la pièce. Les Anglois en font passer annuellement 5300 aux Indes Occidentales, & l'on estime qu'il y en a 230 mille en Amérique. La justice, s'il peut s'en trouver à faire des esclaves, la prudence & une sage politique ont dicté les loix que la France a publiées sous le titre de *Code noir*. Il est ordonné que lorsqu'on punit de du cuivre, du fer, de la cardamome, du gimgembre, de l'aloès, de la myrrhe, de la civette (*h*), de l'ébene, de l'ivoire, de la cire, du miel, du coton, des toiles de coton, & des esclaves, dont la fidélité est célèbre.

mort un Nègre, le Gouverneur rende au maître ce qu'il en a payé, & cette somme est répartie sur toute la colonie. Le plan de ce commerce fut projetté par Las Casas, Evêque de Chapia, vers l'année 1516, & présenté au Ministre Espagnol, qui en donna le privilége exclusif à un nommé Chievres : celui-ci le vendit à des negocians Génois pour 23 mille ducats. Ces marchands formerent la Compagnie des Grilles, qui s'engagea à livrer 4000 Négres par an. La premiere livraison ne fut que de mille têtes, & se fit en 1517. On débarqua ces esclaves à St. Domingue, la moitié en fut envoyée au Mexique.

(*h*) La Civette est un animal qui a la figure d'un chien, & qui est fort commun en Afrique, aux Indes, au Pérou, au Brésil, dans la nouvelle Espagne, & en Guinée. Le parfum qu'il porte est appellé *Zibet* par les Arabes, & civette en Europe ; il se trouve dans un sac placé entre l'anus & le sexe de l'animal, à-peu-près comme le *Castoreum* des castors. Ce parfum est une matière onctueuse & balsamique, qu'il est très-aisé de sophistiquer. On éleve à Amsterdam de ces animaux pour en vendre le parfum, & on préfere la civette de Hollande à celle des Indes & du Levant :

Les Européens portent à ces peuples de l'Afrique des barres de fer, des eaux-de-vie, de la bierre, des bassins de cuivre, du verre, des cordes, des draps, de petites étoffes de laine, de la laine, du corail, des sabres, des trompettes, des cadenats, du cryſtal, des coûteaux, des chemises, de la toile, du papier, des pots de terre, des souliers, des chapeaux, du fil, de petits bijoux, de l'étain, des miroirs, de l'argent monnoyé, des étoffes de soie, des épices, du bois de sambouc (*i*), de l'iris, des armes à feu, de la poudre à canon, du plomb, des dragées, & des coquilles des Maldives (*k*).

l'once en coûte ordinairement une trentaine de florins.

(*i*) Le bois de sambouc est un bois odoriférant, que les marchands d'Europe tirent d'Amérique, & portent en Afrique pour en faire des présens aux Souverains de ce continent : on y joint ordinairement de l'iris de Florence.

(*k*) Les coquilles des Maldives ne sont reçues dans le commerce, que depuis le Cap-Blanc, jusques & y compris, le royaume de Juda. Il y a cependant des coquilles, nommées *Zimbi*, qui sont recherchées dans le Congo.

(*l*) On appelle sang de dragon une gomme

Parmi les îles de l'Afrique il faut surtout remarquer Madagascar, (autrement dite l'île Dauphine, ou l'île de St. Laurent, ou Madecasse) dont on tire de la gomme gutte, du sang de dragon (*l*), du sandarac (*m*), du cancanum (*n*) ou de la gomme blanche de fourmies, des bois pour la teinture, de l'ébene, du sandraha (*o*) plus noir encore, de l'aloès, de la cire, des cuirs, du sucre, du tabac, du poivre, du coton, de l'indigo, de l'ambre gris, de l'encens, du benjoin, de l'huile de *palma Christi* (*p*), du salpêtre, du soufre, de la canelle blanche, de la civette, du

qui découle de quelques arbres, communs dans les grandes Indes, aux îles Canaries, à Madagascar, &c. Les apoticaires l'employent : il sert aussi à la peinture & au vernis.

(*m*) Le Vernis des Arabes, ou le Sandarac, est une résine qu'on tire par incision, du Génévrier, le long des côtes d'Afrique.

(*n*) Le Cancanum, ou Cancamum, est une gomme fort rare, qui découle d'un arbre qui croît en Afrique, au Brésil, & dans l'île de St. Christophe.

(*o*) Le Sandraha est, après le bois dit de fer, le plus dur qu'on connoisse, il est le plus noir de tous.

(*p*) L'huile de *palma Christi* est une liqueur

cryſtal de roche, de la terre ſigillée, d'autres terres en bols, la pierre ſanguine (q), celle de touche, &c.; l'arbre Avo eſt une production fort utile de cette île (r).

L'île Bourbon, ou Maſcaregne, eſt bien cultivée : les François y ont fait de grandes plantations de caffé qui ont parfaitement réuſſi : la récolte paſſe 2000 tonneaux : ce ſont de Caffres, qu'on tire de l'Afrique & de Madagaſcar, qui travaillent dans ces plantations. Il ne manque qu'un port à cette île : & c'eſt ce qui a engagé les François à s'empa-

onctueuſe, épaiſſie, d'un jaune doré, & d'une odeur ſemblable à celle de l'iris : elle eſt tirée du fruit d'une eſpèce de palmier, aſſez commun dans pluſieurs contrées de l'Afrique, ſurtout au Sénégal; ce qui fait qu'on l'appelle quelquefois huile du Sénégal : quand elle eſt fraîche, elle tient lieu de beurre, & quand elle eſt vieille elle ſert à la lampe : la médecine en fait quelque uſage.

(q) La pierre ſanguine eſt un foſſile fort rouge, dont on fait des crayons. La pierre de touche eſt noire, fort dure, & d'un beau poli, elle ſert à éprouver les métaux.

(r) La ſeconde écorce de l'arbre nommé Avo, reduite en pâte, ſert à faire une eſpèce de papier, qu'on colle avec de l'eau de riz.

rer de l'île Maurice, où l'on conſtruit & radoube des vaiſſeaux, & où les vaiſſeaux françois ont leur rendez-vous & leur retraite.

Les îles Açores (*s*), que quelques Géographes rapportent à l'Amérique, ſont au nombre de neuf, & appartiennent aux Portugais; ces îles, où les Anglois ſont preſque tout le commerce, & d'où les Hollandois tirent une grande quantité de ces excellentes confitures de Fayal, produiſent des bleds, des vins, du paſtel, des cuirs, des citrons, des oranges, des confitures, &c.

Les îles Canaries ſont célèbres par leurs fruits, leurs ſucres, & leurs vins: Madere fournit entre autres des planches de cédre & d'if: cette ſeule île exporte, année commune, au-delà de trois mille meſures de bled, & huit mille bariques de vin.

(*s*) Acra, le port de Tercere, fait à-peu-près tout le commerce des îles Açores.

(*t*) La Tortue eſt un animal amphibie & teſtacé: il y en a deux eſpèces différentes, celle de mer & celle de terre. La tortue de mer, appellée *Caret*, eſt eſtimée à cauſe de ſon écaille: celle qu'on appelle *franche*, a une chair très-bonne à manger; les équipa-

Les îles du Cap-Verd, appellées îles vertes, à cause de la perpétuelle verdure qu'on y voit, & îles salées à cause de la quantité de sel qu'elles fournissent, sont au nombre de dix. On en tire des cuirs, des peaux de chèvre & de cabril, des poissons salés, de l'huile de tortue (*t*), du riz, du miel, du bled turc, des ananas, des citrons, des sucres, & du gingembre.

Sainte Hélène est une montagne, ou rocher élevé au milieu de la mer, dont les Anglois ont fait un lieu de rafraichissement : elle ne produit que des fruits, quelques drogues, des terres à couleur, & du sel blanc.

Socaterra, que d'autres rapportent à l'Asie, est célèbre par son aloès : on en tire aussi des gommes, du tabac, du riz, des dattes, de l'ambre gris.

ges des vaisseaux en consomment beaucoup, surtout lorsqu'il s'y trouve des matelots attaqués du scorbut. On sale la chair de tortue, ainsi que les œufs & les trippes. Il y a telle tortue qui donne jusqu'à deux barils de chair; le baril coûte jusqu'à 200 livres. On en tire aussi une huile qui est fort utile. Les îles de l'Amérique en pêchent beaucoup, & en consomment la plus grande partie.

Malte que nous placerons aussi parmi les îles de l'Afrique, produit du coton, du miel, de la cire, & des fruits.

§. 18.

DU COMMERCE DES PEUPLES DE L'EUROPE EN ASIE.

Il est, je pense, inutile de dire, que nous ne faisons mention des pays & des provinces, qu'autant qu'ils sont connus par le commerce; ce n'est point un traité de Géographie que nous écrivons, mais un ouvrage qui en suppose l'étude.

§. 19.

DU COMMERCE DE L'ARABIE, DU GOLFE PERSIQUE ET DE LA PERSE.

La Mecque & Médine, villes célèbres par les cinq caravanes qui y arrivent

(*u*) Le commerce de l'Arabie est entre les mains des Juifs & des Banians. Toutes les monnoies étrangeres y sont reçues, mais au poids, suivant le degré d'alliage. Les Européens appellent indistinctement Banian tout tous les ans, ſont fermées aux Chrétiens (*u*). Le commerce ſe fait par Ziden, qui eſt le port de la Mecque, & par Mocha, (*v*). Cette derniere ville eſt fort marchande : les caravanes (*x*) de Sues & d'Alep y portent une grande

marchand Indien : aux Indes on appelle ainſi une Caſte ou tribut, qui prétend aux mêmes avantages que celle des Brames.

(*v*) Le port de Mocha eſt dangereux : les bancs de ſable en rendent l'entrée des plus difficile, le ſecours des pilotes côtiers y eſt abſolument néceſſaire.

(*x*) Les caravanes ſont eſtimées peu riches, ſi elles n'apportent en argent que 200 mille pièces de huit, & 100 mille ducats : il ne s'agit ici que de ce qui eſt déclaré au douanier, & non de ce qui entre en fraude. Les caravanes ſont des voyageurs marchands, qui vont enſemble, & qui chargent leurs marchandiſes ſur des chameaux & ſur des mulets.

(*y*) La pêche des perles de Baharem occupe environ 300 barques : l'animal teſtacé où ſe trouve la perle eſt trois ou quatre fois plus grand qu'une huître ordinaire : on l'appelle huître-perle, ou mere-perle. Chaque huître donne dix à douze perles : les moindres peſent dix grains, & on en trouve qui en peſent 50. Il y a des pêcheries de perles dans les mers des Indes orientales, dans celles des Indes occidentales, & dans quelques endroits de l'Europe. Les pêcheries de l'Orient ſont à l'île de Baharem, dans le Golfe Perſiquantité de marchandises, & en retirent beaucoup. Il vient de là des toiles

que, à Catifa vis à vis de Baharem, à Manar sur les côtes de Ceylan, où l'on pêche les plus belles perles de l'Orient, quoiqu'elles soient petites, & aux côtes du Japon. En Amérique on pêche des perles dans le Golfe du Mexique, le long des côtes des îles de las perlas : aujourd'hui ces pêcheries ne produisent rien, il n'y a que celles de l'île de Gorgonia qui rendent quelques perles. On a remarqué que les perles de l'Amérique sont plus opaques que les perles orientales, mais qu'elles sont plus grandes. Il y en a une pêcherie dans la Tartarie Chinoise, près de la ville de Nipchoa, qui fut cause d'une guerre que les Chinois eurent à soutenir contre les Russes, à la fin du siècle passé. Les pêcheries d'Europe se trouvent dans quelques endroits de l'Ecosse, dans une riviere de la Baviere, dans la Baltique sur les côtes de l'île de Bornholm, &c. En Orient la pêche des perles se fait deux fois l'an, une fois aux mois de Mars & d'Avril, & l'autre aux mois d'Août & de Septembre. Les plongeurs portent un fer pour arracher les huîtres, qu'ils mettent dans un panier attaché à leur corps : lorsque leur panier est rempli, ou qu'ils ne peuvent plus retenir leur haleine, ils delient la pierre qui est attachée à leur pied, & secouent la corde : & on les retire de l'eau sur le champ. Dès que les barques ont leur charge, on gagne les côtes, & on jette à terre toutes les huîtres qu'on a pêchées : on les y laisse exde coton, de l'encens, de la myrrhe; de l'ambre gris, des pierres précieuſes,

poſées au ſoleil; la chair ſe corrompt bientôt; les huîtres s'ouvrent & l'on en retire les perles. Ces perles, après avoir été nettoyées, ſont paſſées par des cribles, qui ont des trous de différente capacité : on les claſſifie, & enſuite on les vend à l'enchere; les plus petites, qu'on appelle ſemence de perles, ſe vendent au poids. Aujourd'hui on s'y prend autrement ſur les côtes de la pêcherie. On emplit des tonneaux d'égale grandeur des huîtres que produit la pêche de chaque jour; on ferme ces tonneaux, & dès qu'on en a raſſemblé un certain nombre, on les vend à l'enchere tantôt ſur les côtes de Maduré & tantôt à l'île de Manar. Le prix ordinaire du tonneau eſt communément de 10 à 12 écus d'Hollande. Les marchands font enlever ceux qu'ils achetent, & après les avoir fait tranſporter chez eux, ils font ouvrir les huîtres, & voyent ſi la fortune les a favoriſés. L'éclat, la netteté de l'eau, la groſſeur, & la régularité de la forme font la beauté des perles. On appelle Parangons les perles parfaites. En Europe elles ſe vendent ordinairement au carat, le carat peſant quatre grains. La ſemence de perles non-percées, propres à être broyées, vaut à-peu-près trente écus la livre de ſeize onces : la ſemence de perles percées, propres à la broderie, en vaut environ quatre vingts. Les perles baroques, de 500 pièces à l'once valent treize à quatorze écus : celles de cent à l'once en valent quatre-vingts; de trente à des perles de Baharem (*y*), de l'aloès, des baumes, de la caſſe, de la gomme arabique (*z*), des plantes médicinales, & du caffé (*a*).

Gamron eſt le port de toute la Perſe,

l'once 300 écus. Les perles rondes parfaites, du poids d'un carat, peuvent valoir quatre écus la pièce; de deux carats 20 écus; de quatre carats 100 écus; de ſix carats 350 écus, de dix carats 1500 écus, &c. M. Linnæus a eu l'idée de nourrir des huîtres à perles pour augmenter le volume des perles, & il y a réuſſi. Il en préſenta en 1760 de très-groſſes à la Reine de Suède. Les perles fauſſes ſe faiſoient autrefois de verre, auquel on donnoit une ſorte de teinte avec du vif-argent : depuis on s'eſt ſervi de cire, qu'on a enduite d'une colle de poiſſon très-fine & très brillante. Aujourd'hui on a en France, le ſecret d'en faire qui approchent ſi fort des perles fines qu'on peut y être trompé. Celles de Veniſe ſont auſſi fort eſtimées.

(*z*) Je ne ſais pourquoi cette gomme eſt appellée arabique, car elle ſe tire d'un petit Acacia du Sénégal. La gomme adraganth ſort en forme de vermiſſeaux des branches du *Tragacantha*.

(*a*) Le caffé qui croît aux environs de la Mecque eſt eſtimé le meilleur de tous ceux que produit l'Arabie : on en connoit trois eſpèces, une appellée *Bahouri*, réſervée pour le Grand Seigneur & pour le ſerrail, & les deux autres appellées *Faki* & *Salabi*, dont on fait commerce.

& peut-être de toute l'Asie, où se fait le plus grand commerce : il est ouvert à toutes les nations de l'Europe, excepté aux Espagnols, & aux Portugais. Les Hollandois y portent de l'argent (*b*), des épices, dont ils fournissent toute la Perse, du bois de sapan & de santal, du sucre, du gingembre, de l'indigo, du vermillon, de l'encens, du benjoin, du vif argent, du plomb, de l'étain, du cuivre, des toiles, & des draps. Les Anglois y débitent très-bien leurs draps. C'est depuis la destruction de l'île d'Ormus, que Gamron est devenue si commerçante (*c*).

(*b*) Cet argent consiste en piastres ou réaux d'Espagne, & en écus de Hollande. L'or n'a point de cours dans le commerce, parce que les espèces d'or étrangères sont à si bas prix, qu'on n'y en porte plus : il n'y a en Perse que des espèces d'argent & de cuivre, on les pese. Les premieres sont souvent altérées, c'est ce qui est cause que les payemens se font en partie en monnoies de cuivre, ce qui, joint aux révolutions dont cet empire est agité depuis tant d'années, explique, comment il arrive que le commerce de Perse soit si peu de chose aujourd'hui : les Arméniens en font la plus grande partie. Ispahan & Tauris sont les villes qui ont le plus de commerce.

Les Perses s'adonnent peu au commerce de mer : on tire des provinces de ce royaume de la soie (*d*), des étoffes de

(*c*) Les Anglois aiderent les Persans à enlever aux Portugais l'île d'Ormus : on leur promit pour ce service, par le traité de 1620, la moitié des revenus de la douane de Gamron : cela montoit en 1674 à 40 mille livres Sterl. Ce droit fut cedé à la Compagnie des Indes Orientales, à condition d'entretenir un certain nombre de vaisseaux dans le Golfe Persique : la Compagnie ne fut pas exacte à remplir cet engagement, & dans la suite les Persans ne lui ont payé annuellement que trois mille livres sterl. J'ignore sur quel pied sont les affaires à présent.

(*d*) On prétend que la récolte que la Perse fait en soie, monte année commune, à 30 mille balles, du poids de 276 livres, dont il ne s'en employe pas mille dans les manufactures de Perse. Cependant les couleurs que les teinturiers persans donnent aux soies, sont superieures à celles d'Europe. En 1652 les Hollandois firent un traité avec le roi de Perse, par lequel ils s'engagerent à lui acheter par an 600 balles de soie, à condition qu'il leur fût permis de faire entrer à Gamron, ou ailleurs, pour la valeur d'un million de marchandises sans en payer les droits ordinaires : mais les Hollandois n'ayant pu trouver moyen de débiter une si grande quantité de soie, ils chercherent à obtenir qu'elle fut diminuée, & c'est ce qui leur fut accordé.

(*e*) Les couleurs des étoffes de Perse sont

ſoie (*e*), des étoffes de coton, des brocards (*f*), des tapis (*g*), des étoffes de poil de chameau, des porcelaines, du coton filé & en bourre, du chagrin de toutes couleurs, du tabac, de la noix de galle, du fer, de l'acier, du ſafran (*h*), de l'alun, du ſoufre, des vins de Schiras & d'Yerd, des amandes, des piſtaches, des chameaux, des chevaux & des mulets. Les Ruſſes font le commerce de la Perſe par Aſtracan, & par la mer-Caſpienne; ils

plus vives que celles des étoffes faites en Europe.

(*f*) Il y a des brocards ſi précieux que l'aune de Perſe en revient à 3300 livres de France : on emploie, ſur le métier où elles ſont tiſſées, juſqu'à trente navettes, & cinq à ſix ouvriers, auſſi n'en fait-on guerre qu'un quart de pouce par jour. Ces brocards ſervent pour des meubles, des portieres, des carreaux, des rideaux, &c.

(*g*) Ces tapis ſe fabriquent dans la province de Kirman, ſurtout à Siſtan : on les a appellés tapis de Turquie, parce qu'il en eſt venu en Europe par la voie de Smyrne.

(*h*) Le meilleur ſafran eſt celui des côtes de la mer Caſpienne & d'Aſtracan.

(*i*) Par épices on entend ordinairement la cannelle, les clous de girofle, la noix muſcade, & le macis : nous y joindrons, pour plus de commodité, le poivre & le gimgembre.

ont à Derbent un magaſin très-conſi-
dérable. La Géorgie & la Mingrélie

La cannelle eſt la ſeconde écorce d'un arbre qui ne croît maintenant que dans l'île de Ceylan, le long de la mer, dans un eſpace de quatorze lieues, depuis Negambo juſqu'à Gallieres. Le cannelier reſſemble par ſes feuilles au laurier; il ſeroit plus commun, ſi les Hollandois n'avoient grand ſoin d'arracher tous les canneliers qui croiſſent ſans culture, ou qui viennent dans d'autres cantons de l'île que ceux qu'ils peuvent ou veulent occuper. Cependant la récolte de la cannelle excede de beaucoup ce qu'on peut en débiter dans les Indes & en Europe. On enleve l'écorce en Juin & Août; on la fait ſécher enſuite au ſoleil, & on l'emballe. L'arbre, dépouillé de ſon écorce, eſt coupé juſqu'à la racine, il repouſſe, & au bout de ſept à huit ans, quelquefois de cinq ou de ſix, on peut le dépouiller de nouveau. Le fruit du cannelier donne une huile, dont on fait des bougies qui répandent une odeur bien forte. La cannelle Portugaiſe ne ſe trouve plus: on l'appeloit griſe ou ſauvage, elle croiſſoit dans le royaume de Cochin, ſur la côte de Malabar; les Hollandois s'emparerent du pays en 1661, & firent arracher tous les canneliers qui s'y trouverent. On prétend que cette nation débite en Europe 600 mille livres peſant de cannelle, & bien plus encore dans les Indes. Il s'en conſomme beaucoup en Amérique, particulierement au Pérou; les Eſpagnols ne ſauroient s'en paſſer dans leur chocolat. On font quelque commerce en vins & en soie, mais surtout en esclaves.

en compte neuf espèces de différente bonté : les jeunes arbres donnent la meilleure, & la qualité se perd à mesure que les arbres vieillissent: l'écorce doit avoir au moins deux à trois ans.

Le clou de girofle est le pistil de la fleur du giroflier. Cet arbre ne s'est jamais trouvé que dans les îles Moluques, & aujourd'hui on ne le trouve que dans celle d'Amboine, parce que les Hollandois l'ont fait arracher dans toutes les autres : ils payent, en dedommagement, au Roi de Ternate, un tribut annuel qui peut aller à 18 mille écus d'Allemagne, & se sont engagés à prendre tous les clous de girofle, que les habitans d'Amboine porteroient à leur magasin, à raison de sept sols & demi la livre. On en recueille plus qu'on n'en peut débiter. Le fruit de cet arbre a la figure d'un clou, dès qu'il est sec: on le cueille avant qu'il soit mûr, & cette récolte dure ordinairement depuis le mois d'Octobre jusqu'au mois de Février. Il s'en consomme une prodigieuse quantité aux Indes, & cinq à six mille quintaux en Europe : c'est au fort *la Victoire* qu'en est le grand magasin. Les Hollandois obligent les habitans d'Amboine à planter tous les ans un certain nombre de girofliers. Les clous de girofle se confisent.

La noix muscade est un noyau aromatique, que porte un arbre assez semblable au poirier : il croît dans les îles de Banda, surtout à Négra, à Lonthor, & à Poulo-aiy. Il y a

§. 20.

DU COMMERCE DES PEUPLES DE L'EUROPE AUX INDES ORIENTALES.

On peut ranger ſous quatre claſſes toutes les marchandiſes que fourniſſent

des muſcadiers ſauvages, qui s'élèvent à une plus grande hauteur que les muſcadiers cultivés. Quand le fruit eſt mûr, les habitans le cueillent : lorſqu'on l'ouvre & qu'on le dégage de ſon écorce, on trouve ſous cette premiere enveloppe une ſubſtance viſqueuſe, d'une odeur aromatique, & de couleur de ſafran : c'eſt ce qu'on appelle Macis, on le détache, & on le fait ſécher au ſoleil. Les noix muſcades ſont partagées en trois claſſes, qui ne différent l'une de l'autre que par le degré de bonté : les meilleurs paſſent en Europe, les autres ſont vendues aux Indes, & la troiſieme eſpèce, où ſont compriſes celles qui ne ſont pas mûres, celles qui ſont gâtées, & celles qui ſont trop petites, eſt deſtinée au preſſoir, où l'on en tire l'huile. Toutes celles qui paſſent en Europe ſont marinées, on les trempe dans une eau de chaux, (cette chaux eſt de coquilles calcinées) où elles ſe couvrent d'une petite croûte plâtreuſe ; enſuite on les met en tas pour qu'elles s'échauffent & que l'humidité s'en évapore : on confit auſſi les noix muſles Indes Orientales, savoir (1) les épices & les drogues (*i*), (2) les soies

cades, mais alors on les cueille avant leur maturité. On appelle improprement le macis fleur de muscade; il fait partie du fruit: on le vend plus cher que la noix. En 1761 il entra à Amsterdam, sur différens vaisseaux, 182420 livres pesant de noix ou de fleur de muscade.

Le poivre est le fruit aromatique d'un arbrisseau très-foible: on en connoît plusieurs espèces: la plus commune est le poive noir; il croît dans les îles de Java & de Sumatra, & dans le Malabar: on le soutient avec des échalas comme la vigne, ou on le plante au pied de quelque grand arbre: l'arbrisseau ressemble assez à nos groseillers. Le poivre blanc naturel est extrêmement rare; celui que nous connoissons sous ce nom, n'est que du poivre noir dépouillé de sa premiere pellicule, & séché ensuite. Celui du Malabar est le plus petit; c'est celui qu'on envoie ordinairement en Europe. A la Chine il y a une espeçe de poivre qui croît sur un arbrisseau plus fort & plus élevé. Le poivre long croît en Amérique, surtout dans la nouvelle Espagne, où on l'appelle *Acapathi;* on en trouve aussi dans les Indes: les vers s'y mettent aisément, quoiqu'il soit de tous les poivres le plus violent. Le poivre rouge, ou de Guinée, se cultive aussi en Europe, & vient dans des cosses: les Espagnols l'appellent piment, les François corail de jardin; ce poivre est originaire d'Amérique, & il y en a une espèce qui ne

&

& les étoffes de soie (*k*), (3) les cotons & les toiles de coton (*l*), (4) les

croît qu'au Pérou, & qu'on appelle *Agy*. Le poivre de la Jamaïque, appellé *Amomi*, est le fruit de l'arbre qui donne le bois d'Inde; celui de Thévet, aussi appellé *Amomi* par les Hollandois, a le goût des clous de girofle: nous avons parlé ci-dessus du poivre d'Afrique appellé *Malaguette*.

Le Gingembre est la racine d'une plante qui ne s'élève guère au-delà d'un demi-pied. Elle croît en abondance dans l'île de Ceylan, dans le Malabar, à la Chine, &c. Transplantée aux îles Antilles cette plante y a si bien réussi, qu'il ne nous vient presque plus de gingembre des Indes. Le gingembre verd se confit: les naturels du pays le mangent en salade: réduit en poudre on l'appelle épices blanches, ou petites épices. Celui qu'on transporte sec est trempé auparavant dans une saumure. Les Hollandois débitent, année commune, plus de dix mille livres pesant de gingembre confit. On compte que les îles Antilles en fournissent à l'Europe plus de 300 mille livres pesant. Les mariniers en consomment beaucoup sur mer.

(*k*) Les soies des Indes Orientales se tirent particulièrement de Perse, de la Chine, de la Cochinchine, du Tunquin, de Tripara, d'Azem, & de Bengale: celles de la Chine & du Tunquin sont blanches & fines: celles de Tripara sont grossières; celles de Bengale sont rudes & sans lustre: ces deux dernières espèces de soie, lorsqu'elles passent en Eumétaux, les diamans, ou en un mot les fossiles (*m*). Le commerce des In-

rope, ne s'emploient guère que dans les manufactures de Hollande & d'Allemagne.

(*l*) Le coton croît abondamment dans les états du Mogol, le long des côtes de Coromandel, dans le Bengale, & à la Chine. De toutes les toiles de coton on estime le plus les mousselines, dont les marchands du Mogol enlevent l'élite pour le Serrail de l'Empereur. Les plus belles toiles peintes au pinceau viennent de Golconde. & surtout de Masulipatan, où le rouge, qu'on tire d'une plante, nommée *Chay*, est d'une grande beauté, & dure aussi long-tems que l'étoffe. Cette plante ne croît que là. Le commerce coûteux de ces toiles est nécessaire cependant à ceux qui trafiquent en Guinée, à Angola, dans les colonies à sucre &c. parce que la chaleur excessive de ces pays ne permet pas aux femmes de porter des étoffes de laine ou de coton faites en Europe, & que celles de soie durent trop peu.

(*m*) Un auteur Anglois prétend que les Indes Orientales coutent à l'Europe, depuis la découverte du Cap de Bonne-Espérance, au delà de 200 millions Sterlings : car ce commerce ne peut se faire qu'avec de l'argent : il en est de même de celui qu'on fait avec le Levant & la Perse. On a soutenu qu'il circule en Europe pour 20 millions de fl. d'Hollande, de diamans ; & que les deux Indes en livrent tous les ans pour 5 à 6 millions. Cependant quoique les Européens ne rapportent des a trois branches, le commerce d'Inde en Indes (*n*), le commerce d'Inde

des Indes ni or ni argent, & qu'au contraire ils y en portent beaucoup, ils y ſont pourtant un commerce conſidérable de ces métaux, en les tirant d'un endroit pour les pourter dans un autre. La Chine, le Japon, le Pégu, Siam, Azem, Tripara, Camboie, la Cochinchine, les îles de Sumatra & de Macaſſar ſont les ſeuls lieux d'où l'on peut tirer de l'or: au Japon cependant l'exportation en eſt défendue. La Chine fournit le plus d'or, elle l'échange contre l'argent, qui lui manque: autrefois il y avoit un très-grand profit à faire dans ce commerce, cela a changé depuis: d'un autre côté le Japon a beaucoup d'argent, & ne paye les étrangers qu'avec ce métal. Le cuivre du Japon eſt le meilleur qu'on ait, il vaut en Europe 25 pour cent plus que le cuivre de roſette: les Hollandois en débitent beaucoup ſur les côtes de Coromandel, & dans le Bengale; il en paſſe auſſi une grande quantité dans la chaudronnerie d'Aix-la-Chapelle. On prétend que les Hollandois en font paſſer en Europe près de trois-mille quintaux. On trouve de l'étain & du plomb dans quelques endroits de la côte de Malaca: l'étain de Ligor dans le royaume de Siam eſt fort eſtimé; les Hollandois ſont, en quelque façon, maîtres des endroits d'où on le tire, & ils font paſſer de là beaucoup d'étain en Europe. Le fer ſe trouve en pluſieurs endroits: on en tire même d'ouvragé de la Chine. Quant aux diamans ils ſe tirent de en Europe, & le commerce d'Inde en Amérique. Les Hollandois l'emportent en ce point ſur toutes les autres nations (*o*) : les efforts qu'ils ont faits & la fine politique dont ils ſe ſont ſervis, leur ont aſſuré un commerce qui les enrichit, & auquel le ſalut de leur état paroît être attaché. Batavia eſt le centre de ce commerce, & le Cap de Bonne-Eſpérance le lieu de rafraîchiſſement pour les vaiſſeaux, qui revien-

Golconde, de Viſapour, de Bengale & de l'île de Borneo : ce ſont les ſeuls endroits où il s'en trouve. Les autres pierres fines ſe tirent des mines de Hava dans le Pégu, & de l'île de Ceylan : la mine de Hava donne des rubis, des ſaphirs, des topaſes, des améthyſtes, &c. la riviere de Ceylan en fournit également. Camboye eſt connue par la beauté de ſon agathe. Tucotrin, ſur les côtes de la Chine, & Aniau, ſur les côtes de la pêcherie, ont les plus belles perles de l'Orient.

(*n*) Pour les Anglois ce ſont les Gouverneurs, les Commis & les particuliers qui tirent le plus grand profit du commerce d'Inde en Inde ; la Compagnie en retire peu.

(*o*) Il faut pourtant excepter le commerce à l'Oueſt des Indes : c'eſt très-peu de choſe que les Hollandois y font en comparaiſon des Anglois & des François ; pour un navire hollandois qui aborde au Gange il en vient au moins cinq qui appartiennent à ces derniers.

nent des Indes & de la Chine. Les épices leur tiennent lieu d'argent (*p*) : ils

Surate, Jeda, Baſſora, la Perſe, toute la côte entre le Golfe perſique & le fleuve Indus ne voient guère qu'un vaiſſeau hollandois à demi charge, & dont la cargaiſon vaut à peine cent mille florins. Nous avons déjà remarqué que le commerce de la Compagnie hollandoiſe des Indes Orientales eſt déchu de ſon ancienne ſplendeur : nous ajouterons ici quelques remarques ſur ſes établiſſemens aux Indes, qu'on peut partager en deux claſſes ; la premiere eſt celles des lieux que la Compagnie a conquis, & où elle jouit des droits de Souveraineté ; la ſeconde eſt celle des lieux où elle a le privilége ou la coutume de naviger pour raiſon de commerce. De la premiere claſſe ſont Jacatra, Ceylan, Amboine, les îles de Banda, une partie de Macaſſar, & à quelque égard le Malabar : de la ſeconde ſont les places ſituées à l'Oueſt des Indes, Bengale, Coromandel, Surate, la Perſe, Mocha, & une partie de la côte occidentale de Sumatra. Il eſt aiſé de voir par-là que la Compagnie a donné trop d'étendue à ſes poſſeſſions. Dans les établiſſemens de la ſeconde claſſe, il y en a pluſieurs où les Hollandois pourroient retrancher une partie de la nombreuſe milice qu'ils y entretiennent, & une partie de la quantité embarraſſante des employés. Au lieu de ces comptoirs, en forme de directions, où l'on ſolde cinq ou ſix Conſeillers fort inutilement, & où la dépenſe & le faſte des Directeurs, qui prétendent devoir en impoſer ainſi aux en débitent même plus aux Indes qu'en Europe, & comme ils en sont seuls maîtres, ils y mettent le prix qu'ils veulent. A Surate ils bâtissent des vaisseaux : le bois qu'ils y coupent est fort dur, & résiste longtems à la pourri-

Maures, emportent une partie considérable des profits; au lieu dis-je de ces comptoirs, il vaudroit mieux n'avoir que de simples factories. Il est rare de pouvoir reprocher aux Hollandois un défaut d'économie, il a fallu qu'ils cherchassent un autre hémisphère pour s'en rendre coupables. Parmi les établissemens de la prémiere classe Batavia occupe le premier rang, & cette ville seroit encore plus riche & le commerce des Indes plus lucratif, si la Compagnie ne partageoit pas avec les employés son commerce des Indes à l'Europe; si elle réduisoit les dépenses ordinaires, si elle accordoit la liberté de la navigation & du négoce, à l'exception de l'Est de Batavia; & si elle diminuoit la quantité des employés. Il seroit fort utile à cette compagnie & à l'Etat que les nationaux Hollandois fussent propres à cultiver les terres; à leur défaut on a souhaité de faire passer aux Indes des colons Saltzbourgeois.

(*p*) Toutes les affaires aux Indes se font par des courtiers, que les Persans appellent *Dodal*, grands parleurs. Après avoir marchandé, ou plutôt parlé fort long-tems, le courtier du vendeur & celui de l'acheteur se donnent la main droite, qu'ils couvrent de leur habit ou ture & aux vers : ils devroient bâtir tous leurs vaiſſeaux dans ce port, car ceux qu'ils conſtruiſent ailleurs ne durent guère que dix à douze ans. Pondicheri, ſitué ſur la côte de Coromandel, fut le centre du commerce des François, la réſidence du Gouverneur, & le magaſin général. Les François ont encore un grand comptoir à Maſulipatan, & des loges en pluſieurs endroits : mais leur commerce n'a jamais été auſſi conſidérable qu'il pouvoit l'être (*q*); les Anglois l'ont tou-

d'un mouchoir. Le doigt étendu ſignifie ſix, plié cinq, le bout du doigt un, la main étendue 100, la main fermée 1000. Pendant ce commerce myſtérieux ces courtiers gardent le plus grand ſérieux. Les petits comptoirs ou loges des Européens répandus çà & là ſont ordinairement gouvernés par des Agents noirs qu'on appelle Topaïs.

(*q*) La derniere guerre avoit achevée de ruiner le commerce des François aux Indes : la paix devoit rétablir les choſes ſur le pied où elles étoient en 1749 : mais nous avons déjà vu que la Compagnie des Indes n'a pu ſe ſoutenir. Ce qui a nuit beaucoup au commerce des François c'eſt l'avidité des Gouverneurs & des commis. La grande faute qu'on a faite aux Indes, c'eſt d'avoir diſcipliné les naturels, & inſtruit les Indiens dans l'art mijours emporté ſur eux (*r*) : Madras (*s*), ou St George, eſt la principale place qu'ils occupent, & la réſidence du Gouverneur : après Madras c'eſt Goudelour, ou S. David, qui eſt la place la plus importante ; l'une & l'autre ſont ſituées ſur la côte de Co-

litaire de l'Europe. On prétend que les François ont été les premiers à les inſtruire de cet art dangereux : ils s'en repentent ſans doute, & tôt ou tard ces peuples reprendront le deſſus. S'il ſe trouve quelque homme, auſſi habile qu'entreprenant, il lui ſera bien aiſé de detruire les nations Européennes l'une après l'autre : il ne faut aux Indiens qu'une marine reſpectable : en courſes ſur mer ils ſont hardis & courageux, peut-être que l'uſage d'une plante, nommée *Bang*, qui les irrite & les enivre, y contribue.

(*r*) Les établiſſemens des Anglois aux Indes ſont diviſés en trois Gouvernemens ; celui de Bombai, dont dépendent les Comptoirs de la côte occidentale de la Péninſule & ceux de Perſe ; celui de Madras dont dépendent les comptoirs de la côte orientale, & celui de Calicutta dont dépendent les établiſſemens dans le Bengale.

(*s*) Les Anglois font par Madras le commerce des îles Manilles. Ordinairement il arrive d'Angleterre à Madras quatre à cinq vaiſſeaux, quelquefois ſix. La charge du retour de ces vaiſſeaux eſt eſtimée à deux-cens-mille livres Sterling. Madras eſt bâti ſur un territoire qui fut donné à la Compagnie par le romandel. Les Espagnols font peu de commerce aux Indes : les îles Philippines & les îles Mariannes sont les seules possessions qu'ils y ayent (*t*). Les Por-

grand Mogol : il a cinq milles le long des côtes, & un mille du côté des terres. On comptoit, en 1740, deux cents cinquante-mille habitans à Madras, & cette ville payoit alors 70 mille pagodes d'impôt ; son accroissement est dû à la ruine de St. Thomé. Saint David, qui est près de là, rend dix-mille pagodes à la douane : de ces deux endroits par tout ce qui est destiné pour l'Europe. En général le commerce des Indes emporte beaucoup d'argent ; les vaisseaux qui vont faire ce commerce chargent en or ou en argent pour la valeur de sept huitiemes, selon d'autres de trois quarts, de la valeur totale de la cargaison. Les partisans de la Compagnie des Indes, comme Davenant & Child, ont soutenu que ce commerce augmentoit tous les ans de 600 mille liv. st. la masse générale des richesses de la nation. Ceux au contraire qui sont opposés à ce commerce, soutiennent qu'il enleve annuellement à l'Angleterre 400 mille l. st. D'après quelques calculs on a trouvé que depuis 1712 jusqu'en 1717, c'est-à-dire dans le cours de cinq années, on a exporté, y compris l'exportation clandestine, en matières d'or & d'argent un excédent de 168286 l. st. sur ce qui en est rentré pour des marchandises des Indes réexportées.

(*t*) Cependant les Espagnols sont la nation

tugais envoient tous les ans quelques vaisseaux à Goa (*u*) ; le Roi les équipe à ses frais ; mais ce commerce est presque détruit. Celui qu'ils font d'Inde en Inde se fait sur de petits vaisseaux, qui arborent souvent le pavillon de quelque puissance Orientale. Chaque Gouverneur fait pour ainsi dire pour lui seul le commerce de sa place : le centre de ce commerce est à Goa, d'où l'on tire

du Monde qui pourroit faire le commerce des Indes avec le plus d'avantage : la navigation d'Acapulco aux Philippines a porté jusqu'à présent à la nouvelle Espagne les marchandises des Indes, qu'elle n'auroit du recevoir que par Cadix & Seville : on a mis fin à ce commerce direct. Il seroit bon peut-être de réunir en une seule compagnie le commerce des deux Indes.

(*u*) Tous les ans il part de Lisbonne pour Goa un vaisseau de 800 tonneaux, quelquefois deux ; mais cela est rare. La cargaison peut être estimée à un million d'écus d'Allemagne : elle consiste en corail, en papier d'Italie, en écarlate de Hollande, en tabac de Portugal, & en argent. On prétend que l'argent que les Portugais envoient aux Indes Orientales, monte, année commune, à près de 360 mille écus d'Allemagne, le corail à 150 mille ; le tabac est entièrement pour le compte du Roi, qui en fait le commerce exclusif. Le retour du vaisseau consiste en diale meilleur arack (*v*). Les Portugais ont encore un autre établiſſement à Diu, & quelques comptoirs ailleurs. Le commerce des Danois aux Indes s'étend de jour en jour. Il faut eſpérer que le commerce des Indes ſera bientôt borné aux matières premieres qu'on en retire, & que leurs manufactures ceſſeront de faire tort à celles d'Europe (*x*). On eſt embaraſſé ſur la nature du Leſt pour les vaiſſeaux qui vont aux Indes & qui en reviennent (*y*).

mans, en étoffes & toiles, en ſalpêtre, en indigo, en muſc, & en ambre gris.

(*v*) Le véritable Arack eſt une liqueur qui découle d'un arbre, par une inciſion qu'on y fait : cet arbre, qui reſſemble aſſez au bouleau, vient dans pluſieurs endroits des Indes. On fait de l'Arack une boiſſon appellée par les anglois Punch. On croit que c'eſt aux Ruſſes & aux Hollandois qu'on doit l'uſage de l'eau de vie de riz, qu'on veut faire paſſer quelquefois pour de l'Arack.

(*x*) On peut déjà ſe paſſer de la porcelaine de la Chine & du Japon : la Suiſſe & la Normandie imitent les mouſſelines ; les toiles de coton ſe fabriquent partout : les fabriques des pékins, des ſatins, des damas, des armoiſins, des gourgourans ont de grands ſuccès en France, & les pékins de Valence en Eſpagne l'emportent ſur ceux des Indes.

(*y*) Le Baron Imhoff propoſa aux Hollandois

Nous allons jetter un coup d'œil sur les provinces des indes les plus connues par le commerce que les Européens y font, & nous commencerons par le Mogol.

Cet Empire est un goufre pour les espèces d'or & d'argent que les Européens y portent : elles n'en sortent guère après y être une fois entrées (z). On y porte aussi beaucoup d'épices, des cuirs, de l'étain, des draps, &c. les chevaux & les éléphans y sont aussi d'un bon débit. On tire du Mogol des soies, des étoffes de soie, des étoffes de coton, des toiles (a) peintes, des brocards, de l'indigo (b), du sucre candi, de

le caffé & le sucre pour servir de Lest; prétendant, comme de raison, que le sable & le salpêtre sont dangereux.

(z) On y porte des réales, des richsdalers de Flandre, de Suède, de Dannemarc, d'Allemagne, des ducats, des louis de France, des pistoles d'Italie, des guinées, &c. Mais cette derniere espèce de monnoie n'y vient qu'en contrebande & en petite quantité.

(a) Les Anglois font teindre à Amadabat les toiles qu'ils achetent aux Indes, & tirent leur indigo d'Agra.

(b) L'Indigo croît dans le territoire de Surate aux environs d'Agra & d'Amadabat, dans la caſſonade (*c*), des confitures, du cumin, du miel, de la laque (*d*)

le Bengale, dans le royaume de Golconde, & ſur toute la côte de Coromandel Les Hollandois le cultivent dans l'île de Java & avec ſuccès. Aux Indes Occidentales il eſt fort commun, ſurtout en Terre ferme, aux Antilles, dans la Louiſiane. Celui d'Agra eſt le plus eſtimé : vient enſuite tout l'indigo qui ſe tire du Mogol, & qui coute vingt pour cent de plus que l'indigo du reſte de l'Inde. Le commerce de cette drogue eſt conſidérable : on aſſure que les Hollandois en font paſſer 50 à 60 milliers peſant en Europe. Les Indiens le ſophiſtiquent volontiers. Nous en avons déjà fait mention.

(*c*) Les Hollandois raffinent en Hollande la caſſonade du Bengale.

(*d*) Le nom de laque eſt commun à pluſieurs drogues, qui ſervent aux teinturiers, aux peintres, & dans les apoticaireries. Celle des peintres eſt de trois eſpèces : il y a la laque fine ou de Veniſe qu'on fait partout, la laque platte ou colombine, & la laque liquide, ce ſont des compoſitions de différentes drogues. La laque des teinturiers, dont on fait auſſi la cire d'Eſpagne, eſt une gomme qui vient des Indes, ſurtout des royaumes de Pegu, d'Azem, de Guzurate, & de Bengale : elle paroît être l'ouvrage de quelques inſectes; elle donne une fort belle couleur rouge; les Indiens s'en ſervent pour leurs toiles, les Levantins pour leurs maroquins, les Anglois & les Hollandois en font une eſpèce d'écarlate;

de l'opium, du borax, du gingembre, des mirobolans (*e*), du salpêtre (*f*), du sel ammoniac (*g*), de l'ambre gris, du musc, & des diamans.

C'est le Roi de Guzurate, qui de tous les Princes de l'Indostan possède les plus beaux ports, & Amadabat, capitale de son royaume, est la ville qui a le plus de commerce, de manufactures, & de fabriques, si l'on

on l'appelle ordinairement laque en bâton, parce qu'elle vient ainsi des Indes. La laque que les médecins emploient n'est autre chose que du Cancanum.

(*e*) Les Mirobolans sont une espèce de fruit employé dans la médecine comme un purgatif: ils croissent dans les environs de Goa, dans le Décan, dans le Malabar, dans le Bengale, &c. On s'en sert peu aujourd'hui.

(*f*) C'est à Amadabat que les Anglois & les Hollandois font raffiner le salpêtre qu'ils tirent des états du Mogol. Les Banians y font un grand commerce de change; il n'y a point de places dans les Indes sur lesquelles ils ne donnent & n'acceptent des assignations.

(*g*) Le sel ammoniac naturel est fort rare; c'est-à-dire celui qui vient de l'urine des chameaux: celui qu'on tire des Indes Orientales est une terre salée qu'on travaille comme le salpêtre, il est aussi fort rare. Le sel ammoniac factice se tire de l'urine des hommes &

en excepte Surate (*h*) dont le commerce eſt encore plus étendu. Cambaye eſt auſſi une ville d'un grand commerce : on tire de là des pierres fines, des drogues, des herbes médicinales, des bois pour la teinture, les parfums & autres uſages ; de l'indigo, du camphre, du ſoufre, du turbit (*i*), du galanga (*k*), du

des animaux, après qu'on y a mis du ſel commun & de la ſuie : il vient ordinairement de Veniſe & de Hollande. Ce ſel eſt employé dans la médecine, comme auſſi par les teinturiers, par les orfèvres, les épingliers, les maréchaux, &c.

(*h*) Le commerce qui ſe fait dans cette ville eſt incroyable ; il faut ſe garder de la friponnerie des Banians : on ſophiſtique les drogues, on gâte les marchandiſes, &c. Par exemple quand on livre les toiles écrues pour être blanchies, il arrive que pour épargner le jus de limon, on bat les toiles beaucoup trop ſur la pierre.

(*i*) Le Turbit eſt une racine médicinale : c'eſt une eſpèce de *convolvulus*. On y ſubſtitue ſouvent la thapſie blanche, qu'on nomme auſſi Turbit gris.

(*k*) Le Galanga eſt une racine médicinale : il y en a une grande & une petite. La plante eſt appellée *Lagundi* par les Indiens. Les Indiens ſe ſervent de l'une & de l'autre pour aſſaiſonner leur nourriture ; & les vinaigriers, nard (*l*), du lapis, de *l'Assa fœtida*, du borax, de la scamonée, du benjoin, des étoffes, de la rhubarbe, (*m*) &c.

La côte des Indes s'étend depuis les frontieres de Guzurate jusqu'au Cap de Comorin. Le royaume de Decan situé le long de cette côte a des étoffes de soie, & de coton, du salpêtre, & du poivre (*n*). Le Malabar a de la cardamome (*o*), du bétel (*p*),

pour donner de la force à leurs vinaigres. L'huile pure des fleurs du galanga est très-précieuse & très-rare : c'est un parfum délicieux.

(*l*) Le Nard ou Spic Nard Indien est une racine dont les Indiens se servent pour assaisonner leurs mets, & qui est employée dans la médecine.

(*m*) La rhubarbe qu'on achete à Surate & à Cambaye vient de Bocara vers la Tartarie, ou de Bontan au Nord de Bengale.

(*n*) Du moins c'est là où on commence à trouver du poivre.

(*o*) La cardamome se recueille dans le royaume de Cananor, sur des lieux montagneux; on prétend qu'on n'en trouve point ailleurs. On s'en sert aux Indes pour assaisonner les mets.

(*p*) Le bétel est une plante d'une grande réputation dans tout l'Orient, mais principalement aux Indes Orientales : ses feuilles sont

& surtout une grande quantité de poivre, (q), qui est fort estimé, du riz (r), du gingembre, du miel, de la casse, de l'ambre gris, & quelques espèces de pierres fines.

La côte de la pêcherie ou de Maduré,

remplies d'un suc rouge : les Indiens en mangent continuellement avec *l'areca*, espèce de noix, cela leur rougit beaucoup les lèvres: ils en portent toujours dans des boîtes & se le présentent mutuellement, comme on fait en Europe avec le tabac en poudre. Cette plante a une tige très-foible, & aime les lieux humides: les champs où on la cultive sont coupés par des rigoles, qu'on a soin d'entretenir pleines d'eau. La feuille a la forme de celle du citronnier : son fruit n'est d'aucune utilité : on prépare la feuille avec la noix de l'areca & un peu de chaux brûlée, faite de coquilles. Les Indiens y ajoutent quelquefois du *Cachou*, qu'ils aiment beaucoup, parce qu'il provoque à la volupté. En général l'effet de cette plante est de faire saliver, de conserver les dents, de rendre l'haleine agréable, & d'échauffer.

(q) On prétend que les François enlevent, année commune, 150 mille livres pesant de poivre; le meilleur se trouve depuis Visapour jusqu'au Cap Comorin; le plus petit est le plus estimé aux Indes.

(r) Il y a du riz noir, & du riz blanc : on en fait deux récoltes par an. Les terres du Malabar sont très-fertiles.

qui s'étend depuis le Cap de Comorin jusqu'à Negapatan, n'offre guère dans l'intérieur des terres qu'un pays aride, ni d'autre commerce que celui des perles (s).

La côte de Coromandel s'étend depuis Negapatan jusqu'à Masulipatan (t) qui est le principal port du royaume de Golconde. Les plus grands comptoirs des Européens sont sur cette côte, savoir Madras (u), Pondicheri, Négapatan & Tranquebar. On tire de là des cotons, des étoffes de soie, beaucoup de riz, surtout du royaume de Golconde, où il s'en fait deux récoltes par an, & des pierreries (v).

(s) La pêche du premier jour appartient de droit au Naik ou Souverain du pays.

(t) Les environs du fort de Divicote ont le sol le plus fertile de toute la côte de Coromandel. Depuis Masulipatan jusqu'au Cap Comorin il n'y a aucun port où un vaisseau de 300 tonneaux puisse entrer : l'embouchure de la riviere de Colram est le seul endroit où l'on pourroit en faire un.

(u) Le Fort Saint David n'est qu'à douze milles de Pondicheri. Les Anglois acheterent ce territoire d'un Prince Indien ; le fort qu'ils y bâtirent est très-bien fortifié, il dépend du Gouverneur de Madras.

Dans le royaume de Bengale c'eſt à Kaſſembazar, à Ougli, à Pipeli, & à Bellezoor que les Européens ont leurs plus conſidérables établiſſemens. Les Hollandois tirent de Kaſſembazar plus de ſoie que toute l'Aſie enſemble; la récolte doit y monter à 22 mille balles de 100 livres chacune. Il y a à Choupart d'excellentes raffineries de ſalpêtre, & le débit en eſt conſidérable. On porte au Bengale de l'argent, du cuivre, de l'étain de Malaca, du vermillon, du mercure, de la porcelaine des Indes, des miroirs, des draps, des épices, & du morfil. On tire de ce royaume des ſoies crues, des cotons, du caffé, des cauris ou coquilles des Maldives, de la cire, de la gomme gutte, de l'indigo, de la laque, des parfums, du ſel, du riz (*x*), du ſalpêtre, de la *terra merita*, ou

(*v*) Il eſt dangereux pour les vaiſſeaux de demeurer ſur ces côtes après le 15 Octobre, & d'y retourner avant le 20 Decembre. Il regne dans cet intervalle des ouragans qui durent pluſieurs jours.

(*x*) Les Hollandois tirent du riz une eau de vie bien violente; ils lui ont donné le faux nom d'Arack, qui eſt tout autre choſe. Cette concoume, des sucres, du borax, des racines médicinales, des tapis, des étoffes, des confitures, & des diamans. Ce que les Européens enlevent le plus ce sont des basins, des coutils, des toiles & autres étoffes de coton, & du salpêtre.

Le Royaume d'Asem n'a pas un fort grand commerce; la laque qu'on en tire est fort estimée.

Au bord du Gange, vers le Nord, est située Benarez, une des plus grandes villes des Indes : ses étoffes de coton sont un objet de commerce assez important.

On tire du royaume d'Aracan des bois de construction, du plomb, de l'étain, du vernis, de l'ivoire, des éléphans, &c. Les pirates de ce pays infestent tout le Golfe.

Le royaume de Pegu a quelque peu d'or, d'argent, de pierres précieuses, & de perles, du fer, des bois

eau de vie leur est fort nécessaire pour leurs matelots.

(y) L'Areca est un fruit bien fameux dans les Indes : il est amer, & fait beaucoup cracher : on prétend qu'il fortifie l'estomac. Il ressemble beaucoup au cocotier. Le royaume de Siam en exporte 6 à 7 mille quintaux.

de construction & du gingembre : les rubis qu'on tire de là sont fort estimés. Le plomb y tient lieu de monnoie.

La Péninsule de Malaca a un des plus beaux ports des Indes : les Hollandois en sont maîtres; ils ont achevé de détruire le commerce de cette Péninsule : les Portugais ne leur avoient pas laissé beaucoup à faire.

Le royaume de Siam, un des plus puissants des Indes, produit beaucoup de bétel & d'areque (*y*), il a des mines de plomb, d'étain, & d'argent. Les Hollandois firent autrefois un traité avec le Roi de Siam, par lequel ce prince leur accorda le droit exclusif d'acheter l'étain (*z*). Ce pays fournit encore des bois de construction, (les Hollandois en transportent beaucoup à Batavia) des peaux de bufle, de daim, & de tigre, dont on ne sauroit se passer quand on veut faire le commerce du Japon, de la gomme laque, du

(*z*) Les mines de Lagos sont les plus considérables : les Hollandois font commerce aux Indes de cet étain, & s'en servent pour lester quelques vaisseaux à leur retour en Europe.

miel, de la cire, du ſucre, du poivre, du riz, du ſel, du vernis (a), du ſalpêtre, de la gomme gutte, de l'ambre jaune, &c. Depuis que les François furent chaſſés de ce royaume en 1688, ils y ont eu plus de Miſſionnaires que de Marchands. Les Siamois font preſque tous commerce, & leur Roi eſt un des plus grands commerçants.

Le royaume de Laos a la plus belle gomme laque qui ſe trouve aux Indes : il y a auſſi beaucoup d'éléphans, de bon riz, &c.

Le royaume de Camboye fait un bon commerce de peaux de cerf, de bufle & d'autres bêtes fauves.

(a) Le vernis de la Chine eſt, ſelon le pere le Comte, dans ſes *Memoires de la Chine*, non une compoſition, mais une gomme que jette un certain arbre, & qu'on delaye avec de l'huile. Celui de Siam & du Tunquin eſt fort beau, celui du Japon l'eſt encore plus, celui de Perſe eſt du Sandarac delayé dans de l'huile de lin. En Europe on fait pluſieurs ſortes de vernis : on en compte juſqu'à dix eſpèces; il entre dans toutes de la térébenthine. On prétend en avoir fait de bien beau en France avec du fromage de Griers & de la chaux vive : le vernis de Martin eſt encore un ſecret; tout le monde ſait qu'il eſt fort beau,

La Cochinchine fournit de l'or, du bois de Calembac (*b*), des ſoies, du ſucre, de l'areque, du bétel, du riz, & des nids d'oiſeaux (*c*).

Le Tunquin fournit des ſoies en abondance, du muſc, des écailles de

& qu'il dure très-long-temps. Le célèbre M. Marggraf, dont le génie inventif s'étend à tout, en a trouvé un qui ſemble l'emporter ſur tous les autres, & qui s'applique parfaitement ſur les métaux.

(*b*) Le bois de Calembac, ou Tembac, eſt le cœur de l'aloès. Il y en a de trois eſpèces; la premiere & la plus rare eſt d'un prix qui excéde celui de l'or, tant on l'eſtime aux Indes. Cet arbre croît à la Chine, dans la Cochinchine, &c. On s'en ſert pour parfumer, on l'emploie comme un cordial, & on y enchaſſe les bijoux les plus précieux.

(*c*) Ces nids d'oiſeaux ſont les délices de tous les Indiens : il eſt faux qu'ils s'en ſervent comme d'épices pour aſſaiſonner leurs mets; au contraire il n'y a rien de plus fade à manger que ces nids, qu'il faut aſſaiſonner, mais qu'on regarde comme fort nourriſſans, & fort convenables aux malades. Il s'en trouve au Tunquin, dans la Cochinchine, dans les îles de la Sonde, aux îles Philippines & aux Moluques, & particulièrement dans le royaume de Champa. Les oiſeaux qui bâtiſſent ces nids, ſont aſſez ſemblables aux hirondelles : la plus grande partie en paſſe à la Chine, où ils valent cinquante taels le quintal : il eſt prouvé tortue, du bois d'aloès (*d*), du sucre, de la laque, du riz & des nids d'oiseaux. Il s'y fait aussi un commerce de chair de tortue salée. On y porte de l'or & de l'argent, surtout des piastres, des épices, du

aujourd'hui que la matière dont ils sont composés est une espèce de glu, que ces oiseaux ramassent sur le bord de la mer, & qui pourroit bien être une production du regne animal. Les Hollandois en font grand usage aux Indes.

(*d*) Le nom d'Aloès est commun à trois choses différentes : à un arbre très-rare, à une drogue, & à une plante de la racine & des feuilles de laquelle on tire cette drogue, qui en est le suc. L'arbre ressemble à l'olivier : le tronc est composé de trois différens bois. Immédiatement sous l'écorce il est noir, compact, & pesant, c'est ce qu'on appelle bois d'aigle : après celui-là vient un bois d'une couleur tannée, léger, veineux, c'est ce qu'on appelle bois de Calembouc ; enfin le cœur est le bois de Calembac. La plante qu'on appelle aloès croît en beaucoup d'endroits des Indes Orientales & Occidentales : il s'en trouve aussi en Europe, surtout en Espagne. Une erreur populaire est que cette plante ne fleurit que tous les siècles une fois. L'aloès employé dans la médecine est le suc de la racine ou des feuilles de cette plante : il y en a de trois espèces, le socotrin ou lucide, le citrin & le cabalin, c'est le même suc plus ou moins épuré ; on ne se sert guère que du premier.

poivre,

poivre, du vif argent, des draps, & de l'ambre jaune. Les especes de monnoies les plus connues dans le commerce des Indes sont les roupies (e).

§. 21.

DU COMMERCE DES PEUPLES DE L'EUROPE A LA CHINE.

Le commerce de la Chine se fait par mer, & par terre; celui-ci par le

Il y a encore l'aloès hépatique, qui vient des îles de l'Amérique, & qui est tiré de la racine d'une plante assez semblable à l'aloès de l'Orient. L'Aloès du Tunquin vaut jusqu'à mille écus la livre. Les Mahométans regardent cette plante comme sacrée; au retour du pélérinage de la Mecque, ils ont grand soin de la placer sur la porte de leur maison.

(e) La Roupie est une monnoie; il y en a d'or & d'argent: celle d'or pese deux gros trois quarts & onze grains, & vaut 21 livres de France, ou huit florins & demi: on a des demies & des quarts de roupies. La roupie d'argent est d'une valeur inégale: les nouvelles sont rondes, quelques-unes des anciennes étoient quarrées: elles ont toujours plus de valeur dans le lieu où elles ont été frappées qu'ailleurs, & les nouvelles valent moins que les anciennes; non que le poids & le titre moyen des caravanes (*f*). Ce commerce n'eſt bien ouvert que depuis 1685, les Chinois ayant toujours évité de laiſſer une libre entrée aux étrangers, à qui ils aiment mieux porter

en ſoient meilleurs, mais parce que les Souverains en hauſſent la valeur idéale, pour empêcher leurs ſujets de les enfouir, ce que les Indiens ont coûtume de faire. Les roupies de Pondicheri ont le plus de cours, parce qu'elles portent l'empreinte de celles d'Arcate, qu'on préfere à toutes les autres : elles valent aujourd'hui 48 ſols de France, & ont cours pour 50 à 52. Dans le royaume de Guzurate les malmoudis ont cours. ils valent douze ſols. La pagode des Indes vaut trois roupies, c'eſt-à-dire à peu-près huit livres dix ſols, le fanon vaut 6 ſols; le demi-fanon trois : le peſſar eſt la cinquieme partie du fanon, il eſt de cuivre, ainſi que les ducani dont quatre font un peſſar. La roupie d'or vaut 15 à 18 roupies d'argent : la pagode a trois guengrenats & vaut quatre roupies d'argent; celle de Madras trois roupies 6 fanons, la pagode à l'étoile vaut trois roupies quatre fanons, & par Lacks on entend une ſomme de cent-mille roupies ou 250 mille livres ou environ. En Orient preſque tout ſe vend au poids : le Mein, poids de Surate, eſt de 34 livres cinq onces poids de marc : le Cobit ou l'aulne de Surate eſt de deux pieds ſeize lignes, pied de Roi.

(*f*) Les Ruſſes font le commerce de la

leurs marchandises. Il n'y a point de peuple qui entende le commerce, ou plutôt le *trafic*, comme les Chinois ; ce sont les Juifs de l'Orient ; ils disent que toutes les nations du monde sont aveugles en fait de commerce, que les Hollandois ont un œil, mais que pour eux ils en ont deux. Canton (g) est le port où se font tous les chargemens pour l'étranger, & où abordent tous les vaisseaux. Les Chinois font eux-mêmes, sur leurs propres vaisseaux, le commerce d'Inde en Inde. Les Européens y viennent charger les marchandises dont ils ont besoin, & ces marchandises sont de la soie, des étof-

Chine par le moyen des caravanes, qui depuis 1693 partent régulierement tous les ans. Ils portent aux Chinois des cuirs secs & des fourrures : & leur achetent du thé, de la soie, des étoffes, des perles, & de l'or, des toiles peintes, de la rhubarbe, &c.

(g) On y charge pour l'île de Hainam, pour la Cochinchine, pour Cambaye, le Tunquin, le royaume de Siam, Batavia, le Japon, les Manilles, Surate, les Maldives & pour Achim. Madras envoye quelques vaisseaux à Canton ; les Anglois y font passer leur plomb, leur argent, & quelques marchandises des Indes pour en tirer de l'or, du tintenaque, de la porcelaine, des soies, &c.

ses de soie de toute espece (*h*), du coton, des toiles de coton, du cuivre, du tintenaque (*i*), du thé (*k*), du camfre, du musc, du lin, des sucres,

(*h*) Ce sont sur-tout les provinces de Nanquin & de Chekiam qui font une abondante récolte de soie, & qui ont un nombre proportionné de manufactures d'étoffes. Il arrive tous les ans de là à Pékin au moins 200 barques chargées de draps d'or, de damas, de satins, de velours, &c. sans compter ce qui est fait pour l'Empereur & ses femmes. Les soies qui se vendent [illegible] écus à Nanquin en coûtent [illegible] à Canton, & 300 à Siam : ce seroit un très-grand profit pour les Européens, que de les tirer en droiture de Nanquin.

(*i*) Le tintenaque est la meilleure espece de cuivre qui se trouve à la Chine : il en passe peu en Europe. Les Hollandois, qui en font le plus grand commerce, le réservent pour l'Orient, où ils peuvent l'échanger contre toute autre espece de marchandises.

(*k*) Le thé, que le Lord Arlington porta le premier en Angleterre en 1666, est la feuille desséchée d'un arbrisseau qui monte quelquefois à la hauteur d'un homme. Il est très-commun à la Chine, (sur-tout aux environs de Pékin,) au Japon, & dans le royaume de Siam. On en fait trois récoltes par an, la premiere en Février & Mars ; ce thé est le plus exquis, le plus rare, & le plus cher. Après que les feuilles ont été cueillies avec grand soin, on les expose à la vapeur de du ſel, du gingembre confit, du vif-argent, du lapis-lazuli, du vitriol, de

l'eau bouil'ante pour les ramollir, on les ſèche enſuite au feu : après cela on les trie. Les fines eſpeces de thé ne paſſent guere en Europe; elles perdroient trop au tranſport. On compte quatre eſpeces de thé verd, & cinq de thé boue. Le thé eſt ſouvent ſophiſtiqué par le mêlange de différentes autres feuilles. La grande conſommation qui s'en fait, en rend le commerce fort important. La boiſſon qu'on en prépare ſe fait en Orient comme en Europe; avec cette différence que les Chinois avalent auſſi les feuilles qui ont été réduites en poudre. Il n'y a que les Anglois, les Hollandois, les Danois, les Suedois, & les Ruſſes qui faſſent, en Europe, le commerce du thé : les François n'y en font point paſſer. Sans le thé les vaiſſeaux reviendroient à moitié chargés. Non-compris celui que la Compagnie Hollandoiſe fait venir, les particuliers en font entrer en Hollande plus de trois millions de livres peſant. Le thé des caravanes, qui nous vient de Ruſſie, eſt fort eſtimé. En 1761 le thé boue coûtoit à Amſterdam depuis 24 juſqu'à 80 ſtubers la livre, & le thé verd depuis 46 juſqu'à 100, ſuivant le degré de bonté. Les Anglois ont eſſayé de cultiver le thé dans la Caroline, & l'on prétend qu'il y réuſſit. Si cela eſt, le commerce de la Chine diminuera pour la Compagnie des Indes : qu'on prétend être ſurchargée en proviſion de thé, dont la conſommation annuelle doit coûter à l'Angleterre 1100000 l. ſt. &c.

la rhubarbe (*l*), de l'esquine (*m*), des mirobolans, de l'ancre de la Chine,

En 1766 la Compagnie en avoit pour 3296134 l. st. Il y a un thé qui croît sans culture dans les îles Antilles; on l'appelle thé sauvage: il a moins de vertu que celui de la Chine. On connoît encore le thé de la mer du Sud, appellé *Cussine* ou *herbe du Paraguai*; les Indiens de l'Amérique en font grand cas, aussi leur est-il d'un grand secours contre les mauvaises exhalaisons des mines: la feuille bouillie fait vomir sans douleur: le commerce de cette herbe se fait à Santa-Fé; celle qui vient du Paraguai est la plus estimée, on en tire de-là plus de deux-mille quintaux.

(*l*) C'est sur-tout des provinces de Setschwen & de Schensi qu'on tire la rhubarbe: le plus grand entrepôt en est à Pékin. Les Russes sont ceux de l'Europe qui en font le plus grand commerce: ils n'en connurent pas d'abord tout le prix, ce fut un marchand de Hambourg qui le leur fit connoître: il acheta de Pierre le Grand pour 30 mille roubles, payables tous les ans, le privilége de faire le commerce exclusif de cette drogue: il la vendoit aux étrangers à raison de huit écus d'Allemagne la livre. Les Russes envoient tous les ans à Kiachat, ville frontiere de la Chine, un apoticaire de Petersbourg, qui a soin, avec un autre commis, de choisir la rhubarbe, & de faire brûler sur les lieux toute celle qui est mauvaise. Cette rhubarbe est bien préférable à celle que les Hollandois & les François tirent en droiture de la Chine: la des cheveux, de la porcelaine (*n*), de la poterie, des ouvrages vernissés (*o*),

grande chaleur, & l'humidité que souffre celle-ci, l'odeur que les autres marchandises, qui se trouvent sur le même vaisseau lui font contracter, & la fraude des marchands Chinois la rendent de beaucoup inférieure à l'autre.

(*m*) L'Esquine, ou Squine, est la racine d'un fort petit arbrisseau : on s'en sert dans les maladies vénériennes. La meilleure vient de la Chine, & de quelques endroits des Indes : celle des îles Antilles est d'une qualité inférieure.

(*n*) Il se fait de la porcelaine dans différentes provinces de la Chine, mais particulierement dans celles de Fou-Kien, de Canton, & de Kim-te-chim : celle qui se fabrique dans les atteliers de cette derniere province est la plus estimée. Il entre dans la composition de cette porcelaine deux sortes de terres, & deux especes d'huiles : les deux especes de terre sont appellées *Petuntsé* & *Kaolin;* les deux especes d'huiles sont tirées l'une du Petuntsé, l'autre de la chaux. La porcelaine la plus fine est faite moitié de Petuntsé moitié de Kaolin ; la moyenne de quatre parties de Kaolin sur six de Petuntsé ; & la commune d'une partie de Kaolin sur trois de Petuntsé. Les peintres Chinois ne sont pas fort habiles, mais leurs couleurs sont excellentes. Comme il est rare qu'une fournée entiere réussisse, & qu'il arrive souvent qu'elle est tout-à-fait gâtée, il y a peu d'ouvriers qui s'enrichissent. Depuis qu'on fait de fort belles porcelaines en France & en Allemagne, des camelots, du chanvre, des toiles de chanvre, de l'or très fin (*p*), de l'étain, du fer, de l'acier, des pierres précieuses, des perles, du marbre, du bois d'aigle, du bois de rose (*q*), de l'ébene, &c. On y porte de l'argent (*r*), des épices, du poivre, des toiles

celles de la Chine & du Japon sont tombées, &c.

(●) C'est un arbre qui produit le beau vernis de la Chine, on l'appelle *Tsi-chu* : il en découle dans les chaleurs une gomme roussâtre, qu'on recueille le matin en petite quantité : un millier d'arbres donnent au plus vingt livres dans une nuit : on passe cette gomme par un linge. Ceux qui la recueillent sont obligés d'user de préservatifs, vû sa malignité.

(*p*) L'or se vend en lingots : on trouve à la Chine beaucoup d'or dans les sables.

(*q*) Le bois de rose est ainsi appelé, parce qu'il a l'odeur de cette fleur; il est plus commun aux îles Antilles qu'à la Chine; il prend un beau poli : on l'emploie aux ouvrages de marquetterie. On en tire une huile dont se servent les parfumeurs.

(*r*) La plus grande partie de l'argent qu'on fait passer à la Chine est ou en piastres Mexicaines ou en barres. Les Hollandois y portent celui qu'ils tirent du Japon. J'ai dit, à l'article des monnoies, qu'à la Chine la proportion entre l'or & l'argent étoit de 10 à 1 : je me suis trompé, cela étoit ainsi autrefois, mais cela a changé depuis. Il y avoit alors de lin, du drap (*s*), des étamines, du bois de ſantal (*t*), des dents d'éléphant, du corail, de l'ambre gris, de grandes horloges, des montres de poche, des miroirs, des inſtrumens de mathématiques, des boiſſons, du vin, des ouvrages de galanterie. Pour bien réuſſir il faut faire des préſents aux Mandarins, &c. Les Chinois ont encore de belles fourrures, comme du petit-gris, des hermines, des martres, &c. mais il n'en vendent point à l'étranger, n'ayant que ce qu'il leur en faut à eux-mêmes. Toutes les marchandiſes du Japon ſont de contrebande à la Chine : c'eſt pourquoi il ne paſſe

beaucoup à gagner à ce commerce; ce profit alloit de 12 à 18 pour cent, ces dernieres années il y a même eu de la perte. Aujourd'hui le prix de l'or, quoique toujours au-deſſous de celui où il eſt en Europe, varie ordinairement à la Chine : il eſt plus bas les ſix premiers mois de l'année; parce qu'il n'y a pour lors que peu de vaiſſeaux dans les ports de cet Empire.

(*s*) Les Chinois ont de la laine : mais ils ne s'entendent point à faire de bons draps : ils font des ſerges & des camelots qui ſont meilleurs.

(*t*) Le bois de Santal (ou Sandal), que les Hollandois appellent bois de Caliatour, eſt le point de marchandifes du Japon en Ruffie par le moyen des Caravanes. L'Empereur de la Chine a interdit l'entrée de fes Etats aux Japonois. Il n'y a proprement à la Chine qu'une feule monnoie frappée au coin du prince : elle eft de cuivre, avec un trou au milieu pour pouvoir être enfilée ; on l'appelle *Caxa*. On met quelquefois au nombre des efpeces monnoyées le *Condorin*, le *Mas*, & le *Tael*. Dix caxa font un condorin, dix condorins un mas, & dix mas un tael. Le tael, ainfi appelé par les Portugais, & nommé *Leam*

bois d'un arbre qui reffemble affez au noyer. Il y en a de trois efpeces : celui dont on tire le bois citrin croît dans l'île de Timor : on fe fert de ce bois dans la médecine, les parfumeurs l'emploient auffi : le bois blanc fe tire du même endroit ; & fon ufage eft connu dans les apoticaireries : le bois rouge vient de la côte de Coromandel. Quelques auteurs prétendent que cette derniere efpece n'eft point du bois de fantal, & que ce n'eft autre chofe que du bois de Caliatour. Ce bois eft un objet important pour le commerce d'Inde en Inde : il en paffe peu en Europe : les Indiens l'emploient beaucoup à parfumer : ils le rapent fur une pierre fort dure : détrempent cette pouffiere, en font une pâte liquide, avec laquelle ils fe frottent.

par les Chinois, vaut quatre livres de France.

§. 22.

DU COMMERCE DES PEUPLES DE L'EUROPE AVEC LES ILES DE L'ASIE.

Les Maldives forment un Archipel de plus de douze-mille îles, dont il y en a pourtant beaucoup qui ne ſont que des bancs de ſable. La plus grande eſt appelée Niale : l'eſſentiel du commerce de ces îles conſiſte dans ces coquilles qu'on appelle *Cauris*, & qui ſervent de monnoies aux Indes Orientales & ſur les côtes d'Afrique. Une eſpece de Cocotier, dont le fruit ſert de médecine aux Indes, y vient très-bien : le Cocotier qui fournit à tant de beſoins s'y cultive auſſi.

L'île de Ceylan produit de la cannelle (*u*), du poivre long, du coton, des drogues, de la ſoie, du tabac, de

(*u*) L'Entretien des poſſeſſions Hollandoiſes de cette île emporte une bonne partie des profits. Les Hollandois ne poſſedent que les côtes & les pays-bas de cette île, les pays hauts l'ébene, du bois de charpente, du miel, de la cire, du musc, du bétel, du riz, &c. On en tire encore des sucres, du crystal, du soufre, le meilleur areque des Indes, des éléphants, que les Hollandois transportent, & qui coûtent depuis 500 jusqu'à 800 fl. parce qu'ils sont fort estimés.

Les îles de la Sonde sont fort importantes : les principales sont Sumatra, Java & Borneo. Cette derniere est la plus grande : on en tire de l'or, des perles, des diamans, du camfre fort estimé, du bezoar (*v*). Java (*x*) fournit une grande partie des mêmes mar-

sont occupés par un peuple farouche avec lequel ils ne peuvent avoir aucun commerce. Les François tenterent de s'établir dans cette île en 1672, mais cela n'a pu réussir : les principales places que les Hollandois y possedent sont Colombo, Negombo, Maturé, Gale, Caliature, Tranquemale, &c.

(*v*) Le bezoar est une pierre, qui se trouve dans le corps de quelques animaux, qu'on trouve dans les deux Indes, en Egypte, en Perse, & à la Chine, & qui sont une espece de bouc ou de Chevre sauvage. Le bezoar mineral est une pierre fossile de couleur blanche ou cendrée : le bezoar d'Allemagne est une pierre qui se trouve dans le ventricule du chamois. Le bezoar Oriental est le plus estimé : on en fait chandises. Sumatra (*y*) a de l'or, de l'argent, de l'étain, du cuivre, du

grand cas aux Indes, & peu en Europe : on lui croyoit autrefois de grandes vertus médicinales; une petite pierre se vendoit à Amsterdam jusqu'à 400 livres de France, & les plus riches cargaisons des Indes n'en avoient guere au-delà de six.

(*x*) Les habitans de Java commercent aussi, & les Hollandois n'ont pu les en empêcher; ils passent pour être aussi fins & aussi fripons que les Chinois, ce qui n'est pas fort étonnant, puisque ceux-ci s'y sont établis en grand nombre, & y partagent le commerce avec les naturels du pays. En 1740 les Chinois se révolterent contre les Hollandois, & s'étoient dejà emparés du fauxbourg de Batavia : mais la conspiration ayant été découverte, & le secours étant venu à temps, l'entreprise manqua. C'est à Batavia que les Hollandois ont des magasins, qui renferment toutes les marchandises de l'Europe & de l'Asie. Ce port est ouvert à toutes les nations. Il faudroit approfondir les canaux de la ville, & applanir le banc à l'entrée de la riviere, on diminueroit par là les frais de chargement & de déchargement à l'entrée & à la sortie des vaisseaux. Les Hollandois ont chassé les Anglois de Bantam, ils ne permettent à aucun étranger d'y aborder, quoiqu'ils les reçoivent à Batavia. Il y a à Batavia de beaux établissemens : on y fabrique quantité de sucre & de papier : il y a un grand conseil qui y réside, & de ce conseil dépendent huit gouvernefer, des drogues, du poivre, du sucre, du coton, du soufre, & des pierres précieuses.

Les îles Molucques sont en grand nombre, & l'on comprend sous la même dénomination, (1) les grandes îles

ments : (1) Ceylan, (2) Coromandel, (3) Malacca, (4) Macassar, (5) Amboine, (6) Ternate, (7) Banda, & (8) le Cap de Bonne-Espérance. Outre ces Gouvernemens il y a trois directions, (1) en Perse, à Gamrom : la loge d'Ispahan & de Kirman en dépendent; (2) à Surate, qui a sous elle les loges d'Amadabat, de Brochia & de Brodera ; & (3) celle de Bengale, qui a sous elle le principal comptoir Ougli où réside le Directeur, les loges de Cazembazar, de Bellasor, de Decca, de Patna, de Chiopera. Il y a encore quatre grandes places bien fortifiées dont les chefs sont appelés Commandeurs, savoir deux à Ceylan, l'un à Ponte de Gale & l'autre à Jaffnapatnam, le troisieme à Cochin sur la côte de Malabar, & le quatrieme à Sammarang sur la côte de Java ; elles sont destinées à la sureté des comptoirs répandus dans le pays.

(*y*) C'est la ville d'Achim qui fait le plus grand commerce de Sumatra. Jambi est un établissement important : on en peut tirer jusqu'à mille lasts de poivre : c'est à Sillebar, qui appartient au Roi de Bantam, qu'on fabrique des *crics* ou poignards fort usités dans toutes les Indes. Les habitans de l'île de Sumatra ont une monnoie d'étain & une mon-

Célèbes, où eſt le royaume de Macaſſar (z), & d'où l'on tire le meilleur riz des Indes, du coton, du camfre (a), du gingembre; Gilole d'où l'on

noie d'or. Cette île eſt peut-être l'endroit des Indes où il y a le plus d'or : mais les mines ne ſont point exploitées; celles que les Hollandois ont pu faire valoir rendent peu. Les Anglois ont quelques comptoirs dans cette île, & un fort appelé Marlboroug. Quant à Borneo les Européens n'ont pu y former d'établiſſement durable à cauſe de la ferocité de la nation; des vaiſſeaux de Batavia & des Moluques vont de temps à autre y tenter quelque entrepriſe de commerce.

(z) Macaſſar & Ternate ſont des places qui ſervent à couvrir les îles où il y a des épiceries.

(a) Le Camfre eſt une ſubſtance blanche, tranſparente, friable, volatile, inflammable, & d'une odeur très-pénétrante. Le camfrier croît au Japon, à la Chine, dans les îles de Borneo, de Sumatra, & de Ceylan. Le Camfre des îles eſt le plus eſtimé, les Chinois cherchent eux-mêmes celui de Borneo. On peut compter trois eſpeces de camfre : il y en a une que jette le camfrier : il y en a une qui en découle par inciſion : & enfin il y a le camfre ordinaire, qui ſe tire des racines qu'on a fait macérer dans l'eau chaude : cette eau eſt enſuite diſtillée au bain de ſable; au Japon on fait bouillir ces racines. On fait uſage du camfre dans la médecine & dans la chirurgie : quelques princes de l'Orient le font tire le sago (*b*); Ceram, Boutons, &c. (2) Les petites îles, Ternate, Tidor, Mohr, Makian, Batchiam, &c. Les Hollandois payent pension aux rois de ces îles, d'où ils tirent des clous de girofle, & quelque peu d'écaille. (3) Les îles de Banda, les seules d'où l'on tire la muscade & le macis : la plus grande est Lonthor, appelée autrefois Banda, le Gouverneur reside à Nécra. Les autres sont Gounong-Ay, Poulo-Ay, Poulo-Rhon, &c. elles fournissent toutes cette précieuse épice : (4) Amboine, dont dix autres îles dependent, & où les Hollandois ont sept forts, qui n'empêchent

mêler à la cire dont on fait leurs bougies; il sert aussi dans les feux d'artifice. C'est encore un monopole des Hollandois : ils ont été long-tems les seuls à savoir la maniere de le raffiner ; aujourd'hui tout le monde sait que cela se fait avec du sable & de la chaux.

(*b*) Le Sago ou Sego est une substance farineuse qu'on met dans la soupe, & dont on fait des gelées. Quelques-uns ont cru qu'il étoit fait, comme le caviar, des œufs d'une espece de poisson : les Hollandois & les François disent que c'est une semence préparée comme le gruau d'avoine : mais des recherches plus exactes nous ont appris, que le sago est la substance farineuse de l'arbre à pain, pas que cette île ne ſoit mal défendue. On a coûtume de faire la viſite dans pluſieurs petites îles pour y empêcher la culture du giroflier, que les Hollandois ne veulent cultiver principalement que dans trois de ces îles. On a planté des muſcadiers dans Amboine, & ils y ont réuſſi.

Les îles Philippines appartiennent aux Eſpagnols : la plus conſidérable eſt Manille : elle eſt le centre du commerce de l'Eſpagne aux Indes Orientales, elle a un commerce direct avec

que l'on met dans la claſſe des palmiers. Il y a trois eſpeces de palmiers : celle qui porte des fruits ; celle du palmier vineux, dont on retire une liqueur ; & celle du palmier farineux, dont il eſt ici queſtion. Ce dernier croît à Borneo, à Ceram, dans l'île de Java, à Sumatra, & monte depuis 15 juſqu'à 30 pieds de haut. Il y en a quatre eſpeces, la meilleure eſt appelée *Laxi-Tuni* : les jeunes feuilles ſervent à faire des vêtemens, & les vieilles à couvrir les maiſons, & à tapiſſer des batteaux. On tire de la ſubſtance farineuſe du tronc un autre uſage ; on la rape ou on la réduit en poudre très-fine, & elle ſert alors, comme la farine à faire de petites galettes : cette farine eſt fort nourriſſante. Les Hollandois ont aux Indes un grand débit de cette graine ; & les Anglois lui ont donné de la vogue en Europe.

Acapulco, & les Chinois sont ceux qui y font le plus d'affaires (*c*). On tire delà toutes les marchandises du Pérou & du Chili; elles y sont portées par les vaisseaux qui viennent d'Acapulco. Mindano a de l'or. Ces îles fournissent de la cire, du miel, du tabac, des sucres, des bois de construction (les Espagnols y bâtissent des vaisseaux), du vin de palme (*d*), du safran, des noix de coco, du sago, &c.

Les îles Mariannes, dont Gnahan, ou Saint-Jean, & Saypan sont les plus considérables, ont fort peu de commerce, & les Espagnols en tirent peu de profit : mais elles leur servent d'entrepôt pour les navires qui vont de la Nouvelle Espagne à Manille.

L'Empire du Japon est composé de

(*c*) On prétend qu'il y a plus de 20 mille Chinois établis, & qu'ils y exercent les arts & les métiers que les Espagnols dédaignent. Les Espagnols permettent à toutes les nations de l'Europe & des Indes, excepté aux Anglois & aux Hollandois, de venir commercer à Manille, sur leurs vaisseaux, & avec leur pavillon; les Anglois arborent le pavillon Irlandois, ou gentil.

(*d*) Le vin de palme est une liqueur qui découle du palmier.

plusieurs îles, dont les principales sont Niphon, appelée par les Européens Japon, où se trouve la ville de Meaco, dont le commerce est important, Ximo & Xicoco. Les Portugais étoient autrefois les seuls maîtres de ce commerce, ils y gagnoient annuellement un million & demi d'écus d'Allemagne: ils furent chassés du Japon, & le Christianisme avec eux. On y comptoit en 1624 près de quatre-cens-mille convertis. Les Hollandois ont succédé aux Portugais : ils sont les seuls peuples de l'Europe qui commercent au Japon; leur comptoir est situé dans une petite île près de la ville de Nangazaki, à laquelle elle est jointe par un pont : les Japonois sont si défians, qu'il n'est permis à aucun Hollandois de le passer. Tous les ans les Hollandois y envoient deux vaisseaux de 30 à 50 canons, qui font leur retour à Batavia. La quantité de marchandise qu'il leur est permis d'y transporter, ne doit pas excéder la valeur de 380 mille taels (*e*).

(*e*) De ces 380 mille taels il y en a 300 mille pour le compte de la Compagnie des Indes, 40 mille pour le compte du Genéral ou Gouverneur & des commis de Batavia, dix-

Le profit eſt conſidérable, ſur-tout dans les retours : autrefois il alloit au-delà de 150 pour cent (*f*). On y porte de l'or, des draps, des camelots, des étoffes de ſoie, des brocards, du coton filé, des tapis, des toiles, des bouteilles de verre, du plomb, de l'étain, de l'acier, des bois précieux, du ſucre, de l'alun, de la cire, du métal d'alliage, de la caſſe, du verdet, des couleurs, du camfre, du muſc, du papier, du poivre, des épices, du morfil, du chanvre, du borax (*g*), du vif argent, des ouvrages de

mille pour le compte du Directeur qui eſt au Japon, huit mille pour le compte du Directeur qui vient de quitter, 22 mille pour le compte de l'équipage des vaiſſeaux. Le tael du Japon eſt évalué à trois florins argent de Hollande.

(*f*) Il n'eſt pas permis aux Hollandois de vendre à l'enchere : le Gouverneur de Nangaſacky & les facteurs de l'empereur mettent le prix aux marchandiſes qu'ils ont fait porter à bord. Ils ſont obligés de ſe ſoumettre à quantité de choſes déſagréables : ils envoient tous les ans le Directeur en ambaſſade à l'Empereur, à qui l'on porte des préſens fixés par les Commiſſaires de l'Empereur. Les Inſpec-[illegible] fixent auſſi le jour du départ des vaiſſeaux, & il n'y a point de grace.

mercerie, du corail, des cuirs, au-delà de 200 mille peaux de cerf, de cent-mille peaux de bœuf ou de vache, &c. On tire du Japon de l'argent, (de l'or en contrebande) du cuivre (*h*), de

(*g*) Le borax eſt un ſel en apparence aſſez ſemblable à l'alun : les Arabes l'appellent *baurach*, & c'eſt delà qu'eſt venu le nom qu'il porte en Europe. Cru il ſe trouve dans les mines d'or & dans les mines d'argent de Perſe, des Indes, de Ceylan, &c. Les Anglois & les Hollandois en font paſſer beaucoup en Europe, où on le raffine. Celui qui eſt raffiné à Veniſe, eſt le plus eſtimé : les Hollandois ont également le ſecret de le raffiner. On le ſophiſtique quelquefois avec de l'alun : on s'en ſert pour faciliter la fuſion des métaux, & la médecine en fait qnelque uſage. Il augmente tous les jours de prix : depuis quelques années on prétend, qu'on ſait à Dreſde le ſecret de le raffiner tout auſſi bien qu'on le fait à Veniſe & en Hollande. Comme il y a grande apparence que cela ſe fait avec une leſſive de chaux vive, il eſt étonnant qu'on n'ait pas fait généralement plus de tentatives pour découvrir ce prétendu myſtere.

(*h*) Les Hollandois font un grand profit ſur le cuivre. Celui des mines de Surega tient or, & les Japonois le raffinent aujourd'hui au grand détriment des rafineries de la côte de Coromandel, qui mettoient à profit l'ignorance des Japonois.

petits meubles peints laqués ou vernisſés, de la porcelaine, du thé, & quelques drogues.

§. 23.

DU COMMERCE DES PEUPLES DE L'EUROPE EN AMÉRIQUE.

Nous partagerons cet article, comme les précédens, en pluſieurs autres.

§. 24.

POSSESSIONS DES ESPAGNOLS EN AMÉRIQUE.

Le commerce des Eſpagnols avec l'Amérique eſt ſous la direction de trois tribunaux, le Conſeil des Indes, la Contraction, & le Conſulat. Le Con-

(*i*) Toutes les provinces que les Eſpagnols poſſedent en Amérique, ſont diviſées en deux gouvernemens, & ont chacune un vice Roi ſoumis à un conſeil. Cet empire, conquis par la violence, & gouverné avec une politique barbare, paroît être à l'abri des entrepriſes que les Sauvages ou les Européens pourroient jamais faire. Mais la domination eſpagnole eſt ſeil des Indes a un pouvoir illimité ſur les poſſeſſions des Eſpagnols en Amérique, il réſide à Madrid. La Contraction, tranſportée de Seville à Cadix en 1717, dirige le commerce de l'Amérique, & a ſoin des droits du Roi : on appelle de ce tribunal au Conſulat. Le Conſulat, qui ſe trouve également à Cadix depuis 1717, décide des différens ſurvenus entre les négocians qui font le commerce des Indes Occidentales, & veille à la conſervation de leurs priviléges (*i*). Ce commerce ſe fait pour le compte du Roi, & pour celui des particuliers. Les Galions (*k*), la flotte

trop vaſte, elle eſt ruineuſe par la conduite des Evêques & des Gouverneurs, qui achetent leurs places ; elle ſouffre de ce que les ordres de la cour n'y arrivent preſque jamais à temps ; enfin le gouvernement y eſt trop dur : voilà des vices intérieurs qui ſemblent devoir ruiner pour toujours l'empire de l'Eſpagne en Amérique. Ce n'eſt pas qu'il n'y ait de bonnes loix, comme par exemple qu'aucun Eſpagnol ne peut paſſer en Amérique ſans avoir produit à la Contraction le conſentement de ſa femme : mais une bonne loi n'eſt pas un remède à une foule d'abus.

(*k*) Les Galions ſont de grands vaiſſeaux à trois ponts : ils ſont ordinairement ſi chargés, qu'on ne ſauroit s'y défendre ; ils ſont au nom-

(*l*), & les Assogues (*m*) furent d'abord

bre de huit, trois grands nommés *Capitana*, *Admirante* & *il Governo*; deux plus petits, la *Patacha* & la *Margarita*, deux n'ont point de nom, & le dernier est un vaisseau d'avis. Les deux vaisseaux marchands, qui accompagnent les Galions, achetent fort cher cette permission : un vaisseau paye au Roi 70 à 80 mille réaux. Ordinairement les Galions ont un tiers de marchandises de plus qu'ils n'accusent : ils partent de Cadix & font voile pour les îles Canaries, delà ils passent aux Antilles; ensuite à Carthagene, où ils s'arrêtent un mois; ils font voile après cela pour Porto-bello, où il y a une foire qui dure quinze jours : ils retournent au bout de ce temps-là à Carthagene, où ils sont à l'ancre jusqu'à leur retour. Ils joignent la flotte à la Havane, où il y a aussi une foire fort importante, & retournent avec elle en Europe. Les Galions font le commerce exclusif de Terre-ferme & de la mer du Sud, de même que la flotte fait celui du Mexique. Le fret des vaisseaux pour l'Amérique est de 15 réaux par palme, c'est-à-dire coudée, mesure par laquelle on évalue tout ce qui est encaissé. Un vaisseau pour la mer du Sud coûte pour le fret 250 mille piastres ou environ. Le fret & le péage se payant par palme, à raison de l'espace que les marchandises occupent, on les serre le plus qu'il est possible. Il est ordonné que tout Commissionaire établi en Amérique doit être espagnol, & retourner en Espagne au bout de trois ans.

(*l*) La Flotte est composée d'environ seize

les

les vaisseaux destinés à le faire, mais depuis 1735 il ne partit plus de flotte,

vaisseaux du port de 500 jusqu'à 1000 tonneaux, & de trois vaisseaux de guerre. Elle met à la voile au mois d'Août, afin de pouvoir, au moyen des vents qui regnent dans le mois de Novembre, gagner Vera-Cruz. Elle s'arrête à Porto-Ricco pour s'y rafraîchir. De Cadix elle fait voile pour les îles Canaries, ce qui fait 250 milles de mer qu'elle fait en dix jours : delà elle passe aux Antilles en vingt jours, ce qui fait un trajet de 800 milles ; delà à la pointe de l'île de Cuba, en autant de jours à-peu-près la même distance : enfin elle fait voile pour Vera-Cruz, où elle arrive en douze jours après avoir fait un trajet de 260 milles. Le retour de la flotte n'est pas aussi riche que celui des galions : mais il augmente tous les ans. En quittant Vera-Cruz la flotte part pour la Havane, & joint les galions. Neuf navires arrivés à Cadix en Juillet 1765, partis de Vera-Cruz le 9 Avril, & de la Havane le 29 Mai, avoient à bord, suivant la déclaration (1) pour le compte du Roi, 204709 piastres fortes en argent monnoyé, & 4 Caissons de monnoies, 3806 quintaux de cuivre, 8380 Arobes de tabac en poudre, 18235 Arobes de tabac en cigarres & en feuilles, 4327 Quintaux de bois de Campêche, 12000 Arobes de Vanille, 440 Arobes de Sucre, &c. (2) Pour compte des marchands 8684160 piastres fortes en or & argent monnoyés, 4364 marcs d'argent travaillé, 16861 Arobes de Cochenille fine, 533 d'ordinaire,

& depuis 1737 plus de galions : on y ſubſtitua les vaiſſeaux de Régître *(n)* :

1202 de champêtre, 209 de pouſſiere de Cochenille, 1750 d'Indigo, 194300 de Vanille, 3765 de Sucre, 24 de Chocolat, 4385 de Jalap, 2099 Cuirs tannés, 16797 Cuirs en poil, 174 petaques de Coton, 100 cahiers d'or en feuilles, 6 Goucal de Porcelaine de la Chine, 21 Caiſſons Bucaros, 1315 Arobes de Cevadille, 800 quintaux de bois de Campêche, 2 quintaux de Mechoacan, 2 quintaux de poudre d'Oaxaca, 4 Caiſſons d'écaille, 7½ Arobes d'huile de Mungle, 2 Caiſſes de baume, &c.

(m) Les Aſſogues ſont deux vaiſſeaux qui portent à Vera-Cruz, pour le compte du Roi, le vif-argent dont on a beſoin pour les mines de l'Amérique. Les vaiſſeaux d'avis partent de la Havane, pour porter en Eſpagne la nouvelle du retour, & l'état de la charge des vaiſſeaux.

(n) Les vaiſſeaux de Regitre furent ainſi appelés, parce qu'on les enrégiſtroit à la Chambre de Séville. Lorſque les marchands Eſpagnols apprenoient que de certaines marchandiſes d'Europe manquoient en Amérique, ils demandoient au Conſeil des Indes la permiſſion d'y en faire paſſer, & payoient pour cela à la Couronne un certain droit. La grande quantité de ces vaiſſeaux nuiſit au commerce de l'Amérique, & on en revint aux galions & à la flotte. Aujourd'hui ces vaiſſeaux de permiſſion ne vont que là où la flotte & les galions ne vont point, à Buenos-Ayres, à

auxquels on renonça cependant, parce que le grand nombre de ces vaiſſeaux diminua conſidérablement les profits ; on prit en 1754 la réſolution de faire de nouveau le commerce de l'Amérique par les galions & la flotte, & de commencer par faire partir les galions au mois de Mai 1756. Ce commerce eſt libre à tous les Eſpagnols, & défendu à tous les étrangers (*o*) ; cependant la mauvaiſe adminiſtration des Directeurs

Sainte Marthe, à Porto-Cavallo, &c. Ils ſont du port de 300 tonneaux, & au-deſſous : ils demandent un congé au Conſeil des Indes ; ce qui peut couter 40 à 50 mille piaſtres, ſans compter les préſens qui ſe font pour la ſortie des marchandiſes non déclarées ; cette contrebande va fort loin, car bien que la permiſſion ne ſoit que pour un vaiſſeau de trois-cens tonneaux, il eſt rare qu'il en paſſe en Amérique au-deſſous de 600.

(*o*) C'eſt la raiſon pourquoi Boccalini compare les Eſpagnols à des portefaix & à des mulets : comparaiſon indécente quand il s'agit d'un peuple entier. On a permis quelquefois à quelques vaiſſeaux François d'aborder aux côtes du Sud & d'y commercer. Il y a quatre manieres de faire ce commerce par Cadix : la premiere c'eſt d'y vendre les marchandiſes propres pour le commerce de l'Amérique ; la ſeconde c'eſt de charger ces marchandiſes ſur un vaiſſeau eſpagnol ſous le nom a laissé entre les mains des étrangers le commerce réel, & aux Espagnols la facture. Malgré la richesse des retours (*p*) ce commerce n'a porté à l'Espagne

d'un marchand espagnol; la troisieme c'est de prendre intérêt dans les spéculations que les maisons de Cadix font de temps à autre; enfin la quatrieme c'est de prendre intérêt dans les contrats à la grosse. Les primes de ces contrats se sont soutenues jusqu'en en 1741 pour Vera-Cruz, & ont monté à 30 & 33 p. c., aujourd'hui ce n'est tout au plus qu'un benefice de 14 p. c. Une des principales raisons de cette différence, c'est qu'autrefois les retours de Vera-Cruz & de Carthagene étoient de 12 à 14 mois & ceux du Pérou d'un peu plus de deux ans & demi: aujourd'hui ces retours sont doubles pour le temps & quelquefois ils sont indéterminés: une autre raison non moins forte de cette chûte, est le commerce clandestin que toutes les nations de l'Europe, qui commercent en Amérique, ne cessent de faire: les Anglois sur-tout profitent le plus de ce commerce de contrebande.

(*p*) Le retour de la flotte consiste en or & en argent monnoyés & non-monnoyés: c'est pour cela que les Allemands l'appellent Flotte d'argent, *Silber-Flotte*: on l'appelle flottille, lorsqu'elle n'est pas composée du nombre ordinaire de vaisseaux. Le retour de la flotte & des galions, y compris tous les autres vaisseaux marchands, monta, en 1716, à près de 16 millions de piastres en especes, & de aucun profit (q) : celui que les Philippines ont avec l'Amérique est entre les mains des Jésuites, & comme il con-

six millions en marchandises, sans compter la fraude. Pour l'ordinaire il consiste (1) en or : savoir par les galions pour la valeur au moins d'un million & demi d'écus d'Allemagne, & quelquefois de deux millions & demi, & par la flotte pour près d'un million; (2) en argent, savoir par les galions pour 17 à 19 millions, (3) en pierres précieuses par les mêmes vaisseaux, savoir pour 180 mille écus de perles, pour 100 à 150 mille écus d'émeraudes, pour 30 à 40 mille écus d'autres pierres fines, (4) en laines de Vigogne, par les galions, pour 40 à 50 mille écus, (5) en quinquina, par les mêmes vaisseaux, pour 20 mille écus, (6) en cuirs, par les galions & la flotte, pour 60 mille écus, (7) en bois de Campêche, par les galions, pour 50 mille écus, (8) en cochenille, par la flotte, pour près d'un million, (9) en indigo, par les mêmes vaisseaux, pour 60 mille écus. Qu'on ajoute à cela le sucre, le tabac, le cacao, les drogues, &c. on se fera une idée de la richesse de ce retour. Les droits que le Roi retire à l'arrivée de ces vaisseaux, s'appellent *Indult*, & vont à deux & demi pour cent.

(q) On a trouvé que les sommes en or & en argent, entrées en Espagne depuis 1492 jusqu'en 1731, & enregistrées, montoient, année commune, à 26 millions de pieces de huit : si l'on ajoute à cela les sommes qui n'ont point été déclarées, mais qui sont entrées en ſiſte ſurtout en épices (r), en ſoies, en étoffes, en or, & en argent, il a rendu

fraude, & celles que les Hollandois & les Anglois ont tirées en contrebande des poſſeſſions Eſpagnoles, on pourra juger de l'immenſité des tréſors que les Indes occidentales ont fournis à l'Europe. Si l'on demande après cela ce que ſont devenus les tréſors de l'Eſpagne, je renverrai le Lecteur à tous ces ouvrages qui ont paru depuis le commencement de ce ſiecle ſur les finances, & le commerce. L'Amérique, bien loin d'enrichir l'Eſpagne, n'a ſervi qu'à l'appauvrir. Sans compter le commerce interloppe, toutes les nations de l'Europe font celui de l'Amérique Eſpagnole par les Eſpagnols mêmes, qui ne ſont pour ainſi dire que les commiſſionnaires des marchands étrangers. Ceux-ci leur envoient à Cadix des marchandiſes, qu'ils ſe chargent de faire paſſer en Amérique, & dont ils rendent bon compte. On fait monter à 15 millions de piaſtres ce qu'emporte ce commerce de commiſſion : & l'on prétend que la ſeule ville de Saint-Malo tire annuellement de Cadix à-peu-près douze millions de livres : la fidélité des marchands Eſpagnols eſt reconnue par-tout, mais leur induſtrie ne l'eſt pas. Si l'on en excepte les vins & les fruits, que l'Eſpagne recueille, ainſi que le fret & le bénéfice de commiſſion qu'elle gagne ſur l'étranger, tout le profit du commerce de l'Amérique eſt pour l'étranger. Uſtariz a remarqué que les épices dont l'Eſpagne a beſoin, lui coûtoient annuellement 1300 mille piaſtres. La flotte de 1720 embarqua pour l'Amérique à cette Société des profits immenses. Le vaisseau (s), qui part tous les ans

240144 livres de cannelle, & 83250 livres de poivre, sans compter les remises de poids, & le commerce de contrebande. Le papier étranger emporte beaucoup : Genes entretient 250 moulins de papier, qui ne sont destinés qu'à fournir l'Espagne : la flotte de 1720 en avoit 105796 rames. Ajoutons à cela ce qu'il en coûte pour la morue seche & autres poissons salés, ce qu'Ustariz évalue à 2437500 piastres, en comptant sur 130 jours maigres : joignons y les sommes qu'emportent les draps étrangers, les autres étoffes, les blés, &c. & l'on verra pourquoi l'Espagne a si peu profité des mines du Potosi. L'auteur de *l'Universal-Merchant* prétend que de tous les trésors tirés annuellement de l'Amérique par les Espagnols, & estimés 2700 mille livres St. il n'en reste en Europe que 1200 mille; il suppose que les Anglois & les François en font passer ensemble un million aux Indes Orientales, les Hollandois trois-cent-mille, & les Suédois deux-cens-mille.

(*r*) Ce n'est pas que l'Amérique manque d'épices : le long du fleuve Paramaiba, qui se décharge dans le fleuve des Amazones, il croît deux arbres aromatiques, le *Cuchiri* & le *Puchiri* : leur fruit est de la grandeur d'une olive, on le rappe, & on s'en sert comme on fait de la noix muscade. Le Cuchiri a le goût & l'odeur des clous de girofle : les Portugais l'appellent *Cravo*, & les François de la Cayenne en ont fait *bois de Crave*. On se sert en France de Manille pour arriver au mois de Décembre à Acapulco, après avoir fait un trajet de cinq mois, & n'avoir vu d'autres terres que celle des îles

& en Angleterre de ces deux aromates pour plusieurs eaux distillées. En général les Espagnols du Mexique & du Pérou tirent de Manille, capitale de l'île Luçon, une des Philippines, une grande quantité de marchandises, que l'Espagne pourroit leur fournir : on assure que le seul article des bas de soie monte à 50 mille paires. Les Jésuites obtinrent la permission de faire ce commerce pour en employer le produit à leurs Missions.

(s) Il avoit été accordé originairement aux Missionnaires des Philippines d'envoyer annuellement à Acapulco un vaisseau de 150 tonneaux, pour en tirer de la farine & du vin pour la messe : ils ont su profiter de l'empressement des vice-Rois à gagner sur les marchandises de l'Orient ; & sous prétexte de faire convoyer ce Galion, on envoie un second vaisseau, qui charge également des marchandises : il y a souvent plus de mille ames à bord du grand vaisseau. En 1744 les Anglois, commandés par Anson, prirent aux Espagnols le galion d'Acapulco, dont le chargement montoit à un million 313843 pieces de huit : il s'y trouva 35682 onces d'argent en lingots : les deux tiers de la charge entiere appartenoient aux Jésuites. Dès 1725 le Ministere espagnol tenta de défendre le voyage de ce galion : mais le crédit de la Société para le coup

Latrones, charge ordinairement à Manille des clous de girofle, du poivre, de la cannelle, des noix muscades, de la fleur de muscade, de la porcelaine, quantité de marchandises du Japon, des toiles de coton blanches & peintes, des mousselines, des étoffes de soie, du sable d'or, & des pierres précieuses. Le centre du commerce de l'Amérique est dans la ville du Mexique (*t*).

Les îles Espagnoles qui ont un commerce considérable, sont Cuba, Saint Domingue, Porto-Ricco, & la Marguerite. Cuba est la plus grande : elle a une grande abondance de gros bétail tant privé que sauvage ; les peaux sont un objet important, les plus belles viennent de Port-au-prince ; on les

qu'on vouloit lui porter. Il a fallu la derniere révolution qu'elle a soufferte, pour mettre fin à ce commerce : aujourd'hui tout commerce direct de l'Asie avec les Indes occidentales par la mer du Sud est entierement défendu.

(*t*) Quoique cette ville n'ait point de port, ni même de communication avec une riviere navigable, elle est cependant le centre du commerce de l'Amérique : c'est là que la plus grande partie de l'or & l'argent est monnoyée, que le quint se paie, que l'argent se travaille, que les plus riches marchands se trouvent, & que les plus grandes traites se font, &c.

appelle cuirs de Havane (*u*), parce que les vaisseaux les chargent dans ce port. Cette île donne encore des sucres, du tabac (*v*), du suif, des confitures sèches, du gingembre, du mastic, de l'aloès, de la salse pareille, des écailles de tortue. Saint-Domingue, dont la moitié appartient aux François, fournit à peu près les mêmes marchandises (*x*), & outre cela du cacao, de la cire, du miel, des bois de Brésil & de gayac (*y*) & du sel. Porto-Ricco

(*u*) La Havane est la capitale de l'île de Cuba, c'est un fort beau port : mille vaisseaux peuvent y être à leur aise, & l'entrée en est si étroite qu'il n'y peut passer qu'un seul vaisseau à la fois. C'est le rendez-vous général de tous les vaisseaux Espagnols qui vont en Amérique, & le magasin de la marine : on y construit des vaisseaux de toute grandeur à moins de frais qu'en Espagne.

(*v*) C'est du tabac, que produisent la petite ville nommée Trinité, & le bourg appelé Saint-Esprit, que se prépare en Espagne le tabac de Séville, qui a tant de réputation. Le tabac rend au Roi 2427803 écus de veillon.

(*x*) Saint Domingue fabrique 300 mille quintaux de sucre évalués à 550 mille livres Sterl.

(*y*) Le bois de Brésil est ainsi appelé parce que c'est du Brésil que le premier nous est venu : il y en a de différentes especes, celui charie quelque peu d'or dans quelques-unes de ses rivieres ; cette île a des cuirs, des sucres, du coton filé & en bourre, du gayac, du sel, du maïs, &c. qu'elle exporte. L'île Marguerite n'est connue que par la pêche des perles, qui n'est pas considérable aujourd'hui.

Les côtes de l'Amérique Espagnole s'étendent le long de la mer du Nord, & le long de la mer du Sud : sur les bords de la mer du Nord il faut remarquer.

de Fernambouc, qui est le plus estimé, celui de Siam, appelé bois de Sapan, celui de Lamon & celui de Sainte-Marthe : le brésil des Antilles, est appelé brésillet, il est le moindre de tous. Le brésil est couvert d'aubier si épais que si le tronc est de la grosseur d'un homme, il ne donne du bois que de la grosseur d'une jambe. On s'en sert pour les ouvrages de tour, à cause du beau poli qu'il prend, mais on l'emploie surtout à la teinture ; il teint en rouge.

Le Gayac, ou bois saint, est pesant & résineux : il croît à la Jamaïque, dans presque toutes les Antilles, mais principalement à Saint-Domingue & à Sainte-Croix. La médecine se sert du bois & de l'écorce pour des décoctions sudorifiques dans les maladies vénériennes. On tire de ce bois, en le faisant bouillir longtems dans de l'eau, une gomme résineuse, & l'arbre en jette aussi naturellement, quand on y fait une incision au printems.

1°. Porto-bello, qui eſt peut-être la ville du monde où ſe fait le plus riche commerce. Pendant la foire le concours du monde y eſt étonnant; cette ville eſt un endroit fort mal ſain, auſſi n'y reſte-t-il que fort peu de perſonnes lorſque la foire eſt paſſée. On tire delà une grande quantité de cochenille (*z*), de cacao (*a*),

(*z*) La Cochenille eſt une matiere qui ſert à la teinture de l'écarlate & du pourpre. Elle vient des Indes Occidentales en petits grains. Après pluſieurs conjectures ſur la nature de cette drogue, on a trouvé que c'étoit une production du regne animal, ou plutôt de petits inſectes cueillis avec ſoin, & qu'on a fait mourir dans de l'eau chaude, ou dans un four, ou ſur des poëles plats expoſés à un feu de charbons. On n'en recueille qu'au Mexique, où on les trouve ſur un arbriſſeau appelé *Nopal*, eſpece *d'Opuntia*. Les habitans du Mexique cultivent avec ſoin les *Nopals*, & pour s'aſſurer de la récolte, ils ſement, pour ainſi dire, ces inſectes au retour du printems; pour cet effet ils en amaſſent à la derniere récolte une aſſez grande quantité, qu'ils conſervent ſur des branches de *Nopal*, ou ſur l'arbriſſeau entier qu'ils ont déraciné. On fait trois récoltes : la derniere, où l'on racle les feuilles, ne donne qu'une cochenille médiocre, parce qu'elle eſt mêlée de parcelles détachées des feuilles. D'après une liſte, faite en 1736, il entroit en Europe, année commune, huit-cens quade tabac, de cuirs, &c. La cargaiſon des vaiſſeaux Eſpagnols qui arrivent

tre-vingt-mille livres de cochenille : cela eſt évalué à près de huit millions de florins de Hollande; ſur cette quantité il y avoit un tiers de cochenille ſauvage. Antiguera dans la nouvelle Eſpagne en fait le plus grand commerce.

(*a*) Le Cacaoyer eſt un arbre d'une grandeur moyenne : il fleurit en tout tems, mais plus abondamment vers les deux ſolſtices : il porte des fruits preſque toute l'année. Ces fruits viennent le long de la tige & des meres branches : ce ſont de petites amandes, qui au nombre de 25, plus ou moins, ſont renfermées dans une grande coſſe aſſez ſemblable au concombre. Le Cacaoyer croît naturellement dans pluſieurs contrées de l'Amérique méridionale : on le cultive avec ſuccès à la Martinique, à St. Domingue, à l'île de Cuba, à la Jamaïque, &c. Comme cet arbre, qui ſe multiplie par graine, aime les terres neuves & craint le vent, on place volontiers les vergers de cacaoyers au milieu d'un bois, dans un endroit, où l'on a fait brûler une quantité d'arbres. Dans les mois de grand rapport on cueille le cacao tous les quinze jours, dans les ſaiſons moins abondantes tous les mois. Il ne faut pas laiſſer les amandes dans leur grande coſſe, au-delà de quatre jours : on les fait ſécher avant que de les encaiſſer. Il nous vient auſſi d'Amérique des pains de cacao, c'eſt-à-dire du cacao rôti, broyé, & jeté dans un moule cylindrique : il ne faut à Porto-bello, consiste ordinairement, en toiles de France, de Hollande, d'Allemagne, en batistes, en toiles de coton, en étoffes de laine, d'Angleterre & de France, en camelots, en bas & bonnets, en soie à coudre, en dentelles, en étoffes de soie, en rubans, en fil, en tabac de Séville, en bleu, en épices, en coûteaux, chapeaux, gants, serrures, cadenats, fer, acier, clous, ciseaux, musc, cire, peignes, savon, papier, épingles, vaisselle d'étain, ustenciles de cuisine, vins, huile, safran, &c.

2°. Carthagene, qui est la ville de l'Amérique la plus peuplée; elle a un excellent port. Malgré la vigilance des *Armadillas*, les habitans de cette ville & des contrées voisines font un commerce de contrebande avec la Jamaïque & Curaçao. On tire delà

plus qu'y mettre du sucre, de la cannelle & de la vanille pour en faire du chocolat. On fait aussi des confitures de cacao : pour cela on prend l'amande à demi-mure, & on la prépare comme les noix confites. On tire encore du cacao une espece d'huile, qu'on appelle beurre de cacao. Il ne faut pas oublier que le cacao est tout à la fois marchandise & monnoie dans la province de Guatimala.

de l'or (*b*), de l'argent, des drogues, des plantes médicinales, du poivre long, des baumes, des gommes aromatiques, des pierres précieuſes, &c. Cette ville fait tout le commerce des perles qui ſe pêchent à la Rencheria & à l'île Marguerite.

3°. Vera Cruz (*c*) ville du nouveau Mexique, qui a un beau port appellé St. Jean de Ulhua. Là ſe raſſemblent toutes les richeſſes de l'ancien & du nouveau monde; celles des Indes Orientales & celles d'Europe par les vaiſſeaux Eſpagnols qui y débarquent, & toutes celles de l'Amérique y viennent en droiture (*d*).

(*b*) L'or eſt ou en lingots, ou en pepins, ou en poudre ou en eſpeces : l'argent en barres ou en eſpeces.

(*c*) De Vera-Cruz on fait tranſporter par charois, les marchandiſes à Xalapa, où ſe tient la foire.

(*d*) On a découvert, dans ces derniers temps, trois mines d'or dans le Mexique, dans la Juriſdiction de Xalapa, & cet or eſt à 22 carats. Burck dans ſon *Hiſtoire des colonies Européennes de l'Amérique*, prétend que le Mexique livre annuellement pour quatre millions de livres ſterling d'or ou d'argent, & que toutes les poſſeſſions Eſpagnoles en rendent pour 24 millions.

4°. Porto Cavallo, qui fait le commerce de la province de Guatimala avec la mer du Nord & l'Espagne. Le vaisseau Espagnol, qui y arrive tous les ans, est de 7 à 800 tonneaux : il est chargé d'une grande quantité de fer, d'acier, de verroteries, de papier, de toiles, de draps, de soieries, de fil, de serges, d'huile, de safran, &c. Les marchandises qu'on tire de la province de Guatimala, sont de l'or, de l'argent, de la cochenille, de l'indigo, des cuirs, du Jalap (*e*), du mechoacan (*f*), du cacao (*g*), du coton, des baumes, de l'huile de pétrole, & du pastel.

(*e*) Le Jalap est une racine purgative qu'on apporte des Indes Occidentales, & de l'île de Madere. La plante est une espece de belle de nuit.

(*f*) Le Mechoacan, autrement Macadossin, est une racine médicinale, qui a pris son nom de la province de Mechoacan dans la Nouvelle Espagne, d'où elle a d'abord été apportée en Europe : il en vient de plusieurs endroits; on la connoît aussi sous le nom de rhubarbe blanche. Elle est peu en usage depuis qu'on connoît le Jalap.

(*g*) La quantité de cacao, qui vient par Porto-Cavallo, n'est rien au prix de celle qui vient de Porto-Bello.

5°. Maracaïbo, ſitué dans la baie de Vénézuela : ce port eſt excellent. C'eſt de-là que viennent le meilleur cacao & le meilleur tabac.

6°. Buenos-Ayres (*h*), ſitué ſur le fleuve de la Plata. Ce qu'on en tire de plus important conſiſte en cuirs verts de taureaux ſauvages, en vaches ſauvages, en mulets (*i*), en herbe du Paraguai, en tabac, en ſucre, en coton, & en cire.

(*h*) A Buenos-Ayres on fait la contrebande par la Colonie portugaiſe du Saint-Sacrement : les Anglois ſont ceux qui y profitent le plus.

(*i*) Pluſieurs îles de l'Amérique, & quelques provinces du continent, ont une grande quantité de taureaux ſauvages, dont les peaux ſont un objet de commerce très-important. C'eſt à St. Domingue, à la Havanne & à Buenos-Ayres, qu'il ſe charge le plus de ces cuirs, qu'on tanne en Europe. Autrefois une peau de taureau ne coûtoit à Buenos-Ayres, tous droits payés, qu'un florin d'Allemagne. On tue, vers le temps du départ des vaiſſeaux, juſqu'à 100 mille taureaux, & au delà : ce qu'il y a d'étonnant c'eſt qu'au bout de quelques jours on peut paſſer ſur les champs, où on a laiſſé ces animaux tués & dépouillés, ſans y trouver autre choſe que des os : les chiens ſauvages & une eſpece de corbeaux ont bientôt dévoré tout ce qui s'y eſt trouvé de chair. Le commerce des vaches de Buenos-Ayres

7°. La baie de Campêche, qui fait le commerce de ce bois (*k*) si estimé en Europe pour la teinture en noir & en violet. On tire encore delà du bois de charpente, du miel, du sucre, de la casse, de la salse pareille, & des cuirs.

n'est pas moins important. Un entrepreneur demande la permission de prendre, dans les campagnes du Roi, 30 à 40 mille vaches sauvages ; quand il l'a obtenue, il fait faire la chasse, ce qui occupe 150 personnes ou environ. Ces vaches rendues au Pérou peuvent revenir, tous frais déduits, à trois piastres, & s'y vendent huit & quelquefois plus. Pour les mulets la plupart des habitans en élevent, un entrepreneur fait marché avec eux, les fait marquer, & se les fait livrer au jour fixé : on les fait passer au Potosi, où les Gouverneurs, ainsi que les Corregidors des bourgs, les achetent à raison de 7 à 8 piastres la pièce, & les revendent 40 à 50 aux Indiens, qui les louent ensuite aux voyageurs & aux marchands.

(*k*) Le bois de Campêche est le bois d'un grand & bel arbre, qui croît surtout dans les environs de la Baie de Honduras, dans les îles de Ste-Croix, de la Martinique, de Grenade, &c. Ce bois est fort dur, il sert à la teinture en violet & en noir. Le meilleur est celui qu'on dit de la coupe d'Espagne ; on le reconnoît par les bouts qui en sont hachés, au lieu que le campêche de la Jamaïque a

o. Les côtes de Caracos qui sont fertiles en cacao fort estimé : les Anglois de la Jamaïque, & les Hollandois de Curaçao tirent de là, en contrebande, beaucoup d'argent & de cuirs.

Nous trouvons sur les côtes de la mer du Sud.

1 o. Baldivia : ce port du Chili a un commerce considérable en cuirs verts de bœufs & de chevres, en suif, en viandes salées & en bleds.

2 o. La Conception, qui est une des

des bouts unis, parce que les Anglois le scient. C'est un objet de contrebande : les Anglois échangent contre leurs marchandises celui qui se coupe dans la baie de Honduras. Ce ne fut que pour cela qu'ils firent bâtir un fort dans l'île de Ruatan. Ils ont obtenu, par la derniere paix, la permission d'en faire couper dans cette baie ; & ils ont été assez prudens pour déraciner plusieurs milliers d'arbres, qu'ils ont envoyés en Géorgie, où ils réussissent très-bien le long des bords de la Savanna. L'arbre porte une graine dont on se sert au lieu d'épices ; on l'appelle le poivre de la Jamaïque, ou *Amomi* ; il s'en fait aujourd'hui une grande consommation. On soutenoit en Espagne en 1738, qu'il étoit entré en Angleterre, en une année, 17599 tonneaux de bois de Campêche, ce qui fait la charge de 35 vaisseaux de 500 tonneaux chacun.

villes les plus importantes du Chili: près de là ſont les mines de Quilacoya, & de Quilacura (*l*), & le bourg Eſtancia del Re, où ſont les principaux lavoirs. Tout l'or, tiré des mines & des terres, par le lavage, eſt envoyé à Saint-Jago pour y être quinté, & delà il paſſoit autrefois à Lima (*m*).

3°. Arica, la ville de l'Amérique où ſe fait le plus grand commerce dans le plus court eſpace de temps. On y a des bêtes de ſomme d'une ſinguliere eſpèce (*n*). C'eſt de là principalement,

(*l*) Coquinbo eſt une ville maritime du Chili, d'où l'on tire un très-bon cuivre, dont on fond toutes les pieces d'Artillerie du Pérou & du Chili.

(*m*) Il y a dans l'Amérique méridionale cinq villes où l'on frappe monnoie: Lima (je ne ſais pas ſi depuis le tremblement de terre on y en frappe encore) Potoſi, Santa-Fé, Sant-Jago, & Buenos-Ayres. Dans l'Amérique ſeptentrionale il n'y a que Mexico où il s'en frappe; les cinq premieres en livrent pour 13 à 14 millions de piaſtres; & Mexico pour 16 à 17.

(*n*) Les pécos reſſemblent aſſez aux brébis: ils ſont ſeulement un peu plus grands. On s'en ſert comme de mulets: leur charge ne doit point excéder le poids de 150 livres; ces animaux ſe mettent à genoux lorſqu'on les charqu'on tire le quinquina (*o*). La plupart des villes du Pérou qui ſont éloignées de la mer, & du grand chemin de Carthagene à Lima, ne ſont plus aujourd'hui que des habitations d'Indiens.

4°. Potoſi, ou la cité Impériale, qui a les plus riches mines d'argent qu'il y ait au monde (*p*) : on les découge, & ne ſe relevent pas lorſqu'ils ſont trop chargés : leur laine eſt excellente.

(*o*) *Quinquina* eſt le nom Américain d'une écorce, qui eſt un remède ſpecifique contre la fievre, & veut dire l'écorce des écorces : les Eſpagnols l'appellent *Cortega di loxa*, & *Caſcarilla*, c'eſt-à-dire petite écorce : l'arbriſſeau vient au mieux dans le Pérou, il monte à la hauteur de nos petits ceriſiers. Ce fut en 1650 que ce remède fut apporté en France par le Cardinal de Lugo.

(*p*) Suivant quelques relations, ces mines rendirent en argent, depuis 1547 juſqu'en 1585, pour la valeur de cent-onze millions de ducats, & depuis 1585 juſqu'en 1597 pour celle de 325 millions. Toutes les mines ſont au Roi, & doivent lui payer le quint ou le cinquieme, après l'achat de la permiſſion pour exploiter : mais les fraudes ſont ſans nombre. Le titre de l'or doit être au Pérou à 22 & demi carats, & celui de l'argent à 2376 maravedis, le marc y valant huit piaſtres & ſix réaux.

vrit en 1546. On a compté dans cette ville jusqu'à dix-mille Espagnols.

5°. Lima, qui fut presque entièrement détruite par un tremblement de terre arrivé en 1747; son commerce étoit prodigieux (*q*). Il y a dans les environs de cette ville quelques manufactures de draps, de tapis, de tapisseries & de serges, renommées par les belles laines de vigognes & de pécos (*r*) qu'on y emploie; on tire encore de là le bois

(*q*) Callao est un port excellent, proche de Lima : il s'y fait beaucoup d'affaires. Le *Joseph*, arrivé de là à Cadix au mois de Juin 1766, avoit à bord, pour le compte du Roi, en argent, pour 1639729 piastres, & en or pour 809940 : outre cela 10445 balles de cacao, 9420 arobes de quinquina, 1020½ quintaux de cuivre en barres, 100 quintaux d'étain, huit arobes de chocolat, sept arobes de laine de vigognes, & deux caisses de porcelaine du Chili, &c.

(*r*) Les Vigognes sont des espèces de brebis communes dans les montagnes du Pérou, depuis Arica jusqu'à Lima. On a tenté vainement d'en transplanter l'espèce en Espagne, où l'on emploie cette laine dans plusieurs étoffes : en France il est défendu de s'en servir pour les draps, on ne l'emploie que pour les chapeaux.

rouge pour la teinture (*s*), & le Baume du Pérou connu par son utilité (*t*) L'Audience de Lima a des mines de vif-argent (*u*).

(*s*) Les Anglois l'appellent bois sanglant ou bois de Nicaragua : il vient proprement de Nicoya.

(*t*) On compte trois espèces de baume du Pérou ; il y en a une qui est blanche, c'est le baume d'incision : il y en a une d'un rouge noirâtre, qui se tire des feuilles, du bois, & de l'écorce, coupés en petits morceaux, & bouillis dans de l'eau ; c'est le baume de lotion : enfin il y a le baume sec, qui distille des bouts des branches coupées. Cet arbre vient non-seulement au Pérou, mais encore dans le Brésil : les Péruviens l'appellent *Hoitzioli*. Un autre baume fort estimé est celui de Tolu, appelé ainsi parce qu'il se tire d'un arbre qui croît dans la province de Tolu : on fait une incision à l'arbre, lorsque le soleil luit, & qu'il fait bien chaud.

(*u*) Le trésor royal s'est approprié le commerce du vif-argent, dont on a besoin pour le travail des mines d'or & d'argent. Avant qu'on ait perfectionné cet art la consommation en étoit très-forte, on employoit un marc de mercure, & plus, pour un marc d'argent fin. Au rapport d'Alonso Barba on avoit porté depuis 1574 jusqu'en 1637 aux Caisses royales du Potosi 204700 quintaux de mercure, sans compter celui qui étoit entré en contrebande, ce qui fait 3249 quintaux par an. On tient pour fort riches les mines qui rendent

6°. Panama qui joint l'Amérique septentrionale à l'Amérique méridionale, & qui fait le commerce des villes situées sur les côtes de la mer du Nord avec celles qui sont situées sur la mer du Sud.

7°. Acapulco, ville du Mexique (*v*), qui fait le commerce du Pérou & des Philippines (*x*). Son port peut

huit à dix marcs d'argent par Caisson de 50 quintaux de minerai; il y a des mines qui n'en donnent que cinq à six, & même que trois. Tout le vif-argent se tire des mines de Guanca-Belica dans l'Audience de Lima, elles sont depuis 1735 sous l'inspection d'un Gouverneur. Il y a d'autres mines dans la province de Quito; mais il n'est pas permis de s'en servir.

(*v*) Dans l'Amérique Espagnole il y a six espèces d'habitans: les Créoles, ou descendans des premiers Espagnols qui s'y établirent, ils ne peuvent parvenir à aucune charge; les Espagnols; les métifs, ou ceux qui sont nés du mariage d'un Espagnol avec une Indienne; les Nègres; les Mulatres, ou ceux qui sont nés d'un pere blanc & d'une mere noire, ou d'un pere noir & d'une mere blanche; & les Américains, ou habitans originaires du pays.

(*x*) Les vaisseaux du Pérou qui apportent les marchandises de contrebande, vont pour les vendre mouiller au port Marquis à une lieue d'Acapulco.

con enir

contenir quelques centaines de vaiſſeaux, & la ville eſt défendue par un Chateau fort, mais il y manque de bonne eau.

8°. Les Eſpagnols poſſedent encore quelques forts le long des côtes de la Californie, pays très-fertile & très-peuplé, dont les Jéſuites ont ſu tirer parti (*y*).

§. 25.

POSSESSIONS DES PORTUGAIS EN AMÉRIQUE.

Les Portugais poſſedent en Amérique le Bréſil, une partie de la Guia-

(*y*) Les Jéſuites pénétrerent dans la Californie vers la fin du ſiècle paſſé, ſous la conduite du Provincial Salvaterra : ce fut la pêche des perles, ſur les parages de cette Peninſule & des îles voiſines, qui les attira. On s'apperçut bientôt qu'il n'arrivoit plus de perles au Mexique, & que les barques des particuliers, qui alloient à la pêche, arrivoient toujours trop tard : le Roi d'Eſpagne perdoit par là ſon quint, qui étoit de 12000 écus ou environ. Les Eſpagnols du Nouveau Mexique ſe plaignirent à la cour de Madrid : mais Salvaterra ſe tira d'affaire. Les Jéſuites envoyoient ces perles par le Galion de Manille, & elles ſe vendoient à haut prix en Aſie : ces Peres ne, & une partie du Paraguai (ʒ). Le Brésil est divisé en quatorze capitaineries, dont six appartiennent à des particuliers; il y en a trois entre autres qui sont très-importantes par rapport au

ont aussi cultivé la vigne dans la Californie, & ont fait du vin qui ressemble beaucoup à celui de Madere, ils en fournissoient le Mexique & en envoyoient même aux Philippines.

(ʒ) Les Espagnols possedent la ville de l'Assomption, Villa-ricca, & quelques autres lieux de moindre importance. Les Missions du Paraguai occupent la plus grande partie de cette province: c'est là que croît cette fameuse herbe, appelée dans le pays *Coamini*, dont on ne peut se passer en Amérique, & dont le Pérou & le Mexique consomment annuellement quatre millions de livres pesant. On assuroit, en 1756, que les Jésuites y comptoient 350 mille serfs, y compris les Nègres, & que ces Peres ont poussé l'économie si loin, que dès ce temps là on ne donnoit plus aux Indiens de sel pour assaisonner leurs alimens. Il est défendu aux Indiens, sous peine de punition, de garder chez eux plus d'une livre de cette herbe ou de ce thé du Paraguai, ou une once de coton. On rapporte que les Jésuites eurent communication d'un Mémoire que l'Evêque de las Casas avoit présenté au Ministere Espagnol, pour former un établissement durable en Amérique, & qu'ils mirent ce plan en exécution: si cela est, le succès de ces Peres fait honneur à l'Evêque.

commerce. Un Vice-Roi gouverne le pays. La Baie de tous les Saints est la premiere capitainerie, vû son importance : le long des côtes est Saint-Salvador (*a*), capitale de tout le Brésil : le port est excellent ; la flotte, qui part tous les ans de Lisbonne, y arrive au mois de Juin : tous les vaisseaux (*b*) qui s'en sont séparés pour aller à Fernambouc, à Rio di Janeiro, &c. s'y rassemblent pour le retour, qui se fait au mois d'Août. C'est aussi là que se rendent les vaisseaux qui viennent des Indes Orientales. On charge à San-Salvador du tabac, du sucre (*c*), du sucre candi (qui a son nom d'un bourg du Brésil où on le crystallise), de l'indigo, des huiles & fanons de baleine:

(*a*) C'est dans les plantations qui sont aux environs de cette ville, que se cultive le tabac de Brésil si fort estimé en Europe. Autrefois on tiroit beaucoup plus de tabac & de sucre du Brésil, qu'on ne le fait aujourd'hui.

(*b*) Cette flotte consiste en 50 à 60 bâtimens de 12 à 36 canons. Le Roi leur donne cinq vaisseaux de guerre pour les escorter. On faisoit partir autrefois plus de vaisseaux qu'aujourd'hui.

(*c*) On fait au Brésil quelque commerce d'eau-de-vie de Sucre, qu'on nomme Guildive. Les Espagnols en achetent beaucoup.

(ce poiſſon vient échouer ſur les côtes de cette baie), du coton, du baume de copahu *(d)*, de l'ipecacuana *(e)*, du para-aira-brava *(f)*, du poivre long, du cacao *(g)*, du ſaſſafras *(h)*, du

(d) Le baume de Copahu eſt une huile balſamique, qui découle par inciſion du tronc d'un arbre appelé *Copaïba*. Cet arbre croît auſſi dans l'île de Maragnan, & dans quelques-unes des Antilles voiſines. Il eſt bien rare d'en trouver; la médecine s'en ſert exterieurement & intérieurement. Il y a un autre baume appelé *Caburaiba*, qui vient d'un arbre commun dans les déſerts voiſins du Bréſil.

(e) L'Ipecacuana eſt une racine qui croît dans quelques contrées du Bréſil. La réputation de ce remede, qui eſt un vomitif fort doux, n'eſt guere établie que depuis le commencement de ce ſiecle : elle eſt due au célèbre M. Helvetius, non à l'auteur d'un ouvrage bien fameux, mais à ſon grand-pere, medecin d'un mérite diſtingué. Cette racine croît encore au Pérou & l'on a remarqué qu'elle venoit au mieux au-deſſus des mines d'or.

(f) Le Para-aira-brava eſt une racine qui n'eſt guere connue que depuis cinquante ans ou environ. Elle croît au Bréſil & au Mexique; elle eſt d'uſage dans la médecine.

(g) Le Cacao eſt la principale richeſſe des habitans de Para, où il tient lieu de monnoies.

(h) Le Saſſafras, appelé bois de cannelle à cauſe de ſon odeur, eſt de quelque uſage dans la médecine. Cet arbre croît dans la Floride, dans la Virginie & dans le Bréſil.

gingembre, des cuirs, de la ſoie, du bois (*i*) pour la teinture & les parfums, du ſafran, du rocou, de la laque, du cryſtal de roche, des noix de cocos, de l'argent, de l'or (*k*), des diamans (*l*), des amethyſtes, des fruits confits. On y porte des vins, des eaux

(*i*) Le bois de Bréſil eſt au Roi : on en exporte, année commune, quatre à cinq-mille quintaux, & l'on prétend que frais faits il rend au Roi cent-mille écus par an.

(*k*) Le quint, ou droit que le Roi tire ſur l'or, monte à 9600 marcs, ou à 150 arobes, l'arobe priſe pour 32 livres Portugaiſes. L'or que le Bréſil livre au Portugal, peut aller au rapport d'Anſon à 12 millions d'écus, & même au-delà. Depuis le regne de Pierre II juſqu'en 1756, le Bréſil doit avoir donné en or au Portugal la valeur de deux milliards 400 millions de livres de France. Autrefois on envoyoit de l'argent au Bréſil ; cela a été défendu depuis. Cet or ſe tire des mines & des ſables : les Nègres ont un accord avec leur maître, ils ſont obligés de lui livrer tous les jours un ſixieme d'once : il y en a d'aſſez laborieux pour en remaſſer beaucoup plus, & pouvoir entretenir d'autres Nègres qui travaillent pour eux.

(*l*) La découverte de la mine de diamans eſt nouvelle. On a détruit une ville entiere pour fouiller la terre. La compagnie établie pour faire valoir cette entrepriſe eut ſon octroi en 1740.

de-vie, de la farine (*m*), des huiles, des draps, des étoffes, de la toile, du fer, du papier, des ustenciles de cuivre & de fer, &c. Les vaisseaux qui viennent des Indes y portent des épices, des drogues : ceux qui viennent d'Afrique, des Negres (*n*), du morfil, de la cire, du miel, de la civette, &c.

La Capitainerie de Fernambouc a une ville remarquable, nommée Olinde : le sucre & le bois de Fernambouc font l'essentiel de son commerce.

La Capitainerie de Rio-Janeiro a pour principale ville Saint-Sebastien : elle a beaucoup de plantations de cannes à sucre (*o*), d'indigo, de tabac, de

(*m*) La farine de Pau ou de Cassave, dont on fait du pain, le riz, & le suc des cannes à sucre, font la nourriture la plus commune des habitans du Brésil. Ceux qui sont à leur aise font leurs provision de farine de froment, lorsque les vaisseaux arrivent.

(*n*) On transporte au Brésil au moins 15 mille Nègres par an. Il n'y a point de pays où ils soient si mal traités.

(*o*) Le Brésil exportoit autrefois, année commune, environ 120 mille balles de sucre : depuis que les Anglois ont considérablement augmenté leurs plantations de la Jamaïque & des Barbares, cette exportation ne va pas au-delà de 30 mille balles.

coton : il y eſt défendu de cultiver plus de tabac, que n'en conſomment les habitans & les Eſpagnols de Buenos-Ayres : on a voulu favoriſer par là le commerce de la baie de tous les Saints. On tire encore de là du bréſil, des huiles de poiſſon, des cuirs, &c. Tout ce commerce doit ſe faire par les Portugais, mais il en eſt d'eux comme des Eſpagnols, avec cette différence ſeulement, que les Eſpagnols ſont les facteurs de toute l'Europe, & que les Portugais ne le ſont guère, ou du moins ne l'ont guère été juſqu'à préſent que des Anglois. Il ſe fait par le moyen de la rivière de la Plata un grand commerce de contrebande entre les Eſpagnols & les Portugais ; il conſiſte principalement dans l'échange de l'or contre l'argent.

§. 26.

POSSESSIONS DES FRANÇOIS EN AMÉRIQUE.

Les îles Françoiſes de l'Amérique ſont la Martinique (*p*), qui eſt la

(*p*) La Martinique eſt moins importante par ſes productions & ſon rapport, que par l'abri principale, la Guadeloupe, la Desiderade, Marie-Galante, Sainte Alousie, Saint-Barthelémi, Saint-Martin, la moitié de Saint-Domingue, &c. Trois-cens vaisseaux, & au-delà, du port de 100 à 250 tonneaux, font le commerce de ces îles (q). L'essentiel de

sûr qu'elle donne en temps de guerre aux Armateurs. C'est dans cette île qu'est le siège du Conseil Souverain, dont la jurisdiction s'étend sur toutes les Antilles, sur Saint Domingue, & la Tortue. On cultive le cannelier à la Martinique, & cette culture provient de quelques arbrisseaux portés des Indes Orientales à Trianon, d'où ils passerent en Amérique.

(q) Le commerce de Bourdeaux, avec les colonies & les possessions des François en Amérique, occupoit autrefois 24 à 28 vaisseaux du port de 50 à 250 tonneaux : il y en avoit deux ou trois pour Québec, trois ou quatre pour la Cayenne, cinq pour S. Domingue, douze à quinze pour la Martinique & les autres Antilles. La cargaison d'un navire de 120 tonneaux est ordinairement composée de 40 tonneaux de vin, de 50 barils de farine, pesant 250 livres chacun, de 20 barils d'eau-de-vie, de 20 barils de lard, de 30 barils de bœuf salé d'Irlande, de 3000 aulnes de grosse toile, de 15 rouleaux de fer pour les moulins à sucre, de six fusils (cet article est d'obligation,) de formes de terre, de souliers, de chapeaux, d'étoffes, de pipes, de futailles, &c. Le tout est évalué à 14000 livres de ce qu'on tire des Antilles consiste en sucre (*r*), tabac, indigo, cacao, ro-

France. La Rochelle envoie aux îles 50 bâtimens du port de 80 à 150 tonneaux. Un vaisseau de 200 tonneaux coûte pour l'Amérique 20 mille livres de fret : on compte un sol par livre pesant. L'assurance est en France pour l'ordinaire à six pour cent. L'argent des colonies Françoises de l'Amérique est d'un tiers moins fort que celui de France.

(*r*) Le commerce des sucres est entre les mains de toutes les puissances maritimes : mais les Anglois, les Hollandois, & les François en font la plus grande partie. Les Anglois tirent leurs sucres des Barbades & de la Jamaïque : ils en font passer en Europe un million de quintaux, dont la Jamaïque fournit presque la moitié, sans compter ce qu'elle vend directement à l'étranger. Les François sont ceux qui en ont le plus grand débit au Levant. C'est en général dans les ports de France & d'Angleterre que se fait le plus grand commerce en sucres : les ports de la Hollande ne tiennent que le second rang, & Hambourg le troisieme. Le Dannemarc en tire des îles de Ste Croix, St. Thomas, & St. Jean, une assez grande quantité. On a voulu raffiner en Europe la cassonade des îles : mais en France on a remarqué que cela nuisoit aux plantations, & le nombre des raffineries a été considérablement diminué. On estimoit autrefois beaucoup le sucre de Madere & des îles Canaries: celui de la Jamaïque & des Barbares l'a emporté depuis : celui du Brésil ne le lui cede cou, gingembre, caffe, poivre long, ananas confits, gommes & drogues médicinales, coton, cuirs, écailles de tortue, bois pour la teinture & la marquetterie (*s*). On eftime que la Martinique fournit en fucres pour plus de fept millions de livres de France : la Guadeloupe pour cinq, Marie Galante pour un (*t*). Les vaiffeaux Fran-

guere. Les Anglois ont été les premiers à tirer des profits immenfes de ce commerce : les François ont fuivi leur exemple, & femblent même l'avoir emporté, parce qu'ils donnent leurs fucres à meilleur prix. La Martinique a plus de 300 moulins à fucre, & plus de 20 mille Nègres : elle exporta en 1756 au-delà de 20 millions de livres pefant de fucre. En 1748 les colonies Françoifes recueilloient une fois autant de fucre que les colonies Angloifes.

(*s*) Comme le bois d'Inde, le bréfillet, l'ébene verd, le fuftoc. Ce dernier eft un bois jaune, dont on tire un très-beau jaune doré : il fert auffi aux ouvrages de marquetterie, & vient très bien dans l'île de Tabago. Les îles de Bahama, qui font partie des Antilles, produifent le bois de Mahagony, ou Mahony. Cet arbre croît fur des rochers à une très-grande hauteur. Sa groffeur eft fouvent de quatre pieds de diametre. On s'en fert fur les lieux pour bâtir des vaiffeaux.

(*t*) D'Autres évaluations portent ces fommes bien plus haut : Burck, auteur Anglois, préçois portent aux îles, du bœuf & du lard ſalés, des farines, des eaux-de-vie, des vins, de la morue, des harengs, de l'huile, du ſavon, du fer, des toiles, de la mercerie, des ouvrages de quincaillerie, des futaines, des baſins, des rubans, des plumes à écrire, du fil, de la vaiſſelle d'étain, des ſouliers, du papier, des armes, de la poudre à canon, du plomb, des uſtenſiles de cuivre & de fer, des habits, des bas, des chapeaux, &c. On prétend qu'il ſort des ports de France pour ſix millions de marchandiſes deſtinées aux Antilles. Le commerce des Nègres ſe fait ordinairement par troc : on donne quelques milliers de livres de ſucre pour un Nègre, piece d'Inde.

Saint Domingue & la Tortue exportent du tabac, du ſucre, de l'indigo, du gingembre, du rocou, du coton, du cacao, &c. La premiere de ces deux îles fournit encore des cuirs, du bréſillet, du ſandal jaune, du cedre, &c. L'une & l'autre ont un commerce qui occupe au-delà de quarante vaiſſeaux.

tend que la Martinique fabrique 300 mille quintaux de ſucre qu'il évalue à 550 mille liv. Sterl.

La Cayenne est une île qui fait partie de la Caribanie, province de la Guiane; elle fournit beaucoup de sucre, de caffé, de tabac, de cacao (u), de coton (v), & quelque peu d'indigo, de vanille, de rocou, &c.

Les possessions importantes que les François avoient autrefois dans le continent de l'Amérique septentrionale, ont été cédées aux Anglois par la paix de 1763. Dans ce continent il ne leur est resté que la Louisiane, ou le Missisipi (x) : parmi les îles septentrionales ils n'ont aujourd'hui que St. Pierre & Miquelou, pour servir d'abri aux pêcheurs; encore ne leur est-il pas permis d'y bâtir des forts, & n'y peuvent-ils avoir au-delà de 50 hommes de garde : parmi les îles neutres les Anglois leur ont laissé Sainte Lucie. La

(u) Le cacao ne croît plus guere dans les autres îles Françoises.

(v) Le Coton est très-beau. On pourroit cultiver la cochenille avec succès dans cette île. On y trouve encore de la canelle sauvage.

(x) Les François semblent avoir entièrement renoncé à avoir des possessions dans le continent de l'Amérique septentrionale, en cédant aux Espagnols la Louisiane, qui est la seule province qui leur ait été laissée par la derniere paix.

Louisiane a beaucoup de bétail sauvage, & beaucoup de bois, comme du chêne, du noyer, du cyprès, du cedre blanc & rouge, du pin (y), &c : les François y font avec les Sauvages la traite des pelleteries, & leur donnent en échange des fusils, de la poudre à canon, du plomb, des lames, des chaudiéres, des hameçons, des briquets, des pierres à fusil, des bras, du tabac, du gros fil, de la ficelle, des fers à flèche, du savon, des aiguilles, des épingles, des draps, de petites étoffes de laine, &c.

La pêche (z) des François a beau-

(y) Le Cirier vient très-bien dans la Louisiane, & la cire qu'on en retire est d'un très-bon usage, & d'un bon débit. Il croît surtout en abondance aux environs de la Nouvelle Orléans. On prétend qu'on peut tirer de cette province beaucoup de salpêtre. Le chanvre y réussit à merveille. La Louisiane produit encore du sassafras, de l'esquine, de la salsepareille, du baume de Copahu ou Copalm, qui y est très-commun, du *liquidambar*, résine liquide qui découle d'un arbre qui porte le même nom, c'est un baume excellent dont l'odeur est fort agréable ; on le fait sécher quelquefois au soleil.

(z) Les François ayant été obligés, par la derniere paix, de céder aux Anglois tout le coup souffert de cette derniere guerre; & les conditions de la paix ôtent à cette nation les moyens de la rétablir.

Canada, l'île du Cap-Bréton, les îles & côtes du Golfe St. Laurent, & n'ayant conservé que la liberté de la pêche le long d'une partie des côtes de Terre-Neuve, dans le Golfe St. Laurent, à la distance de trois lieues des côtes possédées par les Anglois, & en pleine mer à la distance de 15 lieues du Cap-Bréton, il est sensible que la pêche Françoise doit avoir considérablement perdu.

Il ne s'agit ici que de la morue, dont la pêche, après celle du hareng, est ce qu'il y a de plus important en ce genre. Dans les pays Catholiques cette denrée est d'une nécessité absolue, le peuple ne pourroit faire maigre s'il en manquoit. La morue se trouve dans la mer du Nord, sur les côtes orientales & occidentales de l'Ecosse, au Nord de l'Irlande, &c. mais particulierement, & en grande abondance, dans l'Amérique septentrionale. Quelque grande que soit la quantité qui s'en pêche annuellement dans la mer du Nord de l'Amérique, il n'y a pas de risque que ce poisson vienne à manquer : Leuvenhoek a trouvé dans une seule morue 9344 mille œufs Il y a trois pêches différentes; celle du grand Banc, qui se fait par les navires mêmes, & qui donne de grandes morues, qu'on sale beaucoup & qu'on seche peu, c'est la morue verte, autrement dite morue blanche; celle en pleine mer, qui se fait proche des îles de Plaisance, de Chapeau rouge, du petit Nord, &c. par

§. 27.

POSSESSIONS DES ANGLOIS EN AMÉRIQUE.

Parmi les îles que les Anglois possedent en Amérique, celle des Barba-

lès chaloupes, chaque bâtiment en ayant une montée & dix démontées ; cette pêche ne donne guere que de petites morues, appelées merluches ou *Stockfisch*, après avoir été un peu salées & beaucoup séchées ; enfin la pêche sedentaire, qui se fait par les habitans le long des côtes, & qu'on appelle ainsi en opposition à la pêche errante qui se fait par les vaisseaux ; tout le poisson de cette pêche est séché.

Une courte digression sur l'état de la pêche Françoise, avant & après la paix d'Utrecht, ne sera pas déplacée dans cet ouvrage.

Avant ce temps là, il partoit de France, pour la pêche du Grand-Banc, deux flottes d'environ 250 bâtimens chacune : ces navires étoient du port de 120 à 350 tonneaux : la premiere flotte partoit au commencement de Janvier, & la seconde au mois de Mai : les principaux lieux d'où partoient ces navires, étoient Rouen, Granville, le Havre, Honfleur, Dieppe, Saint Malo, Nantes, la Rochelle, les Sables d'Olonne, Bourdeaux & Bayonne : ils arrivoient au bout de six semaines, & la pêche ne pouvoit qu'être bonne, puisqu'un bon pêcheur prend 400 morues par jour. Quelques-uns de ces navires n'alloient des a, sans contredit, la plus forte colonie, puisqu'on y compte cent-mille

qu'en pêche, & n'étoient chargés que de sel & de vivres, d'autres alloient, partie en pêche, partie en sacq, c'est-à-dire en troc, parce qu'ils chargeoient des marchandises qu'ils échangeoient contre la pêche des habitans. La pêche en pleine mer étoit plus profitable que celle du grand Banc; car bien qu'un navire de 200 tonneaux, destiné pour celle-ci, n'eût que vingt cinq hommes d'équipage, & qu'il fût de retour au bout de six mois, tandis qu'un bâtiment de même charge faisant la pêche en pleine mer, avoit cinquante hommes d'équipage, & des vivres pour huit à neuf mois; il falloit au premier une bien plus grande provision de sel qu'au second; & à son retour il rapportoit beaucoup moins de poisson: un vaisseau revenant de la pêche du grand Banc n'avoit que 45 à 50 miliers de morue verte ou blanche; & un vaisseau de pareille charge, à son retour de la pêche en pleine mer, avoit 200 milliers de morue séche.

A la paix d'Utrecht, les François céderent Terre-Neuve aux Anglois, qui dès les premieres années tirerent de cette pêche un profit annuel de 300 mille livres Sterling, & qui virent bientôt d'un mauvais œil la France se dédommager de ses pertes par ses nouveaux établissemens au Cap-Breton. Les François, actifs à pousser une entreprise aussi utile, eurent dans peu jusqu'à mille vaisseaux, du port de deux cens à quatre cens tonneaux, dans les parages de cette île: & cette pêche habitans (*a*). Le commerce y eſt auſſi très-conſidérable (*b*), & occupe au-

rendit, année commune, au-delà de cinq millions de quintaux de morue ſalée. Il faut pourtant obſerver que cette quantité de morue qui arrivoit en France, ne provenoit pas uniquement de la pêche Françoiſe; les Anglois vendoient leur morue ſéche à Louisbourg & tout le long des côtes du Cap Breton.

Outre le poiſſon, on tire auſſi parti des noues, c'eſt-à-dire des trippes, de la langue, & des rogues (ou œufs) de la morue : les œufs ſervent d'appât, ſurtout dans la pêche de la ſardine : on tire encore de l'huile du foie de la morue, & cette huile ſert dans les tanneries, comme auſſi à brûler; ce n'eſt pas un petit objet; il en entre en Angleterre au-delà de mille tonneaux par an. Pour juger des profits que rend cette pêche, je vais préſenter ici un état des frais & de la recette d'un navire équipé à Saint-Malo pour la pêche du petit Nord. Un vaiſſeau de 200 tonneaux, prêt à mettre à la voile, revient, ſans compter les vivres & le ſel, à 30 mille livres : il y faut 20 pêcheurs, huit habilleurs, huit décoleurs, huit caplaniers, quatre ſaleurs, quatre garçons, 25 à 28 matelots. On ne paye l'équipage qu'au retour de la pêche : on lui donne ſeulement un à compte, qui peut aller à 120 livres par tête, l'un portant l'autre; les vivres ſont évalués à 8000 livres, le ſel à mille. Un navire de cette eſpèce a communément vingt-deux chaloupes, tant pour la pêche, que pour les caplaniers & chaufaudiers, delà de 600 vaisseaux. On en tire des sucres, du rum, du tabac, de l'indi-

& pour le foie des morues : ces chaloupes toutes équipées peuvent revenir ensemble à 3500 livres, ou environ. Les ustensiles coûtent environ 9000 livres. L'équipage a pour lui le cinquième de la pêche, ce qu'on appelle lot, & cela est payé sur le pied de 25 francs le millier pesant. Un vaisseau ainsi équipé pourra pêcher aisément 400 milliers de morues, qui vendues sur le port rendoient, en France, au commencement de ce siècle, 38000 livres. D'après ce calcul il paroît qu'à la premiere course il n'y a que de la perte; mais sans dire qu'on n'achete pas tous les ans un vaisseau neuf, & que les ustensiles servent plus d'une fois, on n'a point compté dans la recette le produit de l'huile, ni celui des trippes & des œufs, ni le produit des retours de la Méditerranée; les vaisseaux qui vont vendre leur poisson, chargeant à leur retour des marchandises sur lesquelles on gagne beaucoup. Si la France, bien loin de fournir à présent du poisson à l'étranger, est obligée d'en acheter, que n'a-t-elle pas perdu en perdant la sureté & l'étendue de la pêche dans le nord de l'Amérique? La consommation des poissons secs & salés est étonnante : la Bretagne consomme 6000 quintaux de morue seche, & 1200 milliers de morue fraîche.

Les Anglois ont gagné la supériorité; cependant la pêche sédentaire de leurs Colonies nuit à la pêche errante. Aujourd'hui indépendamment de la pêche de Terre Neuve & du go, du rocou, du coton, de la laine, du gingembre, du *lignum vitæ*, des

Cap-Breton, ils pêchent encore à la nouvelle Angleterre, où les habitans font un très-grand commerce de merluches : cela peut aller au tiers de toute la pêche que les Anglois font en Amérique. Terre-Neuve & Cap-Breton, avec la pêche en pleine mer, occupent au moins 17000 matelots ; la nouvelle Angleterre & la nouvelle Ecosse en occupent au moins 1700 : voilà près de vingt-mille matelots, quelle ressource pour la nation ! Combien les Anglois ne tirent-ils point d'argent d'Espagne & de Portugal pour une denrée aussi nécessaire ! on a compté qu'il se consommoit en Espagne 4875000 quintaux de morues : en évaluant le quintal, rendu en Espagne, a cinq piastres, ce qui est à très-bas prix, puisque c'est la valeur ordinaire à bord des vaisseaux étrangers ; cela feroit deux millions 437500 piastres : ajoutez à cela le hareng, le saumon, les sardines, &c. & vous jugerez du trésor de la pêche.

Le Cabillaud n'est autre chose que la morue : les habitans d'Islande en pêchent beaucoup. Salé on l'appelle à Hambourg *Laberdan*, c'est de la morue verte ; séché on l'appelle *Klipfisch* & *Stockfisch*, c'est de la merluche. Le Klipfisch differe peu du Stockfisch. Le *Langer* est séché sans être salé : il y a encore quelques autres façons de préparer la morue dans le Nord de l'Europe.

(a) Il n'y a point de proportion entre le nombre des Nègres & celui des Blancs.

cuirs, des confitures, l'eau des barbades, liqueur faite de l'écorce de citrons, des bois pour la teinture & la marquetterie.

Saint Chriſtophle, une des Antilles comme la précédente, a des ſalines & une ſouffriere, du tabac, de l'indigo, des ſucres, &c. Les autres Antilles comme Barboude, Anguille, Antigoa, Mont-Sera, Nieves, Rodonda, ainſi que la Grenade & les Grenadines,

(b) Le Commerce de toutes les Colonies de l'Amérique eſt un objet de cinq millions de liv. ſt. Il occupe 30000 matelots, & il lui faut 150000 Nègres. Les Anglois ont trouvé le veritable ſecret d'aſſurer leur empire en Amérique. Cromwel, guidé par Thomas Gaige, Dominicain, qui après avoir quitté pluſieurs bénéfices dans le Mexique, vint changer de réligion en Europe, avoit formé le projet d'envahir les îles de Cuba & de Saint Domingue, & de ſe frayer par-là une entrée dans la mer du Mexique, pour pouvoir faire la conquête de ces riches contrées : ce projet manqua, les vents furent toujours contraires à la Flotte angloiſe, qui allarma l'Europe. Si jamais ce projet s'exécute, les Anglois ſauront tirer plus de parti que les Eſpagnols des richeſſes du Potoſi & du Pérou. Les Anglois ont aujourd'hui en Amérique plus de navires, & de navires qu'ils y ont fait conſtruire, que toutes les autres nations enſemble.

cédées par la France dans cette derniere paix, ont à peu près les mêmes marchandises. La Jamaïque est, après l'île des Barbades, la plus importante des colonies Angloises. Les Anglois y construisent des vaisseaux, ainsi qu'à St. André, petite île située près de là, & qui a les plus beaux cedres & les meilleurs bois de construction qu'il y ait en Amérique. La Jamaïque fournit (*c*) des sucres, du tabac, du cacao, du gingembre, de l'indigo, du coton, du poivre long, de la casse, des tamarins, de la vanille, du guacum, de la salsepareille, du bois de teinture & de marquetterie, des écailles de tortue, des cuirs, du suif. Les Anglois de la Jamaïque font la traite des Nègres avec le Pérou, & un commerce de contrebande fort considérable

(*c*) Le sucre fait le grand revenu de la Jamaïque. Toutes les îles à sucre de l'Angleterre en rapportent environ un million de quintaux, dont la Jamaïque en fournit 400 mille à l'Angleterre, & quelques milliers à l'étranger : on évalue l'exportation du sucre, du coton, du caffé, du bois de mahony, &c. à 940 mille livres Sterl. cela fait la charge de 450 vaisseaux. Cette île a plus de 12 mille esclaves.

avec Carthagene & Porto-bello (*d*). On fait dans cette île jusqu'à cent-mille boisseaux de sel, & on en pourroit faire davantage. On tire aussi de là du salpêtre.

Les îles Bermudes fournissent de la soie, du tabac, de la cochenille, des oranges, des écailles de tortue, de l'ambre gris, &c.

Terre-Neuve est une île stérile, mais que la pêche rend importante : le grand Banc en est à 40 lieues. Les Anglois ont permis aux François la pêche sur une petite partie des côtes de Terre-Neuve.

(*d*) Les Espagnols prennent toutes les précautions imaginables pour empêcher la contrebande : ils ne font quartier à personne. Les Anglois arrivent ordinairement de nuit, & dans des lieux détournés, pour éviter les Armadillas. Ce commerce interloppe fait passer beaucoup de piastres à la Jamaïque, & de là en Angleterre. Les Espagnols, jaloux du commerce des Jamaïquains, ont prétendu que celui qu'ils font avec les Indiens de la Riviere de Daria, de la Baie de Honduras, & de la côte de la Rhencheria, étoit un commerce de contrebande. Le Ministere Anglois vient de défendre récemment aux colonies Angloises d'entretenir un commerce direct avec les Espagnols : ceux de la Jamaïque ont beaucoup remué pour faire lever cette defense, mais inutilement.

Le Cap-Breton eſt une île, dont le principal lieu eſt Louisbourg. Le ſol en eſt peu fertile. On tire de là une quantité de charbon de terre, qui eſt d'un très-grand débit, & qui ſert aux raffineries de ſucre; on y trouve auſſi du marbre, du bois, &c. le havre de Ste. Anne eſt excellent. Les François viennent de céder cette île aux Anglois, qui trouvent à Louisbourg une retraite aſſurée pour leurs vaiſſeaux, qu'ils peuvent encore y radouber à meilleur prix que par-tout ailleurs. Les Anglois envoient à ces colonies à peu près les mêmes marchandiſes que les François envoient aux leurs.

Les poſſeſſions Angloiſes dans le continent ſont très-conſidérables : ils poſſedent aujourd'hui preſque toute l'Amérique Septentrionale.

La Caroline eſt un pays extrêmement fertile : tout ce qu'on y a tranſplanté d'Europe y a réuſſi. En 1663 Charles II. donna cette province à huit Seigneurs, qui la poſſéderent juſqu'en 1728, où ſept d'entre eux vendirent leur part pour 17500 livres ſterling. Le Lord Carteret fut le ſeul qui garda ce qu'il poſſédoit. Cette province produit beaucoup de riz, dont on fait du pain & une boisson (*e*). On y cultive la vigne & le mûrier : le bétail y prospere : on exporte beaucoup de poix (*f*), de goudron (*g*), de téré-

(*e*) La Caroline exporte au moins 60 mille barils de riz, qui lui rendent 90 à 100 mille livres Sterling. Les Anglois se flattent de tirer de grands avantages des vignes qu'ils ont sur les côteaux qui s'élevent le long de la mer. Ils ont essayé d'y faire des plantations de thé, & il paroît qu'elles réussissent.

(*f*) En général les Anglois trouvent dans leurs colonies septentrionales de l'Amérique tout ce qui est nécessaire pour la construction & l'entretien des vaisseaux, poix, goudron, brai, matures, vergues, bois, fer, & chanvre. L'Angleterre y encouragea les fabriques, & les entreprises pour ces différens objets, mais supprima bientôt après ces encouragemens, qui ont été renouvelés par un acte du Parlement de 1751. Les seules villes de Boston & de Philadelphie ont à elles plus de deux-mille bâtimens de mer : les colonies du Nord en général en ont plus actuellement que Londres n'en avoit au commencement du siecle passé : aussi sont-elles dans une concurrence très-nuisible à l'Angleterre ; elles transportent en Europe, & en particulier en Portugal, du riz, du blé, de la morue. Nous voyons aujourd'hui combien peu ces Anglois transplantés dans un autre hemisphère sont éloignés d'une indépendance, qui privera l'Angleterre de tout le fruit de ses conquêtes & de ses possessions en Amérique. Ces

bentbine,

benthine, & fur-tout quantité de peaux, de fourrures & d'indigo (*h*). On y fait de la colle de poiffon avec le Requin.

La Géorgie produit toutes fortes de fruits : le riz, le bois de charpente, la cire, la potaffe, le goudron font un objet confidérable de commerce. On y a trouvé des carrieres de marbre, & de la terre propre à faire de la porcelaine. On y fait des cordes de l'écorce d'un arbre. En 1731 Urlsperg y conduifit une quantité de Salzbourgeois exilés pour caufe de religion. Ces gens laborieux font efperer qu'il formeront, avec le temps, une bien bonne colonie : ils cultivent les muriers avec fuccès, & recueillirent, en 1748, quatre cens trente fept livres de foie.

Le Maryland a de grandes planta-

Colonies ont 28910 Mariniers, leur exportation annuelle eft eftimée à 3370900 liv. ft., & leur importation à 3924606. Il eft fâcheux que Hallifax, qui eft un port fort propre pour y faire hiverner les vaiffeaux, foit fi fort expofé aux incurfions des fauvages.

(*g*) En 1756 il arriva en Angleterre 800 barils de goudron provenant de la Caroline.

(*h*) La Caroline cultive trois efpeces d'indigo : elle en exporta 200 mille livres pefant en 1754.

tions de tabac, qui est estimé (*i*). On l'a planté dans les forêts, que les

(*i*) Le tabac du Maryland est appelé *Oronoko*; il n'est pas aussi bon que celui de la Virginie, cependant il est fort estimé : l'exportation en monte à 400 mille quintaux, & occupe 200 bâtimens. Ce que la Virginie & le Maryland exportent peut aller à 100 mille bouqueaux, dont l'Angleterre retient la moitié pour elle. Les Anglois brûlent leurs tabacs lorsqu'ils craignent que la quantité n'en fasse baisser le prix. En France les fermiers généraux qui ont obtenu, qu'il seroit défendu, dans tout le royaume, de planter du tabac, achetent des Anglois la plus grande partie de celui qu'ils font passer en Europe; ils demanderent cependant cette défense sous pretexte de favoriser les plantations des Colonies Françoises. Voilà un grand abus pour un pays qui en consomme annuellement au-delà de vingt-quatre millions de livres. Ce que les Anglois gagnent dans ce commerce est très-considérable; ils vendent leur tabac aux fermiers généraux à raison de quatre sols la livre, & il ne leur revient qu'à un sol : en voici la preuve. Un Negre, qui n'est pas détourné de son travail, peut faire trois-mille livres de tabac par an : or les vivres qu'on lui fournit peuvent valoir à peu près 40 livres de France, l'achat du Negre a coûté 800 livres : la durée de sa vie au fort du travail est de huit ans. D'où il paroît que trois-mille livres de tabac reviennent à 140 livres, & la livre à un sol. Cette ferme coûte à la nation Françoise au-delà de 200 millions de livres, que les Anglois ont gagnés, sans compter la perte qu'elle a faite en re

Anglois ont beaucoup éclaircies. On compte dans cette Colonie 80 mille Anglois. Les forges promettent beaucoup (*k*).

La Virginie est fort peuplée, on y compte 500 mille ames, y compris les François réfugiés & les Nègres. Son tabac, estimé le meilleur que l'Europe connoisse, est d'un grand produit; l'exportation de cette marchandise occupe 400 vaisseaux & quatre mille matelots: on en exporte au moins 60 mille barils de 800 livres chacun. On tire encore de cette province des grains, des légumes, du coton, du gingembre, de l'indigo, des fourrures, &c.

La Nouvelle-Yorck, autrefois la

nonçant à la culture du tabac. La ferme fut établie en 1720, on détruisit peu après les plantations, & on défendit, sous peine des galares, de cultiver le tabac dans le royaume. Le tabac revient aux fermiers six sols la livre, rendu en France; il faut compter un sou par livre pour frais de fabrication & de régie, & ils le vendent l'un portant l'autre à 40 sols.

(*k*) Il y a dans l'Amérique septentrionale plusieurs fourneaux & plusieurs forges: les principaux établissemens sont dans le Maryland sur les bords du fleuve Principio, sur le fleuve Huitleer, sur les fleuves Skulkell & Delavare.

Nouvelle Hollande, fournit des peaux d'élans, de daims, d'ours & de castor (*l*), &c. du tabac, des grains, des bois (*m*), du poisson sec, &c. Les manufactures de laine y réussissent (*n*). Il y a beaucoup de Juifs dans cette colonie : on leur y permet d'avoir une patrie, & d'y jouir de tous les droits de citoyens. L'Europe peut prendre des leçons en Amérique.

La Nouvelle-Angleterre fournit aux Anglois d'excellent bois, de la poix, du goudron, du fer, des grains, des légumes, du lin, du chanvre, du tabac, des fruits, des peaux, du poisson sec, &c. (*o*). Boston est la ville prin-

(*l*) C'est à Oswego que les Sauvages viennent porter leurs peaux : ils les troquent contre du *Rum*, ou eau-de-vie de sucre, que les Anglois tirent de la Jamaïque & des Barbades.

(*m*) Il y a une chose à remarquer, c'est que ces bois de l'Amérique ne durent pas.

(*n*) On en peut juger par l'envoi de 500 balles de laine que fit la Nouvelle Angleterre en 1765, & qui étoient destinées pour la Nouvelle Yorck.

(*o*) Les Anglois de la Nouvelle-Angleterre fournissent de poisson les colonies Angloises du continent & des îles : & ils en envoient 60 à 80 chargemens tant en Espagne, qu'en Portugal & en Italie.

cipale, & c'est aussi de toutes les villes du continent de l'Amérique septentrionale celle qui fait le plus grand commerce. Son port pourroit contenir tous les vaisseaux de l'Angleterre : cinq cents vaisseaux peuvent y ancrer. On y a cinq imprimeries. L'importation des marchandises Angloises dans la Nouvelle Angleterre, qui avoit été portée jusqu'à la valeur de 550 mille livres sterling, est réduite à 395 mille : son exportation actuelle monte à 370500 liv. sterl.

La Pensilvanie doit à Guillaume Pen l'état florissant où elle se trouve. Charles II. lui donna cette province en 1680. Elle produit beaucoup de légumes, du chanvre, du lin ; elle a beaucoup de bois & de cuirs, du poisson, du fer (*p*). On y compte 200 mille habitans, & 2000 maisons à Philadelphie.

L'Acadie, ou la Nouvelle Ecosse, a aussi une quantité de bois de charpente, des salines, des légumes, du gros & du petit bétail, des fourrures, du poisson, &c.

Le Canada François (*q*), cédé à

(*p*) Quelques autres colonies Angloises de

l'Angleterre par la paix de 1763, est une 'vaste province : autrefois on entendoit par là le Canada propre, la Nouvelle France, & la Louisiane. Le Canada fournit abondamment des légumes, des grains, du bois de charpente, des planches, des fourrures, particulièrement des peaux de castor. Montréal est le lieu du plus grand commerce : Québec, les trois Rivieres, Tadusac, Richelieu, & Chambli sont les principaux lieux où les Sauvages viennent porter leurs fourrures. La perte que les François ont faite est irréparable. (*r*).

l'Amérique fournissent du fer : la Pensilvanie en a exporté quelques années avant la derniere guerre, pour 60 mille livres Sterling.

(*q*) On accuse les Ecclésiastiques Catholiques de soulever les sauvages contre les Anglois. On voudroit que le Canada françois fût mieux cultivé.

(*r*) Suivant un état, qui a paru en Angleterre, le Canada a rendu aux Anglois, dans le courant de 1761, sans compter la pêche, & malgré les troubles de la guerre, la somme de 81913 livres Sterling. On trouve dans le Canada l'Erable, qui donne une liqueur dont on fait du sucre : il faut deux cents pintes de liqueur pour dix livres de sucre. On prétend qu'on y en fait 120 à 150 quintaux par an. On y fait aussi une liqueur très-saine avec les

La Baie de Hudſon donne des pe-leteries, de la colle de poiſſon, du poiſſon ſec, &c. ce commerce rapporte beaucoup (s).

La Floride Eſpagnole, que les Eſpagnols viennent de céder aux Anglois, a le fort St. Auguſtin & la baie de Penſacola. Ce pays eſt auſſi fertile que toutes les autres provinces, que nous venons de nommer. Entre les mains des Eſpagnols il a manqué de culture : il produit de très-bon riz & de l'indigo. On pourra juger, par un fait, de l'étendue & de l'importance des poſſeſſions Angloiſes en Amérique. Au mois d'Octobre 1763, la ſeule ville de Londres (t) fit ſortir de ſon port pour 200 mille

branches de l'Epinette blanche. La Gualterie y tient lieu de thé, & elle convient beaucoup à l'eſtomac.

(s) On troque les pelleteries contre de mauvais draps, & la compagnie qui fait ce commerce, gagne là-deſſus mille pour cent. On prétend que la pêche de la baleine, & l'exploitation des mines de cuivre pourroient y rendre de bien plus grands profits. On dit auſſi qu'il ſeroit fort utile de faire des établiſſemens au détroit de David, & à la baie de Hudſon.

(t) C'eſt à Briſtol que ſe font la plupart des chargemens pour l'Amérique. Un vaiſſeau peut ſe trouver quatre mois en chemin pour faire liv. sterl. de marchandises, tirées des manufactures & fabriques du royaume, & destinées pour l'Amérique. Notez qu'il ne s'agit ici que de ce qui a été déclaré à la douane.

§. XXVIII.

Des Possessions des Hollandois en Amérique.

Les Hollandois ont quatre colonies en Terre-Ferme, celle de Surinam, la plus importante, celle des Berbices, de Temeran, & d'Essequebo. Elles fournissent les mêmes marchandises, savoir beaucoup de sucre (*u*), de caffé, & de tabac, une assez grande quantité de cacao, de gingembre, de coton & quelque peu d'Indigo. Le Quassi (*v*) mériteroit d'être connu davantage.

l'allée & le retour. Ces voyages se font avec si peu de risque, que la prime d'assurance n'est qu'à deux pour cent.

(*u*) Le sucre des plantations de Surinam est estimé : il est de dix pour cent meilleur & plus cher, que celui des Barbades; mais le caffé n'en est guere recherché. On prétend que ce furent les Hollandois qui porterent les premiers le caffé en Amérique, dans le dessein de l'y cultiver, ce qu'ils firent d'abord à Surinam.

(*v*) Le *Quassi* est un bois fort commun dans

Parmi les îles il y a St. Eustâche & Saba, dont le tabac est fort bon; St. Martin, dont la moitié est aux François & qui a de bonnes salines; Bonaire & Aruba, d'où l'on tire beaucoup de maïs, & de la chair de chevres salée; enfin Curaçao la plus importante des îles Hollandoises, & pour ainsi dire la seule qui le soit; son commerce interloppe avec les Espagnols est d'un profit immense; aussi les Hollandois ont-ils grand soin d'y avoir leurs magasins remplis de ces marchandises d'Europe que les Espagnols recherchent avec le plus d'empressement, & qu'ils y trouvent au meilleur prix possible.

§. XXIX.

Des Possessions des Danois en Amérique.

Les Danois ont l'île St. Thomas (x),

le Surinam : un Negre, nommé Quassi, qui en indiqua le premier les propriétés, lui a donné son nom. On s'en sert, avec succès, dans les fievres malignes; il n'a point d'odeur, mais un goût fort amer.

(x) Les Danois s'établirent à saint Thomas en 1672 : cette île a un port où 50 vaisseaux peuvent être à l'abri de la tempête. L'île de Saint-Jean n'a commencé à être cultivée qu'en celle de Ste Croix, & celle de St. Jean & de Krabbe, toutes deux fort petites.) Ces îles donnent du sucre, & de l'indigo, & font un commerce de contrebande fort lucratif. Les Hambour-

1719. L'île de Krabbe est déserte; les Espagnols ne veulent pas y souffrir de colonie, ils en chasserent les Anglois à deux reprises, & cela à cause du voisinage de Porto-ricco. L'île de Sainte-Croix a été achetée des François en 1733 pour la somme de 164 mille écus Danois. Quoiqu'elle manque d'eau douce, & que l'air y soit mal sain, on en a tiré de grands profits; surtout par le commerce du bois de Mahoni: elle est divisée en 350 plantations de 150 acres chacune; l'acre évalué à 40 mille pieds quarrés. Chaque propriétaire peut employer 80 acres à la culture du sucre, ce qui rend année commune 1280 quintaux de sucre brut. L'île a encore beaucoup de déserts & de terres en friche, malgré cela elle est estimée valoir les cinq septiemes de toutes les possessions danoises en Amérique. Comme les habitans ont la permission d'exploiter leurs forêts pour aggrandir leurs plantations, les Hollandois de St. Eustache & les Anglois de St. Christophe, de Nevis, de St. Martin, &c. y viennent acheter leur bois de chauffage & de charpente. En 1766 l'île de Ste. Croix a expedié 35 vaisseaux dont la charge étoit principalement en sucres: 28 de ces vaisseaux étoient pour Copenhague, cinq pour la Hollande, un pour la Norwege, & un pour Flensbourg. Les Danois ont eu l'adresse d'attigeois y ont un comptoir. Les Danois vendent beaucoup de Nègres aux Espagnols. On compte que les plantations de sucre des îles Danoises occupent 15000 Nègres, & l'on en compte pour chacune 100 à 120 (*y*).

rer dans cette île un planteur Anglois, qui leur a rendu de grands services.

(*y*) Tout ce qui est envoyé aux îles ne paie point de droit de sortie, si ce sont denrées ou marchandises du Dannemarc, ou denrées & marchandises étrangeres tirées de la premiere main & venues sur vaisseaux Danois : toutes celles qui ont été apportées sur des vaisseaux étrangers paient 4 pour cent. Les marchandises étrangeres paient aux îles cinq pour cent de droit d'entrée : & celles de retour paient en Dannemarc, outre 20 écus d'ancrage, deux & demi pour cent de droit, si elles se consomment dans le pays.

Fin du second Volume.

Imprimé en France
FROC032020121120
25698FR00016B/408

9 782329 489049